ちくま学芸文庫

死を与える

ジャック・デリダ
廣瀬浩司 林 好雄 訳

筑摩書房

目次

死を与える

＊翻訳分担

死を与える（廣瀬浩司）

秘密の文学（林　好雄）

レンブラント、1656年、ハールレム
〈マムレの樫の木の所で、三人の神の使いに歓待を供するアブラハム〉、「創世記」18章1-17より。

レンブラント、1637 年、ハールレム
〈ハガルとイシュマエルを追い出すアブラハム〉、「創世記」21 章 14 より。

死を与える

一　ヨーロッパ的責任のさまざまな秘密

『歴史哲学に関する異教的試論』の試論のひとつ*1において、ヤン・パトチュカ(1)は秘密と責任を関係づけている。より正確に言うならば、聖なるもの《サクレ》の秘儀《ミステール》(2)と責任を関係づけている。彼はそれらを対立させる、というよりはむしろ異質性を強調する。後のレヴィナスを思わせる口調で、パトチュカは聖なるものの経験や融合的な熱狂に警告を発するのだ。とくに彼が警戒しているのはダイモーン〔神霊〕(3)的なものによる強奪である。ダイモーン的なものによる強奪はひとを無責任にし、責任の意味や意識を失わせてしまうという結果《エフェ》を生みかねないし、そうしたことをそもそもの使命《デスティナシオン》とすることもあるからである。同時にパトチュカは、宗教をダイモーン的な神聖化からも区別するに至る。宗教とは何か。それは、あるひとりの自由な自己が、責任へと到達することを前提とするものである。したがって宗教は、神聖な秘儀、パトチュカがきまってダイモーン的なものと呼ぶような神聖な秘儀に結びついた秘密（このような秘密だけが秘密ではないのは当然である）からの断絶を想定しているのである。ダイモーン的なもの（まさに動物的なものと人間的なものと神的なものの境界を乱し、秘儀や秘儀伝授や秘教的《エゾテリック》なものや秘密や聖なるものと親縁性を持たずにはいないようなもの）と責任とは、区別しなければならない。したがってこの試論は、宗教的なものの起源と本質について論じているのである。

どのような条件の下でならば、固有な意味における宗教について語ることができるのだろうか。固有な意味などというものがあったとしての話だが。どのような条件の下でならば、宗教の歴史について語ることができるのか。それもまずキリスト教の歴史について。パトチュカは自分の例〔キリスト教〕についてしか語らないが、このことを指摘したからといって私は、本来ならば比較分析としてあるべきものをパトチュカが省略したり無視したりしてしまっているなどと非難するつもりはまったくない。それどころか、キリスト教的な秘義《ミステール》という出来事をまったく特異なものとして考慮するような思考は、首尾一貫した思考であることを強調しておくべきだと思われる。キリスト教は、主体と責任とヨーロッパが密接に結びついた歴史において、卓越した宗教であり、その打ち消しがたい条件でもあるからだ。たとえ「諸宗教の歴史」という表現があちこちで複数形を伴って現れているとしても、そしてこの「諸宗教」という複数形を使うさいに、たんにユダヤ・キリスト・イスラム教だけ、つまりいわゆる啓典宗教だけが念頭に置かれていたとしても、このことはたしかなのである。*2

パトチュカによれば、ダイモーン的な秘密や、狂躁《オルギア》的な秘儀(4)という聖なるものが乗り越えられた＝止揚された〔dépassé〕瞬間に、はじめて宗教について語ることができる。この「乗り越え＝止揚」という語の本質的なあいまいさをそのままにしておこう。聖なるものの秘密、狂躁的な秘儀やダイモーン的な秘儀が、破壊されるとはいかないまでも、少なくとも支配されたり統合されたりして、ついには責任の領域に従属するに至った瞬間に、はじめて固有な意味における宗教があるのだ。責任の主体とは、狂躁的な秘儀やダイモーン的な秘儀を服従させることができた主体だということになる。だが同時に責任の主体は、まったく別の無限者に対して、自由に自分を従属させる。このまったく別の無限者が、みずからは見られることなく主体を見ている。宗教とは、責任でなかったとしたら、存在しないようなものである。宗教の歴史は、責任への移行においてしか意味を持たない。このような移行が通過したり、耐え忍んだりする試練が、ダイモーン的なもの、秘儀伝授、熱狂、入信儀礼的《イニシエーション》なもの、秘教的なものなどから、倫理的な意識の解放をもたらしてくれるはずである。責任の経験が、ダイモーン的な秘儀と呼ばれるようなかたちの秘密から逃れた瞬間に、この語の本来の意味における宗教があるということになるだろう。

　動物的なものと人間的なものと神的なものを隔てる境界を通過するダイモーンの概念の中に、パトチュカは性的欲望の本質的な次元を認めているが、そのことは驚くにあたらないだろう。どのような意味で、欲望というダイモーン的な秘儀は、私たちを責任の歴史の中に、より正確に言えば、責任としての歴史へと入り込ませるのだろうか。

「ダイモーン的なものは責任と関係づけられなければならない。はじめはこの関係は存在しない。」言い換えるならば、ダイモーン的なものは根源的には無責任として定義される。あるいは非‐責任〔=非‐応答可能性〕として定義されると言ってもよいだろう。それは応答する=責任を負う〔répondre〕[5]という命令がまだ鳴り響いていないような空間に属している。そこでは、自己や自己の行為や思考に責任を持てという呼びかけ、他者に対して、そして他者の前で責任を持てという呼びかけはまだ聞こえてこない。パトチュカが描き出している責任の発生は、たんに宗教や宗教性の歴史を描くものではないだろう。責任の発生は、「私」と語る主体の系譜学、主体の自己自身との関係の系譜学と混じり合うことになるだろう。この系譜学は、自由や単独性《サンギュラリテ》や責任の審級としての自己自身との関係の系譜学、他者を前にした存在としての自己との関係の系譜学である。ここでいう他者とは、無限の他性における他者、見られることなく見るような他性における他者である。だがこの他性の無限の善性（＝慈愛 bonté）は、与えるものである。それは、最終的には死を与えることになるような経験において与えるのだ。死を与える。今のところは、この表現が含むあいまいさをそっくりそのまま残しておこう。

　この系譜学はセクシュアリティの歴史であるが、当然のことながら、ヨーロッパの歴史としてのキリスト教の精髄《ジェニー》(6)の痕跡をたどり直すものでもある。というのも、この試論の半ばで、以下のようなねらいが定められているからだ。「近代的な意味におけるヨーロッパの誕生」をどう解釈すべきなのか。十字軍の以前と以後における「ヨーロッパの拡大」をどう考えるべきか。そしてより根源的な問いとしては、ヨーロッパ的なものとしての「近代文明」は、いったい何に苦しんでいるのか、という問いもある。近代文明が苦しんでいるのは、何かある罪でもないし、何かに盲目であることでもない。自分の歴史を知らないこと、責任を引き受けないこと、すなわち責任の歴史としてのみずからの歴史の記憶を引き受けないこと、それだけのことで近代文明はなぜ苦しむのだろうか。

近代文明の認識不足は、学者や哲学者の偶有的な欠陥が露呈したものではない。それは無知の罪や知の欠落ではないのだ。ヨーロッパ人が責任の歴史としてのみずからの歴史を知らないのは、知が欠落しているからではない。そうではなく、ヨーロッパの歴史家が歴史性を見落とし、何よりもこの歴史性を責任に結びつけているものを見落としてしまうのは、その歴史的な知が、問いやその基盤や深淵を隠蔽し、閉鎖し、飽和させてしまうかぎりにおいてである。というのも、ヨーロッパの歴史家は単純素朴にも、全体的な視点を手に入れたり、〔過去を〕現在にしたりする気になっているからであり、また結局は同じことになるが、細部に迷い込んでしまってもいるからだ。この歴史の核心には深淵があり、全体化するような総括に対して、底知れぬ裂け目が抵抗する。この深淵は、狂躁的な秘儀をキリスト教的な秘義から切り離しながら、責任の起源をも予告する。

これがこの試論全体が向かおうとしている結論である。

近代文明が苦しんでいるのは、たんに自分自身の過失や近視眼のためばかりではなく、歴史の問題全体が未解決のままになっているからでもある。そして歴史の問題は解決されてしまうことはない。それは問題としてとどまらなければならない。現在の危機は、細部に関する知の過剰が、問いとその基盤を見ることを忘れさせてしまうことにあると言えよう。また、文明の没落についての問題の立て方が悪いということもあるだろう。即自的な文明は存在しない。問題はむしろ、歴史的な人間はいまだなお歴史を告白すること〔＝歴史を是認すること、歴史への帰属を公言すること〕(přiznávat se k dějinám)を望んでいるのか、ということであろう。

この最後の文章が示唆しているのは、歴史性が秘密にとどまるということである。歴史的な人間は歴史性を公然と認めよう〔avouer〕とは望まない。そしてまず、おのれ自身の歴史性を穿つ深淵の存在を隠さずに認めよう〔s'avouer〕とはしない。なぜ歴史は公然と認められなければならないのか。そしてなぜこのような告白は困難なのだろうか。

このような告白への抵抗は、二つの動機によって説明されるだろう。一方では、この責任の歴史は宗教の歴史と混じり合っている。そしてこの責任の歴史を公然と認め、告白することはつねに危険なことである。なぜなら、責任を持つこと、つまり自由に決断したり決断の能力を持っていたりすること、そのようなことは責任や自由や決断の概念そのものの分析から思考されがちであり、獲得された可能性、条件づけられた可能性や条件的な可能性であってはならないとされる。自由や責任に歴史があることは疑いがない。だとしても、このような歴史性は外的なものにとどまらなければならないと考えられている。経験の本質とは、まさにみずからの歴史的条件から身を引き離すことであり、歴史性がこの本質に手を触れるべきではない。責任が歴史によって動機づけられたり条件づけられたり可能になってしまうとしたら、それはどんなものになってしまうことだろう。責任が行使されるのは本質的に歴史的な方法によってであると考える人もいるかもしれないが、決断や責任の古典的な概念は、責任ある決断の本質それ自体から、その核心や固有の契機から、すべての歴史的な連鎖を排除しているように思われる（この歴史的な連鎖が系譜学的なものであろうとなかろうと、またその因果性が力学的なものであろうと弁証法的なものであろうと排除されてしまう。また、他の種類の動機づけのプログラミングに依存するものでも同様である。たとえば、精神分析の歴史に関係するようなプログラミングが考えられる)。したがって、このような歴史性を公然と認めることは困難であり、ましてやこの歴史性を宗教の歴史に本質的なものとして結びつけることは、なおさら困難である。責任の倫理は、倫理であるかぎり、宗教的な啓示から解放されることに基づいていることが多いのだから。

他方で、パトチュカはこうした歴史性は公然と認められなければならないと言い、そのように言うことによって、こうした責務を果たすのが困難であることを暗黙の内に前提としている。それというのも、歴史性は永遠に未解決な問題として開かれたままでいなければならないからである。「歴史の問題は[……]問題としてとどまらなければならない。」この問題が解決されてしまった瞬間には、全体化する囲い込みによって、歴史の終焉が確定してしまうことになるだろう。それは非歴史性を宣言することにほかならない。歴史は決定可能な対象にも、支配可能な全体性にもなりえない。なぜなら、歴史は責任と信〔仰〕と贈与に結びついているからだ。それが責任に結びついているのは、絶対的な決断においてである。絶対的な決断は、知や与えられた規範との連続性を持たずに、決定不可能なものの試練そのものにおいてなされる。歴史が宗教的な信仰に結びついているのは、ある形式の契約《アンガジュマン》や他者との関係を通してである。この契約や他者との関係は、絶対的な危険を通して、知や確実性の彼方へと向かう。また歴史は贈与にも、そして死の贈与にも結びついている。死の贈与は、私を他者の超越との関係、自己をかえりみない善性としての神との関係のうちに置く。死の贈与は、新たな死の経験において、死が私に与えるものを、私に与えてくれる。あまりにも逆説的だと考える人もあるかもしれないが、責任と信仰はともに歩んでゆく。そのどちらも、同じ歩みの中で、支配と知を超過しなければならないのであろう。与えられた死とは、責任と信仰とのこのような結合《アリアンス》である。このような過剰な開けという条件においてこそ、歴史があるのであろう。

二つの異質な秘密のあいだで逆説《パラドックス》が作動している。一方には、歴史性の秘密がある。これは、歴史的人間が公然と認めるのに苦労するものである。しかしそこで問題になるのは責任そのものなのだから、歴史性の秘密は公然と認められなければならない。他方には、狂躁的な秘儀の秘密がある。責任の歴史はこの秘密から訣別しなければならない。

補足的《シュプレマン》な複雑化によって、この経験の厚みや深淵がさらに多元決定される。歴史性を公然と認めなければならないとパトチュカが言うときに、なぜ秘密について語らなければならないのか。このように人間が責任あるものになること、つまり歴史的なものになること、こうしたことはもうひとつ別の秘密という出来事、固有な意味でキリスト教的な出来事に本質的に結びついていると思われる。より正確に言うならば、それはひとつの秘儀《ミステール》、mysterium tremendum〔オノノカセル秘儀〕[7]、おそるべき秘儀のこと、犠牲的な贈与の経験における、キリスト教的人間の恐怖やおそれやおののきのことである。このおののきが人間を捉えるのは、人間が人格《ペルソンヌ》〔＝位格《ペルソナ》〕になるときである。そして人格がそのようなものになることができるのは、それがその単独性《サンギュラリテ》そのものにおいて、神の視線によって身をすくまされるときである。そのとき人格は他者の視線によって見られることになる。この場合に他者は、「至高の、絶対的で接近不可能な存在者であり、私たちを外的にではなく、内的に掌握する」のである。

　こうした外面性から内面性への移行、そして到達可能なものから到達不可能なものへの移行がプラトン主義からキリスト教への推移を保証している。プラトン的なタイプの責任や倫理的・政治的自己から、ひとつの変容がキリスト教的な人格を解放したのではないかというわけだ。このキリスト教的な人格は、いまだ思考されるべきものとしてとどまっているとされる。なにしろこの試論は、パトチュカの『異教的試論』という論文集のひとつの試論なのだから。パトチュカはついでに次のことを指摘するのを忘れない。キリスト教は、人格の到来をしるすものではあるが、人格の本質そのものをいまだなお思考していない。人格の本質そのものに見合った主題的な価値をまだ与えていないだろう、と。「人格とは何かという問いについて言うならば、それはキリスト教的な観点からは十全で適切な主題化を受けていない。」

mysterium tremendum〔オノノカセル秘儀〕の秘密が、それとは異質な秘密を引き継ぎ、それと断絶する。この断絶は、あるときは体内化する従属化（一方の秘密が他方を従属させたり、口を封じたりすること）というかたちをとり、またあるときは抑圧というかたちをとる。〈オノノカセル秘儀〉は、この語の二重の意味でみずからをemporterする〔「怒りに身を任せる」「自分を運び去る」〕。まずそれは別の秘儀に抗して立ち上がるが、〔もう一方の意味では〕それは過去の秘儀を土台《フォン》〔fond〕にして〔ゲシュタルト心理学でいう地《フォン》に対する図として〕現れるのだ。結局のところそれは抑圧するが、抑圧されるものはその土台《フォン》として残り続ける。キリスト教的な出来事がそれに抗して立ち上がり／それを土台として現れてくる秘密は、魔術的な伝統をいくぶんか保持している一種のプラトン主義——あるいは新プラトン主義——であると同時に、プラトンがそこから哲学を解放しようとした狂躁的な秘儀の秘密でもある。その結果として、責任の歴史はひじょうに多くの層を持つものとなった。責任ある〔responsable〕自己の歴史は、断絶や抑圧の連鎖を通して、秘密の遺産や世襲財産の上に打ち立てられる。この断絶や抑圧が、その中断によって拍子を付けることによって、伝統を確固たるものにしているのだ。たとえばプラトンは狂躁的な秘儀と断絶し、責任の典型的な経験をはじめて打ち立てたが、プラトン主義や新プラトン主義の中には、まだダイモーン的な秘儀や魔術的なものが残っている。そしてそれに対応して、責任の政治的な次元も残っているのだ。そのあとに責任あるキリスト教徒の〈オノノカセル秘儀〉が到来する。これは秘密の歴史としての責任の発生における第二の激震である。しかし、少し後で検討するように、この第二の激震は、贈与の形象としての死という形象、要するに与えられた死という形象において到来するのである。

この歴史はけっして閉じられることはないだろう。歴史という名にふさわしいような歴史は、けっして飽和することはなく、縫合されることもない。人間には、とりわけキリスト教的な人間にはなかなか主題化することもできず、ましてや公然と認めることもできないこの秘密の歴史は、多くの逆転、より正確に言えば、多くのconversion〔転回、回心〕によって拍子づけられている。パトチュカはしばしばこのconversionという用語を使うが、この語は多くの場合プラトンのアナバシス(8)すなわち上昇運動を指すものとして使われている。この語を使うことによってプラトンは、洞窟の外に出て、〈善〉や叡智的な太陽のほうに視線を向け直すことを求める〈善〉であって、いまだ〔キリスト教的な〕善性ではなく、したがって贈与とはまだ無縁なものにとどまっている)。このconversionという語は、きまって「反転〔retournement〕」(obrácení)ないしは「転換〔revirement〕」(obrat)などの語彙と組み合わされている。秘密の歴史、すなわち責任と贈与が結合したものとしての歴史は、こうした回転《トゥール》や展開《トゥルニュール》や旋回《ヴェルシオン》や反《ルトゥル》転《ヌマン》や急転換《ヴィラージュ》や転回《コンヴェルシオン》などをともなった螺旋状のかたちをとる。この歴史を革命《レヴォリユウシオン》〔=大転回〕(9)の歴史、さらには革命としての歴史と引き比べてみることもできるだろう。

フィンクを援用することによってパトチュカは、プラトン的な洞窟論を、狂躁的な秘儀の地下の奥底にある場として描き出している。洞窟とは、「狂躁的な秘儀を責任に従属させる」(podřídit orgiasmus zodpovědnosti)ためには最終的に身を引き離さなければならない母なる大地のことだとパトチュカは言う。だがプラトン主義的なアナバシスは、狂躁的な秘儀から非‐秘儀への移行を可能にしてはくれない。それはある秘儀の別の秘儀への従属、ある秘密の別の秘密への転回にすぎない。というのも、プラトン主義的な転回は永遠の視線を〈善〉へと向け直すものであるが、これをパトチュカは「新たな魂の秘儀」と呼んでいるからだ。この場合に秘儀はよりいっそう内面的なものになり、「魂の内的な対話」というかたちをとる。これは魂の〈善〉への関係という意味では、責任の第一の覚醒ではあるが、この意識はまだ秘儀的な場《エレメント》から抜け出していない。それはまだ秘儀のかたちをとる。この場合には、公然と認められず、宣言されず、否認されてはいるものの、いまだなお秘儀のかたちをとるのだ。

　ここにはすでにひとつの法則を認めることができ、右に述べたことがその第一の例になっている。秘密を蓄積し資本化する責任の歴史において、プラトン主義的なアナバシスに続く他の転回と同じように、この第一の転回は、それが中断するように見えるものを、なおみずからのうちに保持しているということだ。この保存的な断絶という論理は、やはりそれが放棄するものを保持する犠牲のエコノミー[10]に似ている。それはあるときはAufhebung〔止揚〕による交替＝持ち上げ《ルレーヴ》のエコノミーを連想させるし、またあるときは抑圧の論理を連想させる。抑圧とは、否定されたもの、乗り越えられたもの、埋め込まれたものをいまだ保持するものであり、このことは止揚と矛盾するものではない。抑圧は破壊せず、システムのある場所から別の場所へと移動させるものであるからだ。それは位相論《トポロジー》的な操作でもある。それはさておき、パトチュカはしばしば精神分析的なタイプの語彙を使用している。彼が分析している二重の転回（狂躁的な秘儀からプラトン主義的・新プラトン主義的秘儀へと向け直す転回、そして後者をキリスト教的な〈オノノカセル秘儀〉へと移す転回）において、たしかに転回以前の秘儀は転回以後の秘儀に「従属させられる」（podřazeno）が、けっして廃棄させられることはない。この階層化的な従属をよりうまく記述するため、パトチュカは「体内化」[11]あるいは「抑圧」という言葉を使う。プラトン主義の場合には、それが従属させる狂躁的な秘儀をみずからのうちに保持していることは、体内化（přivtělení）と呼ばれる。キリスト教の場合には、プラトン主義的な秘儀をみずからのうちに押さえ込んだり保持したりすることは、抑圧（potlačení）と呼ばれるのである。

　したがって転回とは、あたかも喪を執り行うこと、すなわちあるものの死を耐え忍びつつ、それをみずからのうちに保持することであるかのようだ。そして新たな秘密の経験を開始し、秘儀を分かち合うこと〔partage〕[12]としての責任の新たな構造を切り開こうとするとき、ひとがみずからのうちに保持するものは、埋め込まれた記憶であり、より古い秘密のクリプト[13]なのだ。

体内化とか抑圧といった言葉を文字通りに受けとることは、どの程度まで正当なのだろうか――こうした語に私が遭遇するのはまずパトチュカの試論のフランス語訳においてではあるのだが。パトチュカはこうした語に、精神分析的な言説、とりわけ喪の理論において持つような概念的輪郭を与えようとしているのだろうか。たとえそうでないとしても、少なくとも実験的なかたちでは、精神分析的読解を、あるいは体内化や抑圧という言葉に対応する精神分析的概念を考慮に入れるような解釈学を試みてみることを禁ずるものはなにもない。とりわけ、私たちの問題系が秘密というモチーフによって研ぎ澄まされているとするならば、なおさらのことそうであろう。秘密というモチーフは、(とくに喪の作業[14]において)体内化という言葉と無関係ではありえないし、秘密が持つすべての効果の中でも特権的プロセスである抑圧という言葉とも無関係ではありえない。パトチュカが二つの場合に分析している責任への歴史的転回は、第二の秘儀という出来事が第一の秘儀を廃棄しないような運動をよく描き出している。廃棄するどころか、第二の秘儀という出来事は、局所論的《トピック》な移動と階層化的な従属を生み出し、無意識的なかたちで第一の秘儀をみずからのうちに保持するのだ。こうしてプラトン主義的な秘儀は狂躁的な秘儀を体内化し、キリスト教的な秘儀はプラトン主義的な秘儀を抑圧する。以上が、「公然と認める」べき、あるいは告白すべきだとも言ってもよいような歴史である。パトチュカが秘儀について語っているところで秘密について語るのを避けようと思うならば、公然と認めるべき秘密、歴史性そのものとしての分析すべきものとしての秘密とは、こうした二つの転回や三つの秘儀（狂躁的な秘儀、プラトン主義的な秘儀、キリスト教的な秘儀）のひそかな関係のことだと言ってしまう誘惑にかられるだろう。公然と認めるべき歴史とは、体内化と抑圧の秘密のこと、ある転回と別の転回のあいだで起きるもののことである。すなわちそれは、転回の時間のこと――そしてこの転回において問題になっているもの、すなわち与えられた死のことにほかならない。

　というのもこの主題はどうでもいいような主題のひとつではないからだ。責任の歴史としての秘密の歴史は、死の文化に、言い換えるならば与えられた死のさまざまな形象に結びついているということである。[*3] フランス語で donner la mort〔死を与える〕とは何を意味するのだろうか。ひとはどうやってみずからに死を与えるのか。ひとはどうやってみずからに死を与えるのかと言うとき、「みずからに死を与える〔se donner la mort〕」という表現は、「みずからの死の責任を引き受けながら死ぬこと」「自殺すること」を意味するが、「他人のために自己を犠牲にすること」「他者のために死ぬこと」をも意味し、したがっておそらくは、「死を思い描き、与えられた死を受け入れながら、みずからの生命を与えること」をも意味する。ソクラテスもキリストも、またほかの何人かの人々も、こうしたことを大きく異なったかたちで実行したのだ。そしておそらくはパトチュカも自分なりのやり方でそれを実行したのではないか。「みずからに死を与える」という表現が、死を解釈すること、すなわち死の表象や形象や意味や使命を思い描くこと、という第二の意味を持つとしたら、ひとはいったいどのようにみずからに死を与えるのだろうか。もっと単純かつ一般的に言って、たんに死の可能性へとかかわる、ということをこの表現が意味するとしたら、どのようにひとはみずからに死を与えるのか。どのような気遣いやおそれをもって。もちろんハイデガーの表現によれば、死の可能性は不可能性の可能性であるのだが。(15) 「みずからに死を与える」と犠牲の関係はどのようなものだろうか。みずからに死を与えることと他者のために死ぬこととの関係は？

犠牲と自殺とこうした贈与のエコノミーとの関係は？

体内化によって、プラトン主義的な責任は狂躁的な秘儀に打ち勝つ。体内化とは、個人の魂の不死性が確立される運動であり——またソクラテスに与えられた死、ひとがソクラテスに与え、彼が受け入れた死でもある。言い換えるならば、この死は、ソクラテスが『パイドン』で演説を繰り広げることというやり方によって思い描くような死であり、この演説によってソクラテスは、みずからの死に意味を与え、いわばその責任を取ろうとするのである。

洞窟の寓話についてパトチュカは、フィンクの論を追いながら、こう記している。

> とりわけ演劇的な箇所におけるプラトンの発言は、伝統的な秘儀とその狂躁的な崇拝の逆転（obrácení）である。こうした崇拝それ自体、責任と狂躁的な次元の結合と言ったら言い過ぎならば、少なくとも両者の突き合わせを目指している。洞窟とは、さまざまな秘儀の集合する地下の場所の名残であり、母なる大地の懐なのだ。プラトンがもたらす新たな思考は、母なる大地の懐を離れ、純粋な「光への道」を歩み、狂

躁的な秘儀を完全に責任へと従属させ（podřídit）ようとする意志にほかならない。だからこそプラトンにおいて、魂の道は直接に永遠に、すべての永遠の源に、〈善〉の太陽へと導くのだ。（傍点デリダ）

したがって、体内化（＝合併、同化）という言葉を、精神分析的に理解するにせよ、あるいは、それがはみ出して乗り越えたり、止揚したりする対象を吸収し、みずからのうちに保持するような統合というより広い意味で理解するにせよ、この従属は「体内化」というかたちをとる。ある秘儀の別の秘儀による体内化とは、結局のところ、ある不死性の別の不死性への体内化でもあり、ある永遠の別の永遠への体内化でもある。こうした不死性の包含は、死に対する二つの否定、二つの否認の妥協にも対応する。そしてこの妥協は、内面化によって特徴づけられている。これは責任の系譜学にとって意義深い特徴である。内面化とは、体内化という運動そのものにおける個人化や主体化、すなわち自己自身に沈潜する魂の自己関係のことにほかならない。

別の側面がこれまでの側面に結びついてくる。プラトン主義的な「転回」は〈善〉

そのものへの視線を可能にする。この視線は、〈善〉と同じように不動かつ永遠である。〈善〉の探求という魂の新たな秘儀は、魂の内的対話というかたちをとる。したがって、この対話と密接に結びついている不死性は、秘儀の不死性とは異なっている。それは歴史においてはじめて、個人的な不死性となったのだ。なぜならそれは内的な不死性であり、自己実現と不可分なものである。魂の不死というプラトンの教説は狂躁的な秘儀と責任との突き合わせの結果なのだ。責任は狂躁的な秘儀に打ち勝ち、それを従属した契機としてみずからに体内化する。エロースと同じように。エロースもまた、みずからの由来を物質的世界や洞窟や闇から引き出すのではなく、みずからが絶対的な要求や厳密な規律《ディシプリン》をともなった〈善〉への上昇の手段にほかならないことを理解してはじめて、みずからを理解するからだ。（傍点デリダ）

このような規律《ディシプリン》の概念はいくつかの意味をはらんでいる。ここでは、そのどれもが本質的に重要に思える。まず第一に鍛錬という意味。つまり、狂躁的な秘儀を支配下に置き続け、その従属状態そのものにおいて、奴隷や従者のように働かせるための訓練や労働のことである。言い換えるならば、ある秘密を別の秘密に奉仕するようなかたちで働かせること——そしてまた、エロースのダイモーン的な秘密を、この新たな階層構造において働かせることでもあるのだ。〔第二に〕規律《ディシプリン》は、まさに公教的でも秘教的でもある学問《ディシプリン》として教えられるかぎりにおいて、哲学や問答法《ディアレクティック》にもなる。そして〔第三に〕、新たな不死性に到達するために、死ぬことを学ぶ訓練という意味の規律でもある。メレテー・タナトゥー meletē thanatou すなわち死について気を配ること、死を訓練すること、ソクラテスが『パイドン』で語っている「死ぬ練習をすること」でもあるのだ。

『パイドン』はそこで哲学に任務を与えている。哲学とは、死に気を配りながら、それを先取りすること、死ぬことに気をつかうこと、死を受け入れたり、与えたり、みずからに与えたりするもっともよい方法についての省察、可能な死の見張り〔la veille〕、不可能性として可能な死の見張りである。このメレテー meletē ないしはエピメレイア epimeleia〔「配慮」「気遣い」を意味するラテン語〕を、心配とか気遣いなどと訳すのは正当ではある。しかしそれらは、ハイデガーが『存在と時間』で付与している意味におけるゾルゲ Sorge が書き込まれるような流路を開き——そして見張りを開始するのだ。より明確には、ハイデガーがクーラ cura の伝統に身を置きながらプラトンの名を出すことなく、ウルガタ聖書〔公認ラテン語訳聖書〕のソリキテュード sollicitudo やセネカやストア派のメリムナ merimna だけに言及している瞬間のことを考えてみるのがいいだろう。[*4] ストア派のメリムナもまた、プラトンのメレテーと同じように、配慮や心配や気遣いを意味しているのにもかかわらず。

『パイドン』の有名な一節（八〇E）にパトチュカは漠然と言及してはいるが、けっして分析も引用もしない。この一節に描かれているのは、一種の主体化的な内面化であり、魂の自己自身への集中である。肉体から自分自身の内部に逃れた魂は、そこで自己に沈潜して自己自身のことを想起し、自己自身のもとに身を置き、一箇所に集める運動〔remembrement 散らばった農地を交換して集めること〕によって、自己を保持する。こうした転回が魂を反転させ、魂を魂自身へと掻き集めるのだ。[16] syn としてのこの集中の運動は意識を予告し、表象的な自己意識をも予告する。この表象的な自己意識において秘密は、客観的な表象として保持されることができる。この場合に秘密〔secret〕とは、分離し、識別されたもの、すなわち secretum（se cernere みずからを区別すること）を意味している。そもそも私たちがたどっている導きの糸のひとつは、秘密とその細分化された意味論の歴史、神秘的なものやギリシア語のクリプト的なものから、ラテン語のsecretumさらにはドイツ語のGeheimnisに至る歴史であるからだ。
ソクラテスは、すでに『クラチュロス』〔四〇四B〕でも行なっていたことだが、二つのaidesという語で言葉遊びをする。すなわち、不可視の（aidesとは見ないこと、盲目であることも意味する）魂が、死へと旅だって、ハデス（[h]aides死の国）という見えない場所に赴く(17)。そしてこのaidesの不可視性は、それ自体で秘密の形象となっているのだ。このような言葉遊びをしたあとでソクラテスは、プシューケー〔魂〕のある種の不可視性を指摘する。

魂が純粋な姿で肉体から離れたとしよう。その場合、魂は肉体的な要素を少しも引きずっていない［言い換えるならば、ソクラテスが描いているのは、不可視の魂の分離である——そして分離に不可視性を加えたものこそが、秘密の条件なのだ。彼は自己の秘密化を描き出す。秘密化によって魂は、可視的な肉体から退き、魂自身へと集中し、不可視の内面性として自分自身のもとにいることになる］。なぜなら、魂は、その生涯においてすすんで肉体と交わることがなく（ouden koinônousa autô en tô biô hekousa einai）、むしろ、肉体を避け（pheugousa）、自分自身へと集中していたからである（sunethroismene hautes eis heauten）［レヴィナスは、死についてのさまざまなテクストでしばしば『パイドン』に触れているが、そのたびごとにこの魂の自己集中、すなわち自己が死との関係において自己同一化する瞬間を強調している］。このことを魂はいつも練習していたのである（hate meletôsa aei touto）。そして、この練習こそは正しく哲学すること（he orthôs philosophousa）に他ならず、それは、また、真実に平然と死ぬことを練習することに他ならない（kai tô onti tethnanai meletôsa radiôs）のだ。それとも、これは死の練習ではないかね（e ou tout' an eie meletê thanatou）。

この一節は哲学史でもっとも多く引用され、あるいは少なくとももっとも多く言及される規範的な文章のひとつであるが、丁寧に読み直されることはあまりない。ハイデガーがこの文章を引用していないことは驚くに値する。少なくとも『存在と時間』では、気遣いや「死へとかかわる存在」を論じたところでも引用はしていない。というのも、そこで問題になっているのはまさに、実存において自己自身に関係するものの自己関係を構成するような、死への気遣い、死を見張ること、死への配慮などであるからだ。あまり強調されないことではあるが、まずプシューケーがあって、それが次に自分の死を気遣ったり、見張ったり、自分の死の見張りそのものになったりするわけではない。そうではなく、魂が区別されたり分離されたり自分自身に集中したりするのは、このmeletê tou thanatou〔死を気遣う練習〕によってである。魂は、自己関係ないしは自己集中として、死ぬことの気遣いにほかならない。死の気遣いにおいてのみ魂は我に返る。自己に集中する、自己を再び目覚めさせる、目覚めるなどという意味においてと同時に、自己意識一般という意味においても、我に返るのだ。そしてこの点に関してパトチュカが、プシューケーあるいは個人的で責任ある自己の構成における、秘儀や秘密について語っているのは十分に理のあることである。なぜならこのとき魂は自分自身を想起することによって自己を分離し、個体化したり内面化したりし、みずからの不可視性そのものとなるからだ。そして魂とは、そのそもそもの始めから、哲学するものである。哲学は魂に偶有的に到来するのではない。なぜなら魂とは、死に心を配り、魂の生命そのものであるかのようにして死を見張るような、死の見張りのことにほかならないからだ。生命としての、生命の息吹としての、プネウマ〔気息〕としてのプシューケーは、気遣いにみちた、死ぬことの先取りによってしか現れない。この見張りという先取りは、暫定的な喪、〔死者の〕徹夜の見張り、すなわち通夜《ウェイク》に似始めている。この見張りはたしかに秘密という出来事をしるしづけるのだが、それは狂躁的な秘密をみずからの規律《ディシプリン》に体内化し、それを従属させ、眠りに陥らせてしまう。ダイモーン的な秘儀や狂躁的な秘儀を包含するこの体内化ゆえに、哲学は責任に到達すると同時に、一種の魔術にとどまるのだ。

このような考え方の帰結として新プラトン主義においては、ダイモーン的なもの——エロースは偉大なダイモーンである——のすべての誘惑に打ち勝った真の哲学の視点から、ダイモーン的なものは哲学に奉仕する王国にされてしまう［したがってエロースは隷属させられるのであって、廃棄させられるのではない］。このことの帰結は驚くべきものだ。哲学者は、同時に偉大な魔術者となるのだ。プラトン主義的な哲学者は魔術者である［ソクラテスとそのダイモーンのことを考えてみよう］——ファウストもそうだ。オランダの思想史家ヒレス・クヴィスペル Gilles Quispel［パトチュカはその著書『世界宗教としてのグノーシス』（*Gnosis als Weltreligion*, Zurich, 1951）をたえず参照している］は、魔術者としてのプラトン主義的な哲学者に、ファウスト伝説とファウスト主義一般の主要な源泉のひとつを見て取っている。すなわち、「無限の希求」ゆえにファウストは大きな危機に陥るが、それは最終的には救済の可能性でもあるのだ。

この死への気遣い、死を見張る覚醒、死を正面から見据える意識などこそが、自由の別名である。ハイデガーとの本質的な違いを無視するつもりはないが、固有なものとして本来的に〔eigentlich〕引き受けられた死へとかかわる存在の配慮と、自由すなわち責任とのあいだに、ハイデガーが描く現存在と類比的な構造を見て取ることができよう。パトチュカはハイデガーから完全に離れることはない。そのことはとくに、パトチュカが次のように続けていることからも明らかだ。

もうひとつの重要な契機、それはプラトン哲学が死に打ち勝つ瞬間である。つまり死を前にしても逃避せず、それを正面から見つめるということである。プラトン哲学はメレテー・タナトゥーすなわち死の気遣いである。魂への気遣いは死への気遣いと不可分であり、死への気遣いは生への真の（pravá）気遣いとなる。（永遠の）生は、このように死へと視線をまっすぐに向けること、死に勝利すること（přemožení）から生じる（おそらく生とはこの「勝利」にほかならないだろう）。死への勝利は、〈善〉との関係、〈善〉との同一化、ダイモーン思想や狂躁的秘儀からの解放などと結びついて、責任の支配、すなわち自由の支配を意味する。魂は完全に自由であり、運命を選び取る。（傍点デリダ）

「責任の支配すなわち自由の支配」とはおそらく死に対する勝利であること、言い換えれば生命の勝利（シェリーなら The Triumph of Life と言っただろう。シェリーはこの表現によって、死の勝利にかかわる伝統的な形象をすべて逆転させている）であること、このことに言及することはいったい何を意味するのだろうか。括弧の中でパトチュカは、いわゆる永遠の生や責任や自由などはおそらくこの勝利にほかならないだろうと示唆してさえいる。その一方で、勝利は戦闘の痕跡を保持している。勝利とは、根本的には不可分な敵対者のあいだの戦争からもぎ取られるものであるはずだ。勝利が輝き出るのは、その翌日、すなわち戦争を記念し（これも通夜《ウエイク》だ）、その記憶を保持するときである。パトチュカはこうした戦争すなわちポレモス polemos についてしばしば語っ[18]

ているが、これは『異教的試論』にとっては意義深いことである。「二〇世紀の戦争と、戦争としての二〇世紀」という試論は、フランス語版への序文でリクールが「奇妙で、多くの点からみておそるべきもの」と判断している試論のひとつである。この試論は逆説的な夜の現象学であり、また昼と夜のひそかな契約の現象学でもある。パトチュカの政治思想において、このような対立するものの結合が重要な役割を演じている。彼は〔エルンスト・〕ユンガー（一九三二年の『労働者』および一九二二年の『内面的体験としての戦い』）とテイヤール・ド・シャルダン（一九六五年の『戦時の著作』）しか引用していないが、彼の論説は、ヘラクレイトス的なポレモスについて語るハイデガーのきわめて複雑かつあいまいな論説に似かよっているときがある。両者の差異についてここで詳しく解明することはできないが、[*5] パトチュカの論説はこれまでになく、そしてリクールが序文で語っている以上に、ハイデガーの論説に近いものなのだ。

戦争とは、与えられた死のもうひとつの経験である（私は敵に死を与え、また「祖国のために死ぬこと」という犠牲において私の死を与える）。パトチュカはヘラクレイトスのポレモスを解釈して言う、それは「『生』の拡張」ではなく、むしろ夜の優越である。それは「アリステイア aristeia〔優越性、卓越性〕における自由な危険の意志であり、最上の人たちが選ぶ人間の可能性の究極の限界における卓越である。最上の人たちは、快い生活を束の間延長させることよりは、死すべき者たちの記憶において永続するような栄誉を得ることを選ぶのだ。[*6]」このポレモスは敵対者同士を結びつけ、対立するものを集約させる（ハイデガーもこの点を同じようにしばしば強調している）。第一次世界大戦の場として、前線《フロント》がこのポレモスの歴史的形象を与えている。これは対面状況という究極の近さにおいて、敵同士を夫婦のように近づけるからだ。このように前線は奇妙で、困惑させさえするような高揚を与え、おそらくもうひとつ別の喪を予感させるだろう。すなわち、第二次世界大戦中および以後の前線の消滅、敵をそれと認め、さらにはとりわけ敵と自分とを同一視することを可能にしていた前線での向き合いの消失である。第二次世界大戦後には、敵という形象が失われ、戦争が失われ、そしておそらく政治的なものの可能性そのものが失われる、とパトチュカが〔カール・〕シュミットを真似て言ったとしてもおかしくはない[19]。こうした敵の同一化は、前線の経験において、〔敵〕との同一化となりかねない。このことがパトチュカを困惑させると同時にこのうえなく魅惑する。

テイヤール〔・ド・シャルダン〕が前線で超人間的なもの、神的なものの経験をしたときに抱いていたのも、これと同じ感情やヴィジョンである。ユンガーは、戦闘において軍人たちが同じ一つの力の二つの部分となり、一つの身体へと溶け込んでいくと述べ、こう付け加える。「一つの身体というのは奇妙な比喩だ。このことを理解する者は、自分だけでなく敵にも価値を認め、全体と同時に部分においても生きる。指のあいだにさまざまな色の糸をすべらせる神を思い浮かべることができるだろう。口元に笑みをたたえた神を。」……誰よりも深く前線の経験を考えた――まったく異なった――二人の思想家それぞれが、ポレモスとしての存在というヘラクレイトス的な考えを刷新するような比喩にたどり着いたのは偶然だろうか。それともここには、西欧の人間性の歴史から消し去ることのできない意味の一部が現れているのだろうか。今日人類の歴史一般の意味となっている意味の一側面が現れているのだろうか。

このように勝利は死を記念し、死に対する勝利を記念するのだが、それはまた生き残った者が喪に服しているときの歓喜の瞬間をもしるしづけている。フロイトが指摘するように、喪に服す生き残り〔survivant〕は、この「過剰な‐生命〔sur-vie〕」をほとんど躁病的なかたちで享受するのだ。[20]このような責任と自由の系譜、あるいはパトチュカの言い方を借りるならば、責任と自由の「支配」の系譜において、自由で責任ある自我の勝ち誇った肯定は、死すべき者や有限な存在の場合には、躁病的な現れ方をすることがある。自我の肯定は、同じ一つの否認において、一つ以上の秘密を隠蔽し、同時にそれをみずからに隠蔽するだろう。すなわち、それが支配し、従属させ、体内化した狂躁的な神秘の秘密、そして、まさにこの勝利の経験において、拒絶され、否認される、みずからの可死性という秘密を。

したがってこの系譜はきわめてあいまいなものにみえる。絶対的自由（「魂は自由であり、おのれの運命を選ぶ」）の哲学的な出現および政治哲学的な出現についての解釈は、およそ単純ではなく、完全なものとはなりえない。それはつねに不安に満ちた評価を表に出してしまうのだ。

狂躁的・ダイモーン的な眠りから目覚める責任ある自由を暗黙の内に賛えながらも、パトチュカはこうした見張りに「新たな神話学」を認めている。狂躁的なものは、ひとたび体内化され、規律化され、従属させられ、支配されても、廃棄されはしない。それは責任ある自由の神話学をひそかに活気づけ続けている。こうしてこの神話学は、第二の転換ないしは転回すなわちキリスト教の後で、一つの政治学、西欧の政治的なものの、今日でも部分的に無傷な土台となるだろう。

こうして魂の新たな輝ける神話学が生まれる。これは本来的なもの（pravé）や責任あるものと、異常で狂躁的なものとの二重性に基づいている。狂躁的なものは排除されるのではなく、規律化され、支配される（není odstraněno, ale zkázněno a učiněno služebným）。（傍点デリダ）

この引用でもまた別のところでも、パトチュカの論説にハイデガーと近いものを認めることはできる。だが両者の隔たりもまた、明白だったり潜在的だったりはするが、はっきりと感じ取られる。本来性の主題、気遣い、死へとかかわる存在、自由、責任などの結合、自我論的な主観性の発生や歴史という考え方そのものなどは、たしかにハイデガー的な調子を持っている。だがこの系譜学が先行する秘儀の体内化について考え始め、それによってあらゆる時代《エポック》〔＝画時代性〕の限界を攪乱するとき、こうした系譜学のスタイルはおよそハイデガー的なものではない。パトチュカをあえて系統に位置づけるつもりはないが、彼の系譜学者的な態度は、フッサール的・ハイデガー的であるよりは、むしろニーチェ的なものであるようにも見える。パトチュカは、キリスト教は民衆のプラトン主義なのかもしれない、というニーチェの言葉を引いてもいる。この言葉はある程度まで正しい、とパトチュカは言う。ただしわずかな違いがあり、この違いはつまらないものであるどころか、むしろおそるべき深淵性の無《リヤン》そのものなのだ(21)。

責任ある自由の新たな経験の中にも狂躁的な秘儀が含まれ続けており、ダイモーン的なものも体内化され支配されながら存続しているとすれば、責任ある自由はそれがそうあるものにはけっしてならない。純粋で本来的なものにも、まったく新しいものにもけっしてならないのだ。プラトン的哲学者は、動物以上に死を正面から「見据える」わけではないし、メレテー・タナトゥーとしてのエピメレイア・テース・プシュケース epimeleia tês psykhês、すなわち、「死を見張る気遣い」としての「魂を気遣う配慮」に結びついた、実存の本来性へと到達することもできない。そして秘密や秘儀のこうした二重化は、その可能性そのものにおいて、ハイデガーの実存論的な分析論の骨格をかたちづくる諸境界を攪乱するのだ。まず第一に、いわばこの二重化そのもののうちに、ダイモーン的な秘儀がある。また第二に、自由な責任の構造には秘密の構造があって、それがこうした秘儀を隠され、体内化され、隠匿されていながら生きているものとして維持する。そして自由な責任のほうは、秘儀の彼方に身を置いているつもりではいるが、実際にはそれを従属させたり、支配されたものとして保持したりすることによってしか、秘儀の彼方に身を置くことはできないのだ。責任の秘密とは、ダイモーン的なものの秘密を秘密のまま（体内化されたまま）にすること、つまり絶対的な無責任と無意識という核をみずからのうちに抱え込むことにあるのだろう。このことをパトチュカは論文の先のほうで「狂躁的な無責任」と呼んでいる。

パトチュカに従って、プラトン哲学の契機という契機を仮定するとするならば、私たちは秘儀と、より厳密な意味における秘密のあいだにある意味論的差異を考え直すことができるだろう。秘密すなわち secretum という語は分離（se cernere）に関係し、また、より通常の意味では、意識を持った主体がみずからのうちに保持する客観的表象に関係している。つまり、その表象を語ったり宣言したり告白したりすることはできないし、またそう望むこともないにもかかわらず、主体が知っていること、みずからに表象することができるもののことである。secretum はこのような責任ある主体の意識としての魂の自由の構成を前提としている。要するに、ダイモーン的な秘儀から目覚めること、ダイモーン的なものを乗り越えること、それはsecretumの可能性、秘密のままに保持することの可能性へと到達することなのだ。というのもそれは、自己関係を個人化するに至ること、融合的な共同体の秘儀から身を引き離すような自己を個人化するに至ることでもあるからだ。だがこれはあるひとつの秘密を別の秘密と交換することでしかない。エコノミーは、隠蔽の歴史としての真理の歴史において、そしてクリプト論ないしは一般的な秘儀学の系譜において、ある秘密のために秘儀を犠牲にすることで満足してしまうのだ。

だからこうしたすべてのことは、神話形成的ないしは神話制作的な体内化に依存するだろう。パトチュカの意図を裏切ることのないことを願うが、彼の論説の特徴的な点を形式化し、少々強めてまとめてみるならば、彼はまずダイモーン的な秘儀と狂躁的な無責任の、プラトン的な体内化を記述しているのだと言うことができよう。さらにこれを突きつめてみるならば、パトチュカがキリスト教的転換と呼ぶものにおいて、この体内化はある種のキリスト教によって抑圧されると言うことはできないだろうか。ここで二つのエコノミーを区別する、あるいは二つの体制を備えたエコノミーを想定する誘惑にかられる。すなわち、体内化と抑圧の二つである。

こうしてクリプト的ないしは秘儀的な系譜学に本質的な政治的次元が、よりはっきりと現れてくる。それは(ダイモーン的な秘儀を体内化してふくれあがった)プラトン的な秘密から、〈オノノカセル秘儀〉としてのキリスト教的秘密への移行の焦点をかたちづくっているのだ。この焦点を論じるためには、まず秘密と責任が結合したこの系譜において、三つのモチーフを見きわめる必要があるだろう。

一　政治的な理由からもけっして忘れてはならないが、体内化され、そして抑圧された秘儀が破壊されることはない。この系譜学にはひとつの公理がある。それは、歴史はそれが隠しているものをけっして抹消しないという公理である。歴史はそれがクリプト化するものの秘密、おのれの秘密の秘密をみずからのうちに保持している。これは保持された秘密のひそかな歴史である。だからこそこの系譜はひとつのエコノミーなのだ。狂躁的な秘儀は際限なく回帰するものであり、つねに働き続けている。すでに確認したように、プラトン主義においてだけではなく、キリスト教においても、さらには啓蒙と世俗化の空間においてさえも働き続けているのだ。このことからパトチュカは今日のための、そして未来に向けての政治的教訓を引き出すよう、うながしている。彼は、革命というものは、たとえ無神論的であったり非宗教的なものであったりしたとしても、熱狂すなわち我々の内における神々の現前というかたちにおける、聖なるものの回帰を証言していると指摘する。こうした「狂躁的な膨張の新たな波」はつねに切迫し、責任の衰退に対応しているという。こう指摘したうえでパトチュカは、フランス革命の時に人間たちに襲いかかった宗教的熱狂の例を挙げている。聖なるものを秘密に結びつける両者の親縁性や、秘儀伝授の犠牲的な祝祭などを考えてみるならば、革命的な熱狂はすべて、そのスローガンを犠牲的な儀式や秘密の効果として生み出すのだと言うこともできるだろう。パトチュカは明言しないが、デュルケムの引用はこうした方向でなされているように見える。

社会が神を自認したり、神々を創造したりする傾向を持っていること、このことがこのうえなくはっきりと明らかになったのは、フランス革命の最初の数年間である。まさにこのとき、全般的な熱狂の影響の下、本来は世俗的であったはずのものが、世論によって聖なるものへと変化させられたのである。それが〈祖国〉、〈自由〉、〈理性〉などである。(23)

そしてこの『宗教生活の原初形態』の引用のあとで、パトチュカは次のように続ける。

このような熱狂は、理性崇拝にもかかわらず、狂躁的で非規律的な性格、あるいは、責任との個人的な関係によって十分に規律化されていないという性格を持つ。狂躁への新たな失墜の危険が差し迫っている。

当然のことながら、このような警戒は、ある喪に対して別の喪を、勝利の感覚に対してメランコリーを、メランコリーに対して勝利の感覚を、ある抑鬱の形式に別の抑鬱の形式を、そしてそれと同じことだが、ある抑鬱の形式に抑鬱への抵抗を対置することでしかない。それがあらゆるエコノミーの持つ逆説ないしはアポリアである。ダイモーン的な狂躁からプラトン的な勝利によって逃れることはできないし、「転換」に固有な犠牲や悔悟によって、すなわちキリスト教的な「抑圧」によって、プラトン的な勝利から逃れることもできないのだ。

二 エピメレイア・テース・プシュケース〔魂への配慮〕のこうした解釈を、喪としての秘密あるいは秘密の喪の精神分析的エコノミーに、私が引きつけすぎてしまってい

ないとするならば、このエコノミーをハイデガーの影響から逃れさせてくれているのは、まさにその本質的なキリスト教的性格であると言えるだろう。ハイデガーの思想は、キリスト教からなんとか苦労して身を引き離そうというたえざる運動であっただけではない（このような動きは、反キリスト教的な暴力の前代未聞の猛威と関係づけて考えなければならない。この関係がいかに複雑であろうとそうなのだ。これはナチズムがもっともはっきりと公言した公式のイデオロギーであったことは今日では忘れられがちであるる）。同じハイデガーの思想は、とくに『存在と時間』の決定的に重要なモチーフのいくつかにおいて、非キリスト教化されたキリスト教的な主題やテクストを、存在論的な次元で反復しているのだ。その場合、こうした主題やテクストは、固有な根源的な可能性の存在論的な取り戻しの過程で頓挫してしまった、存在的・人間学的あるいは人為的な試みとして提示されている（たとえば、status corruptionnis〔頽落ノ状態〕(24)、本来的なものと非本来的なものの差異、〈世人〉への頽落（Verfallen）(25)、ソリキテュードすなわち気遣い、見ることの快楽や好奇心、時間の本来的な概念と通俗的な概念、ウルガタ

聖書や聖アウグスティヌスやキルケゴールのテクストなど、いずれが問題であろうと同様である)。パトチュカが行なっているのはそれとは反対の対称的な動きであり、だからおそらく結局は同じことになるだろう。彼はキリスト教の歴史的主題をふたたび存在論化し、ハイデガーが引き離そうとした存在論的な内容を、啓示や〈オノノカセル秘儀〉の枠内で考慮しているのだ。

三　だがパトチュカがこのようなことをするのは、教義に則ったキリスト教の正しい道に引き戻そうとするためではないだろう。彼の異教性は、あえて少々挑発的に言うならば、おそらくもうひとつの異教と呼ぶことができるものと交叉する。すなわち、ハイデガー的な反復がキリスト教に与えていた捩れや逸脱、という異教である。

パトチュカはいくつかの箇所で、ヨーロッパのキリスト教の核心における、ある種のプラトン主義――そして、プラトン的な政治――の存続を告発している。ヨーロッパのキリスト教は、その転換にもかかわらず、結局のところプラトン主義を十分に抑圧できなかったのであり、プラトン主義がまだ腹話術師の役割を演じている。このような意味で、この発言は政治的な視点から、キリスト教は民衆のプラトン主義なのかもしれない、というニーチェの言葉をあらためて確認するものだといえよう（ただし、すぐ後で述べるが、この言葉はある程度までしか「正しく」ないのだが）。

A　一方では、責任ある決断は知に従属している。

キリスト教的な神学は、プラトン的解決［すなわち、狂躁的秘儀の批判。ただしそれは sophia tou kosmou つまり世界の秩序についての知、および客観的認識への倫理と政治の従属としての認識の形而上学から出発した批判である］から重要な要素を取り入れている。プラトン主義的合理主義、責任そのものを認識の客観性へと従属させようという願望は、キリスト教的な概念の下でこっそりと（v podzemí）流れ続けているのだ。神学そのものがいまだ「自然的な」土台の上に立っている。「超自然的なもの」は、自然的なものを完成させるものと理解されているのだから。

パトチュカの眼には、「責任を認識の客観性へと従属させること」は責任を廃棄することだと映るにちがいない。彼がここで暗黙のうちに語っていることに同意しないでいられるだろうか。責任を持った決断はある種の知に則ったものでなくてはならない、と語ることは、責任の可能性の条件（知や意識がなければ、そして自分が何をしているのか、どのような理由で、何を目指して、どのような条件で行動しているのかを知らなければ、責任ある決断を下すことはできない）を規定すると同時に、その不可能性の条件（ある決断がこの知に従属し、それに従ったり、それを展開したりするだけで満足してしまったら、それは責任ある決断ではなく、認知的な装置の技術的な適用、定理のたんなる機械的な展開にすぎない）を規定することでもあると思われる。したがってこの責任のアポリアは、道徳と政治の歴史において、プラトン主義的なパラダイムのキリスト教的なパラダイムに対する関係を規定するのであろう。

B　だからこそ他方でパトチュカは、自分の倫理的あるいは法学的言説、そしてとりわけ政治的な言説を、キリスト教的な黙示録の観点に組み込みながらも、キリスト教においていわば〈思考されていないもの《アンパンセ》〉を見きわめる。倫理的であろうと政治的であろうと、キリスト教的な責任の意識（＝良心）は、抑圧されたプラトン的なものを思考することはできないし、また同時に、プラトン主義的な秘儀が狂躁的な秘儀から体内化したものも思考することはできない。このことは、すべての責任の場でもあり、主体でもあるようなもの、すなわち人格を決定しようとするさいに明らかになる。〈オノノカセル秘儀〉におけるキリスト教的な「転換」や「抑圧」について語ったすぐ後に、パトチユカは次のように記す。

結局のところ［キリスト教的秘義においては］、魂はたとえどのような高いところ（たとえばプラトン的な〈善〉）に昇ろうとも、対象との関係ではない［つまりパトチユカは、プラトン主義において魂とは、ギリシアのポリスやローマのキウィタス（ローマの「都市」）の理想的な秩序をも規制するような超越的な〈善〉との関係であることをほのめかしている］。そうではなく、魂を視線で貫きながら、自分は魂の視線の及ぶ範囲の外にとどまっているような人格《ペルソナ》との関係なのだ。人格とは何かという問いについて言うならば、それはキリスト教的な観点からは十全で適切な主題化を受けていない。

したがって、こうした主題化の不足は、責任の戸口《スイユ》にとどまってしまうことを意味する。責任ある人格《ペルソナ》とは何であるのか、すなわち何であるべきなのかは主題化されない。魂が他の人格の視線、他の超越者としての人格《ペルソナ》の視線、すなわち私に視線を向けはするが、私すなわち私という自己のほうは、それに到達することも、それを見ることも、視線の及ぶ範囲に入れることもできないような他者の視線に、魂がさらされていること、このことは主題化されないのだ。責任とは何であるのか、何であるべきなのか、ということについての不十分な主題化は、無責任な主題化にほかならないことをけっして忘れないようにしよう。責任を負うということは何であるかということを知らないこと、それについての知も意識も十分に持たないこと、そのことはそれ自体で責任に違背することなのだ。責任を負うためには、責任を負うということがどういう意味なのかについて請け合うことができなければならない。というのも、責任という概念は、その歴史のこのうえなく確かな連続性において、たんなる意識や理論的な確認を逸脱するような行動《アジール》や行為《フェール》や実践や決断に拘束されることを含意してきた。だがその一方でこの同じ責任という概念は、責任ある決断や行為が、みずからの決断や行ないについて意識的に〔=良心に恥じるところなく、誠実に〕請け合うことを求めてきた。すなわち、何がなされるのか、行為とは何を意味するのかを主題化的に知ること、行為の原因や目的などについて主題化的に知ることによって、みずからの決断や行ないについて請け合うことを求めているのである。責任をめぐる議論においては、（措定的ないしは主題化的な意識でもあるような）理論的な意識と実践的（倫理的、法的、政治的）な意識とのあいだの、根源的で打ち消しがたい錯綜を考慮に入れなければならない。あらゆる種類の「潔癖な良心」(26)の傲慢さを避けるためにであれ、そうなのだ。次のことをたえず念頭に置かなければならない。すなわち、「責任」とは何を意味するのかを十分に概念化したり主題的に思考したりすることなく責任を要求してしまったら、かならずなんらかの無責任が忍び込むこと、すなわち、あらゆる場所に忍び込むということを。あらゆる場所に、とアプリオリにそして経験的にではなく言うことができる。なぜなら、すでに述べた理論的なものと実践的なものの錯綜はたしかに打ち消しがたいものではあるが、このように錯綜する二つの次元のあいだの異質性も、また打ち消しがたいものであるからだ。したがって、責任（決断、行為、実践）の実行は、つねにあらゆる理論的ないしは主題的な決定の、手前と彼方に身を置かなければならないのであろう。責任は、理論的・主題的な決定なしに、知的な視線から独立して決断を下さなければならない。これこそが実践的な自由の条件なのであろう。このことから結論として言えることは、責任概念の主題化はつねに不十分であるが、それは責任概念の主題化が不十分であるべきだからこそ、つねに不十分だということであろう。責任について言えることは、同じ理由から自由や決断についても妥当する。

責任の行使とその理論的な主題化、さらには教義《ドクトリン》的な主題化のあいだにかいまみられる異質性によって、責任は異教的になることも運命づけられているのではないか。〔異教 hérésie の語源である〕hairesis すなわち選択、選抜、好み、傾向、立場へと、つまり決断へと運命づけられているのではないか。そして、こうして決断された立場に対応する（哲学的、文学的、宗教的）学派としての異教、さらには、キリスト教会の語彙において定められ、後に一般化された意味での異教（＝異端）として、異教的になることを運命づけられているのではないか。この最後の意味での異教すなわち異端とは、教義における逸脱のこと、教義における逸脱、そして教義から外れて逸脱することであり、公式かつ公的に定められた教義や、それに基づいた制度的な共同体から外れることである。異端とは、周知の事実として公的に宣言されていることから外れて逸脱することによって、つねに逸脱をしるしづけるものであるが、それはたんにその可能性において、責任の本質的な条件であるばかりではない。逆説的なことに、異教や異端は、ある種の秘密の抵抗や離反にも、責任を運命づける。それは責任を逸脱のうちに置き、秘密のうちにとどめる〔tenir〕。そして責任は、逸脱と秘密に固執する〔＝逸脱と秘密に由来する〕〔tenir à〕のだ。

離反、逸脱、異教、抵抗、秘密——これらはキルケゴールがこの語に与える強い意味において、逆説的な経験である。問題は秘密に責任を結びつけることであるが、責任とは、もっとも信念に満ち、もっとも説得的な意見《ドクサ》によれば、応答すること、すなわち他者と法の前で他者に応答することであり、そして可能ならば、みずから公的に、みずからの意志によって、みずからの目的を持って、そして責任あるとみなされる動作主の名において応答することにほかならない。責任〔responsabilité〕と応答〔réponse〕の連関は、すべての言語で見られるわけではないが、チェコ語でもこの二つは関係している（odpovědnost）。

このことはパトチュカの異教の精神に忠実であると同時に、言うまでもなく彼の異教そのものから見ても異教的であるように思われる。実のところこの逆説は、パトチュカが人格やキリスト教的な〈オノノカセル秘儀〉について主張していることのまさに延長線上で解釈できる。だが、パトチュカが不十分な主題化について語りながら、最終的に完成された主題化という、なんらかの最終的な十全性を求めてしまうときには、この逆説はパトチュカの主張に反するものとなる。主題化という主題は、主題化的な意識という現象学的でもあるモチーフに関係するが、すでに語ったもうひとつ別の根源的なかたちの責任と突き合わせてみるならば、それによって排除されていると言ったら言い過ぎならば、少なくともその有効性から見て厳しく限定されたものであることがわかるだろう。根源的な責任は、私を他者の視線に対して非対称的にさらすものであり、私の視線は、まさにこうして私を見るものにとっては、およそ尺度となりえなくなってしまう。責任の概念とは、みずからを主題化されるべきものとして与えることなく、思考すべきものを与えるような、奇妙な概念のひとつなのである。それは主題としても命題《テーゼ》としても定立されることはない。それは見るべきものとしてみずからを与えないし、現象学的な直観の「見るべきものとして自己を与えること」として、生身のかたちで自己を現前させることもない[27]。こうした逆説的な概念は、ある種の秘密の構造をも備えている。そしてある種の宗教的な文化のコードにおいて秘儀と呼ばれているものの構造をも備えているのだ。責任の行使は、逆説、異教、秘密といった、はなはだ居心地の悪い選択以外の選択を残してくれないように思われる。さらに重大なことに、責任の行使は転向と背教の危険をもつねにはらんでいる。伝統や権威や正統性や規則や教義に対して、離反や創意という破壊を行なわないような責任はないのだ。

視線における非対称性——私を見るものにおいて、私が見ることなく、私にとって秘密のままでいるのに、私に対して命令するような視線へと私を関係させるような不均衡、これこそが戦慄すべき秘儀、おそれさせ、オノノカセル秘儀であり、パトチュカによればこれはキリスト教的な秘義において予告されるものである。このようなおそれは、プラトン的な責任をアガトンに関係させるような、超越の経験においては起こらないだろう。またプラトン的な責任が創設するような政治《ポリス》でも起こらないだろう。そしてこの秘密のおそれは、主体の客体とのおだやかな関係をはみ出し、それに先立ち、超過するのである。

他者の視線にさらされていることによって、深淵をかたちづくる非対称性へと関係していること、これはまずキリスト教に由来し、キリスト教だけに由来するようなことだろうか。キリスト教の主題化は十全ではないと言われてはいるのだが。福音書の「以前」ないしは「以後」において、すなわちユダヤ教やイスラム教において同じようなものが見いだされるのか、という問いは傍に置いておき、パトチュカによる読解にとどまることにしよう。いずれにせよ、パトチュカにとってキリスト教が——そしてそれとけっして袂を分かつことがないとされるキリスト教的なヨーロッパが——こうした責任の深淵を深めるためのもっとも強力なはずみであり続けていることは疑いないところである。たとえこのはずみが、ある種の〈思考されないもの〉の重みによって、とりわけ矯正しがたいプラトン主義によって限界づけられているとしても、そうなのである。

魂の深淵のごとき深みの中にある、こうした土台（základ）ゆえに、キリスト教は現在に至るまで、人間を頽落に対して闘うことができる者にするための、もっとも強力なはずみであり続けている。このはずみは、いまだけっして乗り越えられることはないが、究極まで思考されることもけっしてないのである。

キリスト教というはずみは究極まで思考されなかったが、このことはパトチュカにとって、終極まで進んでいくことをうながすものである。それもたんに主題化を深めることによってだけではなく、政治的＝歴史的な適用や行動によって、終極まで進まなければならないということなのだ。そしてそのためには、メシア的な黙示録、ただしそれと不可分なものとして、現象学的でもあるような黙示録という道を通らなければならない。何かがまだ到来していない。キリスト教に対して、そしてまたキリスト教によって、何かがまだ到来していないのだ。キリスト教に到来してすらいないもの、それはキリスト教である。まだ到来していないもの、それは〈オノノカセル秘儀〉が予告している新たな責任を、歴史において、政治史において、それもまずヨーロッパの政治において、完遂することなのである。これまで本来的な意味でキリスト教的な政治はなかったが、それはプラトン的なポリスのせいである。キリスト教的な政治は、ギリシア的・プラトン的・ローマ的な政治的なものと、なおいっそう根源的なかたちで手を切り、〈オノノカセル秘儀〉を完遂しなければならない。このような条件の下でのみ、ヨーロッパの未来が、そして未来一般があるということなのだろう。というのもパトチュカが語っているのは、過去の出来事や事実であるというよりは、むしろひとつの約束であるからだ。この約束はすでに場を持ってしまっていることだろう。この約束の時間は、〈オノノカセル秘儀〉の経験と同時に、それを創設する二重の抑圧をも規定している。この二重の抑圧によって、〈オノノカセル秘儀〉は、プラトン主義が体内化した狂躁的秘儀と同時に、プラトン主義そのものをも抑圧し、そしてまた保持しているのだ。

パトチュカのテクストにおいてなお暗黙のうちにとどまると同時に起爆力を秘めているものを根源的なものとして展開することもできるだろう。それは、ある種のキリスト教やハイデガー主義に対して異教的であるばかりではなく、ヨーロッパについての偉大な言説に対してもまた異教的なものである。究極までその帰結を突きつめてみるならば、このテクストは一方ではヨーロッパがそうあるべきものになるためには、〈オノノカセル秘儀〉を十全に主題化し、完全にキリスト教的にならなければならないことを示唆している。だが同時にこのテクストは、この来るべきヨーロッパがもはやギリシア的でも、ギリシア＝プラトン的でも、さらにはローマ的であってもならないことも示唆しているように思われる。〈オノノカセル秘儀〉が約束するもっとも根源的な要請は、まったく新たなヨーロッパを要請することになるだろう。一般にヨーロッパについて考えるさいにはギリシア的あるいはローマ的な記憶が持ち出される。だがこの新たなヨーロッパは、こうした記憶から解放され、それと手を切り、それと異質なものになってしまうくらい新しい（あるいは古い）ヨーロッパであるということなのだろう。アテネとローマから解放されたヨーロッパの秘密とはいったいどのようなものだろうか。

第一に、プラトン主義とキリスト教のあいだの、不可能で不可避の移行という謎について。転回＝抑圧が行なわれる瞬間において、新プラトン主義と呼ばれるもの、そしてそれをローマ性の政治権力に結びつけうるようなものが特権的なものとしてかいまみられたことはけっして驚くべきことではない。新プラトン主義という歴史的形象は、不安定で多様で少々亡霊的なものであるが、それゆえに魅惑的で情熱をかきたてるようなものである。だがこの歴史的形象と同時に、パトチュカは省略的な言い方で、おそらくはきわめて重要な逆説の場であるようなもの、事物ではないような何かについて語っている。それは贈り物〔＝現在présent〕ではないような贈与、到達不可能で、現前不可能で、それゆえ秘密にとどまるような何ものかの贈与のことである。こうした贈与の出来事が、贈与という本質なき本質を、秘密に結びつけるということなのだろう。というのも贈与というものは、白日の下で贈与として認められてしまったら、つまり認知され、感謝されるべきものになってしまったら、すぐさま消え去ってしまうからだ。秘密それ自体なるものについて語ることができるとするならば、贈与とは秘密それ自体なのだと言うこともできよう。秘密とは贈与の究極の言葉であり、贈与とは秘密の究極の言葉なのだ。

プラトンからキリスト教への移行に関する一節は、「責任ある本来的なものと、狂躁的な異常なものの二重性に基づいている、魂の輝ける新たな神話学」について語っている箇所のすぐ後に続いている。パトチュカは言う。「狂躁的なものは排除されるのではなく、規律化され、従属させられる。」

こうした主題が決定的な重要性を持つようになるのは、ポリスやキウィタスの終焉と同時に、ローマの元首制が新たな責任の問題を提起する瞬間においてである。この新たな責任は、社会的な枠組においても超越的なものに基づいているような、国家に対する責任である。ただしこの国家はもはや、平等な人格の自由な共同体ではない。つまり自由は、平等な者たち（同じ市民）の関係ではなく、超越的な〈善〉との関係において定まるようになるのだ。このことが新たな問題を提起し、新たな解決を可能にする。結局のところ、ローマ帝国の社会的な問題もまた、魂についてのプラトン的な考え方が可能にした土台の上で具体化するのだ。

クヴィスペルがみごとに見抜いたように、背教者ユリアヌス帝(28)は、狂躁的秘儀と責任ある規律の関係において、重要な屈曲点をかたちづくっている。キリスト教がこのプラトン的な解決を乗り越えるのは、またしても転換〔revirement〕によってである。「責任ある生」は、何ものかの贈与として考えられている。結局のところ贈与とは、〈善〉としての性格を持ちながらも、人間が永遠に従属している到達不可能なもの（nepřístupného）の諸特徴を――すなわち秘儀の諸特徴をも示すようなものなのである。この秘儀が最後の言葉を握る。キリスト教はプラトンとは別のかたちで善を理解する――つまり、自己をかえりみない〔＝自己を忘却する〕善性〔＝慈愛〕として、そしてみずからを否認するような（まったく狂躁的ではない）愛として理解するのである。（傍点デリダ）

「贈与」という語に注意しよう。一方には、自己を放棄する否認、まさに与えるために引き退き、隠れ、自己を犠牲にするような贈与や善性や寛大さという放棄がある。他方には、贈与を犠牲のエコノミー〔＝犠牲の節約〕に変える抑圧がある。この二つのあいだには、ひそかな親和性がありはしないか。たがいに近接していると同時に、異質でもあるような二つの可能性のあいだの、打ち消しがたい混淆の危険がありはしないだろうか。というのも、おののきにおいて、おそれのおののきそのものとして与えられるものは、死、そして死の新たな意味、死に関する新たな捉え方やおそれ方、みずからに死を与える新たな方法にほかならないからである。プラトン主義とキリスト教の違いは、何よりもまず「死を前にした、永遠の死を前にした転換である。それは不安と希望がきわめて密接に結合した状態で生きることであり、罪の意識によっておののき、全存在を犠牲にして悔悛に身を捧げることである」。これはひとつの断絶であるが、抑圧という様態で、そして抑圧の限界《リミット》において生じる断絶なのであろう。プラトン的な〈善〉（すなわち「体内化された」狂躁的秘儀）の形而上学や倫理や政治と、キリスト教的な責任の〈オノノカセル秘儀〉とのあいだの断絶なのだ。

これは狂躁的秘儀ではまったくなく――狂躁的秘儀はたんに従属させられ続けるだけではなく、ある種の限界《リミット》への接近において、完全に抑圧されるものである――〈オノノカセル秘儀〉である。「オノノカセル」ものであるというのは、責任がもはや人間の視線が到達できるような、〈善〉や〈一者〉といった本質にあるのではなく、至高で絶対的で到達できないような存在者との関係のうちにあるからである。この至高の絶対者は、私たちを外的にではなく、内的に掌握するような存在者である。

ハイデガーの思想や用語を熟知しているパトチュカがこうした至高の存在者や神について言及するにあたって、なんらかのはっきりとした意図がなかったはずはないであろう。ここでいう神とは、私を内的に掌握し、その視線の下に捉えながら、私に関係《ルガルド》することを規定し、そうして私の責任を目覚めさせるような者なのである。至高の存在として神を規定することは、ハイデガーが現存在の本質的で根源的な責任について語るときに却けている存在‐神学的な命題にほかならない。呼び声（Ruf）によって現存在は、あらゆる特定の罪や限定された負債に先立って、自分を根源的に責任あるものとして、責めあるもの（schuldig）あるいは負債を負ったものとして感じるのであるから、現存在に視線を向けたり語りかけたりする限定された存在者には、まずは責任を負ってはいない。ハイデガーが、呼び声ないしは呼び声の意味（Rufsinn）というものを、気遣いの経験として、そしてまた責任ある存在あるいは根源的に責めを負っている存在（Schuldigsein）である現存在の根源的な現象として記述するとき、彼が提唱する実存論的分析は神学的な観点を越え出ているものだとされている。*7 この根源性のうちには、なんらかの至高の存在者への現存在の関係は含まれていないどころか、排除されてさえいる。良心Gewissenに語りかける声や、道徳的な意識が前にする視線などの起源としての至高の存在者への関係は排除されているのだ。カントは、良心がその前に出頭したり、その眼前に出頭したりするような法廷という表象について語っているが、ハイデガーは少なくとも存在論的な視点からは、こうした表象をひとつの「比喩（Bild）」とみなし、何度か批判している。[*8] その一方で、現存在を呼び求める沈黙の声は、可能なすべての同一化から逃れ去る。それはまったく無規定なものなのだ。たとえ呼び求める存在者——呼ぶ者〔＝上訴者〕——のこうした特異な無規定性や規定不可能性とは無ではない（Die eigentumliche Unbestimmtheit und Unbestimmtbarkeit des Rufers ist nicht nichts）としても、[*9] それは完全に無規定なのである。責任の起源は、とりわけ至高の存在者には根源的に帰着しない。しかしここには神秘的《ミステール》なものはない。秘密もない。こうした無規定性や規定不可能性は隠し立て《ミステール》をしないのだ。この声が沈黙をまもり、とりわけ人格的な声とはならず、いかなる限定可能な同一性をも持たない声であること、このことが良心Gewissen（これを道徳的な意識、つまり責任ある意識などと訳すのは誤りである）の条件であるが、だからといってこの声が「秘密で神秘的な声」（geheimnisvolle Stimme）であるということにはならない。[*10]

したがってパトチュカは、こうしたハイデガー的な運動を意図的に逆行しているのである。彼はおそらく、責任というものが誰から来るものでもないとしたら、私の身をすくませ、私をつかみ、手や視線で捉えるような絶対的な存在者としての人格《ペルソナ》から来るのでないとしたら、真の責任も義務も維持されないであろうと確信しているのだろう（こうした非対称性において、私はこの至高の存在者を見ることはない。私はそれを見てはならないのだ）。至高の存在者、無限の他者はまず私の上にやってきて、上から落ちかかってくる（たしかにハイデガーも、源泉が規定不可能なものである呼び声は、私からやってくるものでありながら、私の上に落ちかかること、私から発していながら私の上にやってくると述べている。Der Ruf kommt *aus* mir und doch *über* mich〔「呼び声は、私の中からやってくるのだが、しかもそれでいて私の上へと襲いかかってくるのである」〕[*11]。至高の存在者に私の責任の起源を帰着させることによってハイデガーと矛盾しているように見えながら、パトチュカは自分自身に対しても矛盾したことを言っているように思われる。というのも彼は別の場所で「キリスト教の神は超越を自明なこととする神学的な観念を取り上げ直している」のだから、ニーチェがキリスト教を民衆のプラトン主義と形容したのは正しいが、キリスト教と存在‐神学とのあいだには「深い原理的な差異がある」とも述べているからである。この矛盾から逃れるためには、至高の存在者についての思考を、あらゆる存在‐神学から、ハイデガーが作り上げ、正当化しようとした概念としての存在‐神学から、完全に解放しなければならないだろう（そしてそれはおそらくパトチュカの論説の暗黙の企てとしてとどまっている）。

以上のようなクリプト的＝秘儀的な系譜学は、贈与と死が還元不可能なかたちで絡み合った二重の糸によって織りなされている。すなわち与えられた死によって。私にとって到達不可能でありながら、視線と手の内に私を掌握するような神によってなされる贈与、〈オノノカセル秘儀〉というおそろしくも非対称的な贈与が、私に応答すべき何かを与え、与えた責任を私に呼び覚ますのは、たんに死を与えることによって、死の秘密を、死の新たな経験を与えることによってなのである。

私たちが今や問わなければならない問いは、こうした贈与についての言説や死の贈与が、犠牲についての言説や他者のための死についての言説であるのかということである。責任の秘密についての問いかけ、責任と秘密の逆説的な結合についての問いかけは、きわめて歴史的で政治的であるだけになおさらである。この問いかけはヨーロッパの政治の本質そのもの、その未来にかかわっている。

ポリスやそれに相応するギリシアの政治と同じように、プラトン的な契機はダイモーン的な秘儀を体内化しようとしたが果たしえなかった。それは秘儀なき瞬間として自己を現前させる。プラトン的なポリスを、それが体内化した狂躁的な秘儀から、それを抑圧するキリスト教の〈オノノカセル秘儀〉から区別するもの、それはプラトン的なポリスにおいては、いかなる秘密も認めないということが公言されていたということである。プラトン主義に先立つ時代や、それに後続する時代においては、秘密や秘儀 mysterium や神秘主義に場が与えられていた（ダイモーン的＝狂躁的な秘儀や〈オノノカセル秘儀〉）。だがプラトン的な哲学や政治や伝統においては、そうした場はないとパトチュカは言う。そこでは政治的《ポリス》なものが秘儀的なものを排除するのだ。したがって、こうしたギリシア的な由来を持つ政治の継承者であるということは、ヨーロッパにおいては、そしてヨーロッパ近代においてさえ、秘密の本質的な可能性、保持された秘密への責任の結びつき、すなわち責任がそれによって秘密へと固執しうる〈＝秘密から由来しうる〉ようなものすべてを、ヨーロッパの空間において無視し、抑圧し、排除することであった。こうした排除から、（ギリシア的な意味で）民主的なものから全体主義的なものへの不可避な移行《パッサージュ》を見て取るに至るまでは、わずかな一歩しかない。開かれた通り道《パッサージュ》を進んでいくプロセスがあるだけだ。その帰結はきわめて重大であり、熟考に値する。

二　死を——奪い取る《プランドル》べきものとして与えることと、与えることを学び取る《アプランドル》ことの彼方で

こうした語りは系譜学的なものであるが、それはたんに記憶を確証するものではない。それはいわば倫理的・政治的な行為《アクト》（＝証書）と同じように、証言するのだ。今日という日のために、そして明日のために。まずは今日という日に起きたことを思考するのが重要である。物語による遠近法化《パースペクティヴ》によって、屈曲した道のりが系譜学的にたどられていく。それは今日のヨーロッパにおける、狂躁的な秘儀や神秘化の現代の回帰を記述するためでもあるが、なによりもまず、それを告発し、嘆き、それと闘うためなのだ。

試論のタイトル（「技術文明は凋落した文明なのか、そしてそれはなぜか」）が示すように、パトチュカはなぜ技術文明が凋落している（úpadková）のかと自問する。その答えは明快に見える。非本来的なものへの転落は、狂躁的なものやダイモーン的なもの

の回帰を具現しているというのだ。一般的な考えとは異なり、技術的な近代性は何ものも中和せず、ダイモーン的なもののある種の形式を復活させている。たしかに技術的な近代性は、無関心や倦怠へと中和してしまうが、まさにこうした無関心や倦怠のゆえに、そしてそれらがあるかぎりにおいて、ダイモーン的なものの回帰を呼び求めるのだ。倦怠の文化と狂躁の文化のあいだには親和性があり、いずれにせよ同期現象《シンクロニー》がある。技術の支配によってダイモーン的な無責任が助長される。そして無責任は、技術的な平板化にともなう倦怠を背景に現れてくる。技術文明が狂躁的なものの膨張や再膨張を作り出し、審美主義や個人主義といったよく知られた効果をも生み出すのは、それが倦怠をもたらすからである。というのも、技術文明は、責任ある自己という、神秘的でかけがえのない単独性《サンギュラリテ》＝特異性を「平板化」し、中和してしまうからだ。この技術文明の個人主義は、単独かつ特異な自己を軽視することに基づいている。それは役割の個人主義であって、人格の個人主義ではない。別の言葉を使うならば、仮面ないしはペルソナの個人主義、人物《ペルソナージュ》の個人主義であって、人格の個人主義ではないと言うこともできるだろう。ルネサンス以後に発展した近代の個人主義は、単独で特異な人格ではなく、演じられた役割に関心を持つようになる、という――とりわけブルクハルトの――解釈をパトチュカは紹介している。単独で特異な人格の秘密は、社会的な仮面の背後に隠されたままなのだ。

二者択一はもつれ合っている。個人主義は社会主義や集団主義となり、単独性の倫理や政治を摸倣する。自由主義は社会主義に合流し、民主主義は全体主義に合流する。そして、こうしたさまざまな形象は、役割の客観性とは無関係なものへの無関心を共有している。「万人の平等」というブルジョワ革命の合言葉は、諸人格の平等性ではなく、役割という客観的で数量化可能な平等性となってしまうのだ。

そして当然のことながら、とりわけこの平等性が、真理や根源的な本来性の名の下に行なわれる技術の告発と結びついてしまうと、仮面や模像《シミュラークル》の批判が伝統に合流する。こうした論理は、プラトンからハイデガーに至るまで連綿と続いているが、おそらくパトチュカはこうした論理が恒常的に現れてくることにはあまり注意を払っていないように思われる。そして演じられた役割が社会的仮面の背後にかけがえのない自己の本来性を隠蔽してしまうのと同じように、科学技術の客観性が生み出す倦怠の文明は秘儀を隠蔽してしまう。「このうえなく繊細な発見は、発見されたものの背後に隠されている

〈秘儀〉(Tajemství)、開示されたものの背後に隠されている〈秘儀〉の高揚をもたらすのでなければ、倦怠を生み出してしまうのだ。」

こうした言説の論理を形式化してみよう。それは非本来的な隠蔽(これは技術と役割と個人主義と倦怠に共通な意味である)を批判するものではあるが、ただし啓示や開示〔=ヴェールを取り除くこと〕としての真理の名においてではなく、もうひとつ別の隠蔽の名においてである。もうひとつ別の隠蔽は、まさにその留保《レゼルヴ》〔=蓄え〕において、秘儀を蔽われたままにしてしまう〔=蔽われた秘儀を保持する〕。仮面をかぶった役割という非本来的な隠蔽は、ヴェールを取り除いたり、見せたり、暴き出したり、展示したり、好奇心をかきたてると称して、倦怠を引き起こす。すべてを開示してしまうことによって、それはまさに隠され続けていることを本質とするもの、すなわち人格《ペルソナ》という本来的な秘儀を隠蔽するのだ。本来的な秘儀は、秘儀的なものにとどまらなければならない。そして私たちがそれに接近できるのは、それが実際に〔=真理において〕そうあるものとして存在せしめることによってだけなのである。すなわち、ヴェールをかけられたもの、引き退いたもの〔en retrait〕(29)、隠蔽されたものとして存在せしめなければならないのだ。ヴェールを取り除く開示の暴力は、本来的な隠蔽を非本来的なかたちで隠蔽する。「秘儀」とか「本質的な秘儀」といった言葉は、口調や論理がますますハイデガー的なものになるように見えはする最後のページで、何度か使用されている。

もうひとつ別の概念が、ハイデガーへの依拠を完全に決定的なものとするだろう。それは力（síla）の概念である。パトチュカが低い価値を与えるもの――非本来性、技術、倦怠、個人主義、仮面、役割など――はすべて、「力の形而上学」（Metafyzika síly）に由来する。力は存在の近代的な形象となったのだ。存在は、人間の計算可能な力として規定されてしまい、こうした力の形象の下に隠された存在に関係することをやめ、計量可能な力能としてみずからを表象するに至ったのである。そうしてパトチュカは、技術についてのテクスト(30)におけるハイデガーと類似の図式にそって、力としての存在の規定を記述している。

人間は存在（Bytí）への関係であることをやめ、強力な力、もっとも強力な力［この最上級（jednou z nejmocnějších）が意味するのは、人間は、世界のさまざまな力の中でもっとも強力な力として、同質な空間の中にみずからを収めてしまうということである］となる。人間はとくに社会的な存在者として、これまで永遠のうちに貯蔵され、縛りつけられてきた宇宙的な力を解放するような、巨大な送信機と化してしまったのだ。純粋な力の世界の中で、人間は巨大な蓄積機《アキュムレータ》となったように思われる。それは一方ではこうした力を生存や生殖のために利用するが、他方では、まさにこうした理由のために、別の力の状態と同じようなものとして、同じ回路に接続され、そこで蓄積されたり、計量されたり、利用されたり、操作されたりすることになるのだ。

一見したところ以上のような記述は、「〈力〉には〈存在〉が宿る」とか「〈力〉は存在の究極の引き退き〔retrait〕である」といった表現と同じように、ハイデガー的なものに見える。力による存在の隠蔽を、存在者による存在の隠蔽として解釈している部分についても同様である。パトチュカはあえてそのことを隠そうとはしないと言うこともできるだろう。ただし、ハイデガーへの唯一の明白な言及は、奇妙にも暗合化《クリプト》されたかたちを取っている。なんらかの理由によって、あたかもその名を出すべきではないかのように、ハイデガーはたんに指で指し示されているにすぎない。それに対して、他の人の名前、たとえばハンナ・アーレントの場合には、同じようなコンテクストで、同じ方向の議論をするさいに、名前が出されている。「存在者によって解消されてしまった存在という観点は、現代の偉大な思想家の作品において打ち出されているが、ひとはそれを信ずるに足るものと考えることはなく、注意を払うことすらない。」ハイデガーはそこにいるが、注意を払われることはない。彼は見えているが、ひとは彼を見ない。ハイデガーは盗まれた手紙(31)のようにしてそこにいる、とパトチュカは言っているようなのだが、それを口に出しはしない。盗まれた手紙はもう少し後で回帰してくるだろう。

しかしながら、ハイデガーがけっして賛同しなかったであろう、いくつかの表現も見られる。たとえば、この力の形而上学は「神話《ミトロジー》」であるとか、非本来的な虚構であるなどという表現である。「したがって、力の形而上学は虚構的で非本来的である」(fiktivní a nepravá 真正でない)。ハイデガーならば、存在の形而上学的な規定や、存在者の形象や様態における存在の隠蔽の歴史などが神話や虚構として展開するなどとはけっして言わなかったことだろう。こうした言い方は、ハイデガー的であるというよりはニーチェ的である。また、形而上学そのものについても、それはそれ自体で「真正でない」とか「非本来的」であるなどとは、ハイデガーはけっして言わなかっただろう。

しかしながら、人目にさらして暴き立てるという単純な動作によって、すなわち見るために見たり、見るために見せたりする（ハイデガーによる「好奇心」の定義[32]）という単純な動作によって、（本来的な）隠蔽を隠蔽してしまうような（非本来的な）隠蔽、という論理にこだわるとするならば、ここに秘密の論理のひとつの例を見て取ることができる。この秘密の論理は、それが暴き立てられることにおいてこそ、もっともよく保持される。隠蔽というものは、人目にさらし、ヴェールをはずし、剝き出しにしようとするような特殊な隠蔽によってこそ、もっともうまく隠蔽されるのだ。存在の秘儀は、それを力として暴き立て、仮面をつけたり、虚構であったり、模像であったりするような状態で示すような、非本来的な隠蔽によって隠蔽される。ここでパトチュカが、ポーの『盗まれた手紙』を持ち出すことに驚く必要はあるまい。

こうして〈力〉は存在の究極の引き退きとなる。存在は、E・A・ポーの小説にもあるように、それが存在者の全体という相の下に現れるとき、すなわち相互に組織され、解放しあうような諸力という相の下に現れるとき、もっとも安全な場所にあるのだ。人間とても例外ではない。人間はあらゆる事物、あらゆる秘儀を奪われてしまう。存在者によって解消されてしまった存在という観点は、現代の偉大な思想家の作品において打ち出されているが、ひとはそれを信ずるに足るものと考えることはなく、注意を払うことすらない。

ハイデガー自身が、ハイデガーの作品が盗まれた手紙のようなものになる。ハイデガーとその作品は、手紙を人目にさらして隠蔽するという芝居の演技者であるばかりではなく、それ自身が存在《レートル》や手紙《レットル》と呼ばれるものの代わりになるのだ。彼らの死後のことであるから、意志に反することかもしれないが、ハイデガーとポーが同じ手紙の話の中に一緒にくるみ込まれ、折り込まれるのは初めてのことではない[33]。パトチュカはさらにもう一度目を付け加える。そして彼は、ハイデガーの名について沈黙し、隠匿に隠匿を重ねることによって、この隠匿の危険を警告するのだ。

『盗まれた手紙』のゲームにおいて死の場所が本質的であること、このことが私たちを死の把握〔＝おそれ〕の問題へと、死をみずからに与える様式の問題へと連れ戻す。これがこの異教的な試論に支配的な運動を伝えているように思われる。

ここで私たちが死の把握と呼んで念頭に置いているものは、配慮、不安にみちた気遣い、メレテー・タナトゥー〔死の訓練〕における魂への配慮〔エピメレイア・テース・

プシュケース〉などだけではなく、ある種の解釈的な態度が死にもたらすような意味でもある。この解釈的な態度は、狂躁的な秘儀、プラトン的なアナバシス、そして〈オノノカセル秘儀〉など、さまざまな文化、さまざまな時期において、死を異なったかたちで把握し、そのたびに異なった方法で死に接近してきた。死への接近や死の把握は、先取りの経験ばかりではなく、この把握による接近において描き出される死の意味のことをも示しているのだ。それはまたしても、到来するのを見ることができないものが来るのを見る方法のこと、そして単純明瞭なかたちではみずからにけっして与えることができないようなものをみずからに与える方法のことにほかならない。自己は、死にそのつど別の価値を与えたり付け加えたりし、単純には自己固有化できないものをみずからに与え、それをみずからに再 - 固有化することによって、死を先取りするのである。

プラトン的な形式における責任への最初の目覚めは、死の経験における転回に相当するとパトチュカは言う。哲学はこの責任において生まれ、それと同時に哲学者はみずからの責任に対して目覚める。哲学者が到来するのは、死を訓練するための準備として魂を集約させる瞬間においてだけではなく、死を受け入れる覚悟ができた瞬間においてもなのである。そのとき魂は、ダイモーンや狂躁からと同時に、身体からも解放してくれるような受け入れにおいて、死をみずからに与える。死の通過によって、魂はみずからの自由に到達するのである。

しかし〈オノノカセル秘儀〉はもうひとつ別の死、死を与えたり、みずからに与えたりするもうひとつ別の方法の端緒ともなっている。この場合には「贈与」という語が口にされる。死を把握するもうひとつ別の方法、つまり責任を取るもうひとつ別の方法は、他者から受け取る贈与に由来する。その絶対的な超越において私を見るが、私のほうは他者を見ることはなく、私には到達不可能にとどまるが私を掌握しているような、そうした他者からの贈与に由来するのである。プラトン的な転回を転回するものであるキリスト教的な「転換」は、贈与の出現である。あるひとつの出来事が、〈善〉を、自己をかえりみない善性や自己を放棄する愛に変容させるような贈与を与えるのだ。パトチュカは言う。

「責任ある生」は、何ものかの贈与として考えられている。結局のところ贈与とは、〈善〉としての性格を持ちながらも［この贈与の核心においてプラトン的アガトンを保ちながらも］、人間が永遠に従属している到達不可能なものの諸特徴を――すなわ

ち秘儀の諸特徴をも示すようなものなのである。この秘儀が最後の言葉を握る。（傍点デリダ）

与えられているもの——これはある種の死でもあるだろうが——それはなんらかの事物ではなく、善性そのもの、与える善性であり、贈与を与えること、贈与の贈与である。この善性は自己をかえりみてはならないばかりではなく、与えられる者には源泉が到達不可能であるようなものでもある。与えられる者が非対称的なものとして受け取る贈与は、ひとつの死でもあるだろう。ひとつの与えられた〔＝所与の〕死、すなわちほかならぬある特定の方法で死ぬという贈与であるだろう。それはとりわけ、その到達不可能性ゆえに与えられる者を支配するような善性のことなのだ。善性は与えられる者をみずからに従属させ、みずからを善性そのものとして、そしてまた掟として与える。どのような点でこの掟の贈与が責任の新たな形象の出現であるばかりではなく、もうひとつ別の死の形象でもあるのかを理解するためには、自己の単一性、置き換え不可能な単独性《サンギュラリテ》を考慮しなければならないだろう。それによってこそ、実存は可能なあらゆる置き換えから逃れ去る。これこそが死への接近なのだ。そして、与えられた掟から出発して責任の経験をすることと、みずからの絶対的な単独性の経験を経ることによってみずからの死を把握することとは、同じ一つの経験である。死とは、私の代わりに誰も耐えることができず、立ち向かうこともできないようなものである。私を代理することができないということは、死によって授けられ、付与されたものであり、いわば死によって贈与されたものなのだ。それは同じ一つの贈与、同じ源泉であり、同じ善性、同じ掟なのだと言ってもよいだろう。私を代理することができないような場としての死、すなわち私の単独性の場としての死から出発して、私は私の責任に対して呼び求められているように感じる。その意味では、死すべき者だけが責任あるものなのだ。

この場合にもまた、パトチュカの立場はハイデガーの立場にある程度まで類似している。『存在と時間』においてハイデガーは、死へとかかわる存在について論じた章から、良心（Gewissen）、呼び声（Ruf）、呼び声の前の責任、そして根源的な負い目（Schuldigsein〔責めある存在〕）としての責任などについて論じた章へと進んでいく。そして彼は、死とは私を代理することができないような場であることを強調してはいる。pour moi という表現が、「私の代わりに」「私の立場《プラース》に立って」ということを意味するとするならば、だれも私の代わりに〔pour moi〕死ぬことはできない。Der Tod ist, sofern er “ist”, wesensmässig je der meine.「死は、それが『存在する』かぎり、本質的にそのつど私のものなのである。」[*12]

この表現の前には犠牲についての考察がある。この考察は、レヴィナスがたえずハイデガーに向ける反論に対してあらかじめ身をさらし、そこから逃れることによって、それに備えている。その反論とは、ハイデガーは現存在の経験において「みずからの死」を特権視している、というものである。[*13] ここでハイデガーは犠牲の例をひとつも挙げていないが、宗教的あるいは政治的共同体の公共空間、家族という半公共的空間、一対一の関係の秘密（神のために死ぬこと、祖国のために死ぬこと、子供や愛する人を救うために死ぬこと）などにおいて、あらゆる種類の例を想像することができよう。他者のために〔pour〕自分の生命を与えること、他者のために死ぬこと、それは他者の代わりに死ぬことではないとハイデガーは強調している。そうではなく、そもそも私が他者のために死ぬことができ、他者に私の生を与えることができるのは、死ぬことが、もしそれが「存在する」とするならば、私のものであり続けるからだ、ということなのである。この代理不可能性との関係においてしか、自己の贈与はありえないし、それを思考することもできない。ハイデガーは以上のような言い方はしていないが、このように彼の思考を言い換えたとしても彼を裏切ることにはならないだろう。彼の思考は、レヴィナスの思考と同じように、犠牲という根本的で基礎的な可能性につねに注意を払っていたからだ。この箇所でもハイデガーは、こうした代理不可能性を強調したあとで、それを犠牲の不可能性の条件としてではなく、可能性の条件として規定している。

いかなるひとも他者から彼の死亡を取り除いてやることはできないのである(Keiner kann dem Anderen sein Sterben abnehmen)。誰かが「ある他者の代わりに死におもむく」［Für einen Anderen in den Tod gehen.「他者の代わりに死ぬこと。」この文章は、ほとんど諺のような性質を持っているので、引用符に入れられている］ことなら、たしかにできはする。けれどもこのことは、つねに、「ある特定の事柄において」その他者の代わりに犠牲になってやるということ（für den Anderen sich opfern《in einer bestimmten Sache》）にほかならない。*14

ハイデガーは in einer bestimmten Sache という語を強調している。「ある特定の事柄において」、つまり全体的ではなく、ある特定の視点から見て、ということである。

私は他者の代わりに私の生命をすべて与えることができ、私の死を他者に提供することもできる。しかしそうしたとしても、ある特定の状況下で、何か部分的なことを代理したり、救ったりできるだけのことである（全体的でない交換や犠牲、犠牲のエコノミーがあるということになるだろう）。私は他者の代わりに死ぬことはない。他者の死は、その存在すべてにかかわるものであり、私は他者を死から解放してやることはできないこと、このことを私は絶対的な確信として、絶対知にもとづいて知っている。というのも、周知のとおり、以上のような死についての論説は、ハイデガーが「現存在の全体性」（Daseinsganzheit）と呼ぶものの分析によって導かれているからである。ここで問題になっているのは、pourという語が、死に対して何を語りかけようとしているのか〔＝意味しているのか〕ということである。死という語につけられたこの与格（他者のために pour 死ぬこと、他者におのれの生命を与えること）は、置き換え（「他者の代わりに」という意味の pour ないしは〔ラテン語の〕pro）を意味しない。なにか根源的に不可能なものがあるとすれば――すべてはこの不可能性から出発して意味を持つのであるが――、それは「他者の代わりに死ぬ」という意味で、他者のために〔pour l'autre〕死ぬということである。私は他者にすべてを与えることができるが、不死性だけはできない。彼の代わりに死に、そうして彼を死から解放してやることができるほどまでに、他者のために死んでやることはできないのだ。私の死が他者にもうすこし生きのびる時間を与えるような状況でなら彼のために死ぬことはできるし、火や水の中に飛び込んで一時的に彼を死から救い出すことによって、誰かを助けることもできる。また、彼を生きながらえさせるために、文字通りの意味で、あるいは比喩的な意味で、心臓《こころ》を与えることもできる。しかし彼の代わりに死ぬことはできないし、彼の死と交換に私の生命を彼に与えることもできない。すでに指摘したように、死すべき者だけが与えることができる。いまや次のように付け加えるべきであろう。死すべき者は、死すべき者だけに与えることができる。なぜなら、彼はすべてを与えることができるが、不死性だけは、不死性という救済だけは与えることができないからである、と。こう言うことによって私は、ハイデガー的な犠牲の論理を維持していることになる。これまでハイデガーに従っていたように見えたパトチュカの論理も、レヴィナスの論理も、この犠牲の論理とは異なったものであろう。

　こうした違いにもかかわらず、彼らの論理は交差する。彼らの論理は、単独性の経験としての責任を、死の把握的な接近に根づかせるのだ。責任の意味はつねに「みずからに死を与える」という様態で予告される。他人の代わりに死ぬことはできないが、(彼のために、あるいは彼の目の前で自己を犠牲にすることによって)他人のために死ぬことならできる。だから私の固有の死とは、私にとって絶対的に固有なものに到達しようと思うならば、引き受けなければならない代理不可能性のことだ、ということなのである。私の最初で最後の責任や意志、責任の責任によって私は、誰も私に取って代わってすることができないことに関係させられる。したがってそれは、自己固有性 Eigentlichkeit に固有な場でもある。この場が、気遣いにおいて、私を私固有の可能性に、すなわち現存在の可能性と自由としての可能性に、本来的に関係させるからである。死の代理不可能性について語っている文章のすぐ近くの箇所で、『存在と時間』のこの本質的な主題の文字通りの意味を理解することができる。

だが、このように誰かの代わりに死亡してやる(Solches Sterben für...)ということが意味するのは、そのおかげでその他者からその他者自身の死がほんの少しでも取り除かれた(dem Anderen... abgenommen sei)ということでは、けっしてありえない。

次の文では、このAbnehmen〔取り除く、取り去る〕にAufnehmenが呼応する。これは「奪い取る」ための別の方法、すなわち自分の身に引き取ること、引き受けること、受け取ることを意味する。私は他者からその死を取り除くことはできず、他者も私から私の死を取り除くことはできないのだから、それぞれが自分自身の死を自分の身に引き取らなければならない。それぞれが自分自身の死を引き受けなければならない。それこそが自由であり、責任である。自分自身の死とは、世界の中で唯一、誰も与えることができず、誰も奪い取ることができないようなものであるからだ。少なくともこの論理においては、フランス語で「誰も私に死を与えることもできなければ、私から死を奪い取ることもできない」と言うこともできるだろう。たとえ「私を殺す」という意味で、私に死を与えるとしても、この死はつねに私のものであるだろうし、私は死を誰からも受け取ってはいない。私の死は絶対に私のものである——そして、死ぬことは持ち去られることも、借用されることも、移送されることも、委譲されることも、約束されることも、伝達されることもないからである。また、私に死を与えることができないのと同じように、私からそれを奪い取ることもできない。死とは、「与えること-奪い取ること」

の可能性のことであり、この可能性そのものはそれが可能にするもの、すなわち「与えること‐奪い取ること」から逃れ去るのであろう。死とは、「与えること‐奪い取ること」という経験をすべて中断するようなものに与えられた名であるのだろう。だからといって、与えるとか奪い取るといったことが可能になるのが、まさに死から出発して、そして死の名においてのみだ、ということが排除されるわけではまったくないのだ。

このような諸命題は、文字通りのかたちではパトチュカにもレヴィナスにもハイデガーにも見られない。そこに私たちを導いたのは、ハイデガーにおける、Abnehmen〔取り除くこと〕から auf sich nehmen〔引き受けること、自分の身に引き取ること〕としての Aufnehmen への移行である。abnehmen することができない死(他人が私の死を私から取ったり、奪ったりすることはできないのと同じように、私も他人から死を取って、免れさせてやることはできない)、置き換えできない死、他人から取ることも奪うこともできない死、それを自分の身に引き受けなければ(auf sich nehmen)ならない。「……のために死ぬ」ということは、死が他者から「取り除かれ〔abgenommen〕」たり、免除されたりすることを意味することはまったくないと述べたあとで、ハイデガーは次のように説明する。

死亡することは、それぞれの現存在がそのときどきにみずからわが身に引き受けざるをえないものなのである（Das Sterben muß jedes Dasein jeweilig selbst auf sich nehmen）(34)。

死をみずからに与える〔＝思い描く〕ということが、死とのあらゆる関係は死の解釈的な把握や表象的な接近である、という意味だとするならば、そのような意味で死をみずからに与えるためには、死を自分自身の身に引き取らなければならない。死をみずからに奪い取ることによって、それをみずからに与えなければならないのだ。というのも、死は固有なものとして、代理不可能なものとして、私の死でしかありえないからだ――その一方で、さきほど述べたように、死は奪い取られることも、与えられることもないのではあるが。しかしながら、死が奪い取られることも与えられることもないとするならば、それは他者からのもの、そして他者に対するものなのであるということである。だからこそ死を自分自身に奪い取りながら、それをみずからに与えることしかできない。

したがって問題はこの「自己自身」に、すなわち死すべき者、死につつある者の「自身《メーム》」や「自己自身」に集約される。「誰が」そして「何が」与えられ、「誰が」そして「何が」それ自身に、あるいは彼女自身に死を引き受けるのだろうか。ついでに指摘しておけば、ここで論じているどのテクストにおいても、死の瞬間は性的差異についての考察に場を与えることもなければ、その差異を徴《しるし》づけることもない。それはあたかも、死を前にすると性的な差異はもはや問題にならないかのようであり、そう考えることは誘惑的でもある。性的差異の終焉〔＝目的〕、それこそが究極の地平である。性的差異とは、死に至るまでの存在なのだ。

自己自身《ソワ・メーム》の自身《メーム》、死ぬことにおいて代理不可能にとどまるもの、それは代理不可能性としての可死性に結びつけられてはじめて、それが本来あるべきものとなる。すなわち自己自身における自己への関係としての自身になるのだ。ハイデガーが展開する論理においては、まず自己自身や現存在があり、それが気遣いにおいておのれのJemeinigkeit〔そのつど私のものであるという性格〕を把握し、そのあとで〈死へとかかわる存在〉になるわけではない。〈死へとかかわる存在〉においてこそ、〈そのつど私のものであるという性格〉の自己自身が構成され、それ自身に到来し、その置き換え不可能性へと到来するのだ。自己自身の自身は死によって与えられる。私を死へと約束する〈死へとかかわる存在〉によって与えられるのだ。自己自身の自身が、他者とはまったく異なる単独性として可能になってはじめて、他者のための死や他者の死が意味を持つようになる。いずれにしてもこのような意味は、〈そのつど私のものであるという性格〉の代理不可能性における〈死へとかかわる存在〉の自己自身を転位させることはなく、むしろそれを確実にするのだ。〈そのつど私のものであるという性格〉の可死的な〈自己自身〉が根源的なものであり、何からも派生するものでないとするならば、それは呼び声(Ruf)が聞き取られる場、したがって責任が始まる場にほかならない。現存在はなによりもまず自己自身について、つまり自己自身の自身という性格について責任を持たなければならない。自己自身以外のどこからも呼び声を受け取ってはならないのだ。にもかかわらず呼び声は現存在に上から落ちかかってくる。それは内側から落ちかかってくるのであり、これこそがたとえばカント的な意味での自律の根源にあるものであろう(「呼び声は、私の中からやってくるのだが、しかもそれでいて私の上へと襲いかかってくるのである」Der Ruf kommt *aus* mir und doch *über* mich)。[*15]
レヴィナスの反論の原則を、まさにこの地点に位置づけることができるだろう(私は別の著作で、現存在の不可能の可能性としての死、というハイデガーの分析を読み直すことによって、この問題を再び論じなければならない[35]。レヴィナスが指摘しようとするのは、責任とはまず第一には、私自身のために私自身の責任を持つことにあるのではないこと、自己自身の自身としての性格は他者から出発して打ち立てられるということである。それはあたかも、自身としての性格は他者よりも二次的なものであり、他人の前での私の責任、他人の死に対する、そして他人の死の前での私の責任のほうから、責任を持ち、可死的なものとしての自分自身に到来するかのようである。私の責任が特異かつ「譲渡しえないもの」であるのは、まず第一に他者が可死的であるからなのである。

私自身が含み込まれかねないほどに〔m'inclure〕、責任を負うているのは、他者の死についてである。このことは、以下のような命題においてならより受け入れやすくなるだろう。「他人が死すべき存在であるかぎりにおいて、私は他人に責任を負う。」―他者の死、それこそが第一の死なのだ。[*16]

どのような含み込みが問題なのだろうか。どのようにして他者の死にみずからを含み込めばよいのか。どうやって含み込まれないのか〔＝含み込まれてどうしていけないのか〕。「死に私を含み込む」とはどういう意味なのか。良識がそれを思考したり「生き」たりすることをさまたげるような論理や位相論《トポロジー》を転位することなしには、このようなレヴィナスの思想に接近できる可能性はおよそないだろうし、死が私たちに教えること〔＝私たちから奪い取る（ap-prendre）もの〕や、「与えること－奪い取ること」の彼方において思考すべきものを与えてくれるものに接近することもできないだろう。「与えること－奪い取ること」の彼方、それはアデュー〔adieu〕である。アデューとは何を意味する〔＝語ろうとする〕のか。「アデュー」を語るとは、何なのだろうか。「アデュー」をどのように言い、どのように聞けばよいのか。〔定冠詞付きの〕〈アデュー〉〔l'adieu「別離」、「告別」を示す普通名詞〕ではなく、〔間投詞としての〕アデュー〔＝「さらば」〕を。そしてなぜアデューから出発して死を思考すべきであり、死から出発してアデューを思考してはならないのだろうか。

　私たちはここでこのような問題の転位に取りかかることはできない。しかしレヴィナスが「志向性とは人間的なものの秘密ではない」と述べている節で、死の第一の現象を「応答なし」と定義していることは指摘しておこう（これらの指摘は、責任の起源へと呼び戻す道の途上における、逆説的で挑発的な諸特徴をかたちづくる)。「人間の存在(esse)はコナトゥスではなく、没‐利害〔désintéressement〕であり、アデューである。」[*17]

私が思うに、アデューは少なくとも三つのことを意味しうる。

一　挨拶、あるいは与えられた祝福のこと(あらゆる事実確認的な言語に先立って、「アデュー」は「こんにちは」「君に会う」「君がそこにいるのが見える」などをも意味する。私は何か別のことを君に言う前に、君に話しかける、ということだ。また、フランス語でも、ある地方では別れのときではなく、出会ったときにアデューと言い合うことがある。

二　別れるとき、そして時には永遠に(その可能性をけっして排除することはできない)別離するときになされる挨拶や与えられる祝福のこと。この世に戻ることのない、死の時など。

三　なによりもまず「神に対して〔l'à-dieu〕」、つまり〈神に宛てて〉あるいは〈神の前で〉ということ。また、他者とのすべての関係において、まったく別のアデューにおいても。他者とのすべての関係は、すべてに先立ち、すべての後で、ひとつのアデューである。

このような別離《アデュー》の思想（「さらば《アデュー》」の思想）は、存在の問題、そしてまた現存在がおのれの存在に対して無関心でないこと〔non-indifférence〕という問題を、根源的で究極なものとして性格づけてしまうことに異議を申し立てる。このことを私たちはかいまみているにすぎない。レヴィナスがハイデガーを批判するのは、現存在がおのれ自身の死に特権を与えることから始めているからだけではなく、ハイデガーが死をたんに無になることとして、つまり非存在に移行することとして思い描いているからでもある。*18 つまりハイデガーは、与えられた死を、〈死へとかかわる存在〉として、存在問題の地平に組み込んでしまっているというのだ。そして、他人の死——あるいは他人のための死——とは私たちの自己と責任を創設するものであり、存在の意味の了解や前‐了解よりも根源的な経験に相当する。

死との関係、それはあらゆる経験よりも古く、存在や無についての観点などではない。[*19]

もっとも古いもの、それは他者であり、他者が死ぬことの可能性、あるいは他者のために死ぬことの可能性である。こうした死は、無になることとしてはまずは与えられない。それは犠牲という倫理的な次元において、〈みずからに死を与えること〉あるいは〈死を、すなわち生命を提供すること〉として、責任を創設するのだ。

パトチュカは、彼が熟知していたハイデガーにも、彼が読んでいたかどうか私にはわからないレヴィナスにも近いが、どちらとも異なったことを言う。差異はわずかで二次的に見えることもあるが、たんに強調点やパトスの違いではない。それは決定的なものにも見える。パトチュカをハイデガーやレヴィナスから隔てているのは、たんにキリスト教に関する違いではない（ただしそれも、ハイデガーもレヴィナスも、彼らの発言の本質的な部分においては、キリスト教と無縁だという仮定に立っての話である。このことは確実だとは到底言えない）。パトチュカを他のふたりの思想家から区別しているのは、キリスト教ばかりではなく、それにともなって、ヨーロッパや、その歴史や未来についての考え方などでもある。そしてパトチュカのキリスト教的な政治には、どこかしら異教的な要素、さらには異教的な原理への確信犯的な傾きも残されているのだから、状況は非常にあいまいだとは言わないが、きわめて錯綜しており、それだけに興味深いものとなっている。

責任をもって「死をみずからに与えること」についてのハイデガーやレヴィナスの分析と、一致したり食い違ったりしながら交差している、パトチュカの分析から再出発してみよう。彼らと交差するような要素をパトチュカに見いだすことはできるが、それらはすべてキリスト教的な主題の網目への参照によって多元決定され、根本的に変容させられている。

キリスト教的な主題がたしかに認められること、このことは、彼のテクストが、その最後の言葉や最終的な署名において、キリスト教的な本質を持つことを意味しない。たとえパトチュカ自身がキリスト教的であったと言えたとしてもそうなのだ。パトチュカ自身は根本的にはそれほど重要ではない。重要なのはヨーロッパにおける責任の系譜学、ヨーロッパとしての責任の系譜学をすること、すなわち秘儀やその体内化や抑圧の歴史の解読をとおして、ヨーロッパという責任の系譜学をすることなのだから、パトチュカのこのテクストが、キリスト教のある種の歴史を通過する（誰がそれに反論できるだろう）ものとしての責任の歴史を分析し、解読し、再構成し、さらには脱構築さえしていると言うことはいつでも可能なのである。しかも、こうした二つの仮説（パトチュカのテクストはキリスト教であるのかないのか、パトチュカはキリスト教的な思想家であるのかないのか）の適切さも限定されたものである。キリスト教なるものがあるとして、それは異教的でもあり、誇張的でもある。パトチュカが語り、思考している場とは、キリスト教がそうあるべきであったはずなのに、いまだそうでないようなものを、いまだ語り出したり思考し始めたりしていないような場なのである。

キリスト教的な主題は、死の贈与としての贈与、ある種の死の、底なしの贈与を中心に集めることができるだろう。すなわち、無限の愛（自己を無限に忘却する善性としての〈善〉）、罪と救済、悔悛と犠牲などである。こうしたさまざまな意味を生み出したり、内的かつ必然的に結びつけたりしているのは結局のところ、啓示という出来事ないしは出来事の啓示を必要としないような論理である（こうしたものを必要としないからこそ、ある程度まで、それをなお「論理」と呼ぶことができるのだ）。この論理は、そのような出来事の可能性を思考する必要はあるが、出来事そのものを思考する必要はない。この重要な差異があるからこそ、確立された教義学としての宗教を参照することなく議論を展開し、信仰箇条とは異なる宗教的なものの可能性や本質を思考するような系譜学を提示することができるのだ。必要な変更を加えれば、このことは今日宗教的な言説であろうとする言説、あるいは哲学と言ったら言い過ぎなら、少なくともそのような哲学的タイプの言説であろうとするさまざまな言説にも妥当するだろう。このような言説は、特定の宗教の教義に対応することを、その構造そのものにおいて教えるような命題や神学素を仮定することはない。ここにおいて差異はごくわずかで不安定であり、繊細で注意深い分析を要求する。その資格や意味はさまざまに異なるが、レヴィナスやマリオン(36)の言説、そしておそらく〔ポール・〕リクールの言説もまた、こうした状況をパトチュカと共有している。だがこのようなリストは結局のところ際限のないものである。多くの差異を考慮しながらも私が言えることは、ある種のカントやヘーゲル、そしてまちがいなくキルケゴールも、さらに挑発的に言うならばハイデガーさえも、ある伝統に所属しているということだ。その伝統とは、ドグマ〔教義〕を非ドグマ的に裏打ちするものを提示すること、哲学的、形而上学的な裏打ち、いずれにせよ思考する裏打ちを提示するという伝統である。この裏打ちは、宗教なしに、宗教の可能性を「反復する」とされる(この途方もない問題、おそるべき問題については、別の場所で論じなければならないだろう)[37]。

さきほど名を挙げた宗教的主題(自己をかえりみない〈善性〉としての、すなわち無限の愛としての〈善〉の贈与、死の贈与、罪、悔悛、犠牲、救いなど)の、いわば論理的-哲学的な演繹はどのようになされるのだろうか。それは、「どのような条件の下で責任は可能なのか」という問いに、系譜学的なかたちで解答を与えることによってである。解答は、出来事の可能性の論理的必然性を通過する。要するに責任の概念の分析だけが、キリスト教を、より正確にはキリスト教の可能性を生み出すことができるかのように、すべては過ぎ去っていくのだ。それと反対に、責任の概念は徹頭徹尾キリスト教的であり、キリスト教という出来事によって生み出されていると結論したとしても同じようなことだ。というのも、この概念を検討するだけで、そしてこうした検討だけが、キリスト教的な出来事(罪、死の経験に結びついた無限の愛の贈与)を要求するのだとすれば、そのことはキリスト教だけが歴史としての歴史において、ヨーロッパの歴史としての歴史において、本来的な責任への到達を可能にしたということを意味するのではないだろうか。そのときひとは、論理的ないしは非‐出来事的な演繹と、啓示の出来事への参照の二つのうちどちらかを選ぶ必要はなくなる。一方は他方を含んでいる。そして、歴史が今どうなっているのかを確認する系譜学的な歴史家がするような口調で、パトチュカが次のように述べるとき、彼はたんに信者として、すなわち教義や啓示や出来事を肯定するキリスト教徒として振る舞っているわけではない。

魂の深淵のごとき深みの中にある、こうした土台のゆえに、キリスト教は現在に至るまで、人間を頽落に対して闘うことができる者にしてくれる、もっとも強力なはずみであり続けている。このはずみは、いまだけっして乗り越えられることはないが、究極まで思考されることもけっしてないのである。*20

どのような条件の下でならば責任がありうるのか。それは、〈善〉がもはや客観的な超越や、客観的事物のあいだの関係などではなく、他者への関係、他者への応答であるという条件の下においてである。それは人格的な善性の経験と志向的な運動である。すでに確認したように、このことは二重の分離を前提とする。すなわち狂躁的な秘儀からの分離と、プラトン主義からの分離である。どのような条件の下でならば、計算を超えた善性がありうるのか。それは善性がみずからを忘却し、運動が自己を放棄するような贈与の運動、すなわち無限の愛の運動となるという条件の下においてである。自己を放棄し、有限なものとなり、他者を愛するために、すなわち有限な他者としての他者を愛するために受肉するには、無限の愛が必要なのだ。こうした無限の愛の贈与は誰かからやって来て誰かに向けられる。責任とは、代替不可能な単独性を要求するものだ。この代替不可能性から出発してはじめて、責任ある主体や、自己や自我の意識としての魂などについて語ることができるが、この代替不可能性を与えることができるのは死だけ、というよりはむしろ死の把握〔＝おそれ〕だけなのである。だから、間近の死、死の接近が与える代替不可能性の経験によって、責任に到達する死すべき者の可能性が演繹されたわけである。だがこうして演繹された死すべき者について言うならば、彼は客観的な〈善〉ばかりではなく、無限の愛の贈与、自己をかえりみない善性にも関係すべきことを、同じ責任によって要請されているような者なのだ。有限で責任ある死すべき者と、無限の贈与の善性とのあいだには、構造的な不均衡、非対称性がある。ひとはこの不均衡を、それに啓示された原因を割り当てることもなく、また原罪という出来事にさかのぼらせることもなしに思考できるが、この非対称性はいやおうなしに責任を負い目に変容させてしまう。つまり、私はけっして、このような無限の善性にも、贈与の膨大さにもふさわしいような者であったことはないし、またそうなることもないだろう、というわけである。それは際限〔=縁取り bordure〕なき膨大さであり、これこそが一般にまさに贈与としての贈与を規定する（非 - 限定的なものとする）のだ。こうした負い目は、原罪《オリジネール》と同じような意味で、根源的《オリジネール》である。限定されたすべての罪以前に、責任ある者として、私は負い目を負っている。私に単独性を与えてくれるもの、つまり死と有限性こそが、責任への最初の呼びかけでもあるような贈与の無限の善性に対して、私を釣り合いのとれない者にしてしまう。責任はつねにそれ自身に対して釣り合いのとれぬものであるのだから、負い目は責任に内在している。だからひとはけっして十分に責任を取ることはできない。ひとがけっして十分に責任を取ることができないのは、まずは有限であるからなのだが、それだけではなく、責任が二つの矛盾した運動を要求するからでもある。すなわち、ひとはまず、自己自身として、そして代替不可能な単独者として、自分がしたり、言ったり、与えたりするものに対して責任を持たなくてはならない。しかしその一方で、善なる者として、そして善性によって、ひとは自分が与えるものの起源を忘却したり消し去ったりしなければならない。パトチュカはこのような言い方はしないので、私は少々彼の議論や、その文字通りの意味を展開させすぎている。だが負い目や罪を――そして悔悛や犠牲や救済の追求を――、責任ある個人の状況から演繹しているのはパトチュカなのだ。

本来の意味で責任ある人間とは、自己のことであり、引き受けたりすることもある役割のいずれとも一致しないような個人［内的で不可視の自己、要するに秘密の自己］のことである。プラトンが運命の選択の神話［すなわち、キリスト教の準備となるような、前‐キリスト教的な神話］で表現しようとしたのはこのことなのだ。それが責任ある自己であるのは、死に直面し、無と対峙することによって［「レヴィナス的」というよりは「ハイデガー的」な主題］、ひとりひとりが自分の内でのみ実現できるようなもの、それについては代替不可能であるようなものを、身に引き受けたからにほかならない。だがいまや個人は、無限の愛と関係づけられている。人間が個人であるのは、この愛に対して人間が負い目を負っているから、つねに負い目を負っているからである［「つねに」を強調しているのはパトチュカである。ハイデガーと同じようにパトチュカは、ある限定された過失や犯罪や罪が犯されるのを待つこともないような根源的な負い目を規定している。それは責任や根源的なSchuldigsein（責めある存在）にアプリオリに含まれているような負い目である。この根源的なSchuldigseinという言葉を、「責任」と訳すことも「負い目」と訳すこともできるだろう。だがハイデガーがこの根源的なSchuldigseinを分析するさいには、少なくとも明示的には、無限の愛に対する不均衡について語る必要はない］。ひとりひとりが個人として規定されるのは、個人を罪の一般性の中に位置づけるような単一性によってなのだ。

三　誰に与えるか（知らないでいることができること〔savoir ne pas savoir〕）

Mysterium tremendum〔オノノカセル秘儀〕、おそるべき秘儀、おののかせる秘密。おののくこと。おののくとき、ひとは何をするのだろうか。何がおののかせるのだろうか。

秘密がつねにおののかせる。震えさせたり、おびえさせたりするだけではない。もちろん時には震えさせたり、おびえさせたりすることもあるだろうが、秘密はおののかせるのだ。たしかに震えは、恐怖や不安や死のおそれを表現するかもしれない。たとえば、何かが来るのが予告されたときに、前もって身震いするときなどがそうだ。だが、震えが快楽や歓びを予告する場合には、それにすぐ反応して軽く震えるだけかもしれない。それはかりそめの瞬間であり、誘惑という宙づりにされた時間だ。震えはかならずしも深刻なものではなく、ささやかで、ほとんど感じ取れず、たんに随伴的な現象であることもあるだろう。震えは出来事の後にやってくるのではなく、準備するものなのだ。たとえば沸騰する前の水は震える、と表現される。また、誘惑と呼んでおいたものは、表に現れる沸騰以前の沸騰であり、事が起きる前の目に見える動揺のことなのだ。

地震〔＝大地のおののき〕の場合や、全身が震えおののく場合と同じように、おののきとは、少なくとも信号や症候としては、すでに生起しているもののことだ。おののかせるような出来事も、抑えがたい身震いを全身に伝えるほどまでに震え上がらせることによって予告したり、おびやかしたりするが、それはもはや出来事に先立つものではない。暴力はふたたび荒れ狂い、心的外傷は反復されることによってしつこく残り続けるかもしれないのだ。おそれ、恐怖、苦悩、恐慌、パニック、不安などは、おののきとはまったく違うものであり続けるが、それらはおののきにおいてすでに始まってもいる。そしてそれらを引き起こしたものは、私たちをおののかせ続けたり、おののかせ続けると脅迫したりする。たいていの場合私たちは、私たちに襲いかかってくるものの起源を知らないし、それを見ることもない。だから起源は秘密のものなのだ。私たちはおそれをおそれ、不安によって不安にさせられ、そうして私たちはおののく。私たちは奇妙な反復においておののく。この反復は、打ち消しがたい過去（一撃はすでに生起しており、心的外傷はすでに私たちを苦しめている）を、予想不可能な未来に結びつける。未来は予想されていると同時に予想不可能なものであり、危惧され＝把握されている〔appréhender〕ものなのだが、まさにそれだからこそ未来があるのだ。それは予測も予告もできないものとして危惧＝把握されているのであり、接近不可能なものとして接近させられている。たとえ何が起きるか知っていると思ったとしても、新たな瞬間、すなわちこの到来において到来するもの〔l'arrivant〕は白紙のままであり、いまだ接近不可能であり、結局のところ生きることのできないものなのだ。予告できないままにとどまるものの反復において、私たちがまずおののくのは、どこからすでに一撃がやって来たのかがわからないということである。どこから一撃（よい一撃または悪い一撃、そして時には悪い一撃としてのよい一撃）が加えられたのかはわからない、それがまだ続くのか、ふたたび始まるのか、しつこく繰り返されるのか、反復されるのかもわからない、あるいはどのように、どこで、いつ反復されるのかもわからない、また、いかなる理由でこの一撃が加えられたのかもわからない、そうしたときにひとはおののくのだ。私はすでに私をおそれさせたもの、しかし見ることも予測することもできないものについて恐怖をいだき、おののく。私がおののくのは、私の視覚《ヴォワール》や知《サヴォワール》を超えるものを前にしたときなのだが、それはじつは心の奥底まで、魂まで私にかかわってくる。いわば骨の髄までかかわってくるのだ。視覚や知を欺くものに向けられたものでありながら、おののきは秘密や秘儀《ミステール》の経験でもある。しかし別の秘密、別の謎、別の秘儀が、生きることのできない経験を封印しにやってくる。もうひとつの封印が加えられ、秘密を守るもうひとつの密封がtremorに加えられるのだ（tremorとは、おののきにあたるラテン語で、tremoに由来する。それはギリシア語でもラテン語でも「私はおののく」「私はおののきに身を震わす」ことを意味する。ギリシア語にはtromeôという語もあり、「私はおののく」「私は震える」「私はおそれる」を意味する。またtremosとはおののき、おそれ、強い恐怖のことである。mysterium tremendum〔オノノカセル秘儀〕というときのtremendusまたはtremendumは、［tremoの動形容詞の］ラテン語で、おののかせるもの、おそろしいもの、苦悶を与えるもの、ぞっとさせるようなものを意味する）。

　この補足《シュプレマン》的な封印はどこからやってくるのか。ひとは、なぜおののくのかを知らない。私たちをおののかせるものの原因や出来事、それが体験することも見ることも知ることもできないということ、こうしたことだけが知の限界をかたちづくるわけではない。私たちは、なぜそれがある症候を生み出すのか、つまりある抑えがたい身体の動揺や、四肢の統御不可能な落ち着きのなさや、皮膚や筋肉の震えを生み出すのかもまたわからないのだ。抑えがたいものはなぜこんな形を取るのか、なぜ恐怖はひとをおののかせるのか。寒さにおののくこともあるし、同じような生理学的な徴候が、少なくとも一見したところではまったく共通なものを持たないようなさまざまな経験や情動を表すこともあるというのに、なぜ恐怖はひとをおののかせるのだろう。こうした症候学は、涙の症候学と同じくらい謎に満ちている。なぜ泣くのか、どのような状況で、何を伝えるために泣くのかを知ることはできるかもしれない（私は家族をひとり失ったから泣く。子供は叩かれたり、愛されなかったりするので泣く。心を痛め、苦しみを訴えて嘆き、哀れみをもよおさせたり、受けたりする――他者の哀れみを）。たとえそうだとしても、涙腺と呼ばれるものが、口や耳など別の場所ではなく、ほかならぬ目において水滴を分泌することの説明にはならないだろう。だから身体を思考するための新たな道を切り開き、言説のさまざまな領域（思考、哲学、生物学的・遺伝学的・精神分析的諸科学、系統発生と個体発生）を切り捨てることなく、おののかせるもの、泣かせるものをいつの日か検討しなければならないだろう。神や死と呼ばれるかもしれない究極の原因（神は〈オノノカセル秘儀〉の原因であり、与えられる死はつねにおののかせるもの、あるいはまた泣かせるものである）にではなく、このうえなく近い原因であるような原因に近づかなくてはならないだろう。ただしそれは近因、すなわち偶有的な出来事や状況などでもなく、私たちの身体にもっとも近い原因のこと、まさにひとがおののき、泣くようにさせるような原因のことである。それは何の隠喩であり、何の比喩なのだろうか。身体は何を語ろうとする（＝意味する）のだろうか。この場合にも「身体」とか「語る」とか「レトリック」を持ち出すことができるとしたらの話ではあるが。

〈オノノカセル秘儀〉においては何がおののかせるのだろうか。それは無限の愛の贈与であり、私を見る神的な視線と私自身のあいだの非対称性である。私自身は、私を見るものそれ自体を見ないのだから。それは代替不可能でかけがえのないものの与えられた死、耐え忍ばれた死であり、無限の贈与と私の有限性、すなわち負い目としての責任、罪、救い、悔恨、犠牲などとの不均衡である。キルケゴールの作品の表題の『おそれとおののき』[*21]の場合にもそうなのだが、〈オノノカセル秘儀〉という言葉は、少なくとも間接的ないしは暗黙の内には聖パウロへの参照を求めている。「フィリピの信徒への手紙」（二章12）では、弟子たちはおそれおののきつつ救いのために勤めることが求められている。弟子たちは、神の決断をわきまえつつ、救いを得るよう勤めなければならない。〈他者〉は私たちに与えるべきいかなる理由や根拠も持たず、私たちに釈明すべきこともなく、私たちと分かち合うべきいかなる道理も持ってはいない。私たちがおそれ、おののくのは、すでに神の手の中にいるからであり、自由に働き勤めることができるにもかかわらず、見ることができない神の手の中にいて、その視線にさらされているからである。私たちは神の意志も、下されるべき決断も知ることができないし、あることを欲する理由や根拠も、私たちの生も死も、私たちの破滅も救いも知ることはできない。私たちは、私たちのために決断を下すような神の、接近不可能な秘密を前におそれおののく。にもかかわらず私たちには責任がある。つまり、自由に決定を下し、勤め、みずからの生と死を引き受けることができるのだ。

パウロは次のように述べる。これはすでに言及した「別離《アデュー》」のひとつである。

だから、私の愛する人たち、いつも従順であったように、私が共にいるときだけではなく、いない今はなおさら従順でいて（non ut in praesentia mei tantum, sed multo magis nunc in absentia mea ; me hôs en tè parousia mou monon alla nun pollô mallon en tè apousia mou...)、おそれおののきつつ（cum metu et tremore, meta phobou kai tromou）自分の救いを達成するように勤めなさい[38]。

おそれとおののきの、「おそれおののくこと」の第一の説明である。弟子たちには、師が現前（parousia）しているときだけでなく、不在（apousia）であるときも救いを達成するよう勤めることが求められている。見ることも知ることもなく、掟を聞くことも掟の根拠を聞くこともなく、勤めるのである。それがどこからくるのか、何が待っているのかを知ることもなく、私たちは孤独な状態に置かれてしまっている。誰ひとりとして私たちと語ることはできず、誰ひとりとして私たちの代わりに語ることはできない。私たちはみずから責任を引き受け、各人がみずからの責任を引き受けなければならない（ハイデガーは死について、私たちの死について、つねに「私の死」であって、誰ひとりとして私の代わりに引き受けることができない死について、auf sich nehmen〔自分の身に引き受ける〕という言葉を使っていた）。だがこのおののきの起源にはもっと重大なものがある。パウロは「別れ《アデュー》」を告げ、従順であることを求めながら、というよりはむしろ従順であることを命令しながら（従順であることは求めるものではなく、命令するものだ）みずからを不在とするのだが、それは神自身が不在であるということ、神自身が――まさに神に従わなくてはならない瞬間に――隠されており、沈黙しており、切り離されており、秘密であるということなのである。神はおのれの根拠や道理を与えず、思うように振る舞う。神は私たちに根拠や道理を与える必要も、私たちに何かを分かち与える《パルタジェ》必要もない。たとえそんなものがあったとしても、動機も熟考の過程も、さらには決断さえも分かち与えてはくれない。そうでなければその者は神ではないだろうし、私たちがかかわっているのは、神としての〈他者〉やまったく他なるもの〔tout autre〕としての神ではなくなってしまうだろう。他者が自分の根拠や道理を説明して私たちに分かち与えてしまったら、いかなるときも秘密なしに私たちに語りかけてしまったら、その者は他者ではないだろうし、私たちは〔神と〕同質な媒体《エレメント》の中にいることになってしまうだろう。同族な《ホモロジー》媒体の中に、さらには独語的な《モノロジー》媒体の中にいることになってしまう。言葉《ディスクール》もまたこうした同一者《メーム》の媒体である。私たちは神と語ることも、神に対して語ることもない。人間たちと語るように、あるいは私たちの同類に対して語るようには、神と語ることはないし、神に対して語ることもない。まさにパウロは続けて述べている。

あなたがたの内に働いて、御心のままに望ませ、行わせておられるのは神であるからです[*22]（「フィリピの信徒への手紙」二章13）。

隠された神、秘密で、分け隔てられ、不在で秘儀的な神といういまだユダヤ教的な経験について考えるにあたって、キルケゴールが改宗した偉大なるユダヤ人すなわちパウロの言葉を自分の著作の題名として選んだのも理解できるだろう。この隠された神が、おのれの根拠や道理を明かすことなく、アブラハムに対して、このうえなく残酷かつ不可能で、もっとも支持しがたい行為を要求することを決断する。それは息子イサクを犠牲に捧げるという行為である。これらすべてのことは秘密裡に起きる。神はおのれの根拠について沈黙を守り、アブラハムもまた沈黙を守る。そしてこの書はキルケゴールではなく、「沈黙のヨハンネス」と署名されているのだ（これは「詩人たちの作品においてしか現れないような詩的な人物」である、とキルケゴールはテクストの余白に記している[*23]）。

この偽名は沈黙を守っている〔＝保持している〕。それは守られ、保持された沈黙を語っている。偽名一般がそうであるように、それは父の名〔＝姓〕〔patronyme〕としての真の名を秘密のままにしておくためのものであるように思われる。すなわち、作品の父の名、というよりは実は、作品の父の父の名を秘密のままにするのである。キルケゴールはさまざまな偽名を作りだしたが、この「沈黙のヨハンネス」という偽名は、ある自明の理を思い起こさせてくれる。すなわち、秘密の問題を責任の問題に結びつけるような思索は、はじめから名と署名に対して語りかけているということである。責任が問題になるとき、それはおのれの名において行動し、署名することだと考えられていることが多い。責任についての責任ある思索は、偽名、換喩〔métonymie 語源的には「名の変化」を意味する〕、同形異義〔＝同名〕〔homonymie〕などによって、名に関して生起するすべてのこと、つまり、真の名がどのようなものとなりうるかということについての問いにあらかじめ関与させられているのである。公式で合法的なものである公的な父方の名などよりも、秘密の名前のほうがより有効で本来的なものとして名を語ることができるし、また、より有効で本来的であることを望むこともある。ひとは秘密の名によって自分自身を呼ぶ。ひとはみずからに秘密の名を与えたり、与えるかのように振る舞ったりする。偽名の場合の方が、より名づける力が大きく、また名づけられる力も大きいからだ。

『おそれとおののき』のおののきは、犠牲の経験そのものであるように思われる。ただしそれはまずはヘブライ語のkorbanという意味での犠牲ではない。korbanはむしろ接近を意味し、これを犠牲と訳すのは誤訳である。おののきが犠牲の経験であるというのは、犠牲が唯一のものを、その唯一性と代替不可能性と貴重さにおいて、死に供することを前提とするという意味においてである。したがってそれはまた不可能な置き換え〔＝身代わり substitution〕、置き換え不可能なものの置き換えであり、人間に動物を置き換えることでもある――さらに何よりも、この不可能な置き換えそのものにおいて、聖なるものを犠牲に、また犠牲を聖なるものに結びつけるものでもあるのだ。

犠牲のための子羊はどこにいるのか、とイサクに尋ねられたときのアブラハムの奇妙な答えについて、沈黙のキルケゴールは注意をうながす。アブラハムはイサクに答えなかった[*24]と主張することはできない。彼は神が準備してくださる、燔祭の子羊は神が備えてくださると言うのである。だからアブラハムは秘密を守るが、イサクに答えはする。沈黙もしないし嘘もつかない。彼は非真実《いつわり》を言うことはない。『おそれとおののき』

（『問題三』）でキルケゴールはこの二重の秘密について熟考している。神とアブラハムのあいだの秘密、そしてまたアブラハムとその家族のあいだの秘密である。アブラハムは、神が彼だけに命じたことについては語らない。〔妻〕サラにも語らないし、〔執事〕エリエゼルにもイサクにも語らない。彼は秘密を守らなければならない（それが彼の義務である）が、それは彼が守らなければ（＝保存しなければ）ならない秘密でもある。これは二重の必要性である。結局のところ彼は秘密を守ることしかできないからである。彼はその秘密を知らない。秘密があることは知っているが、その究極の意味も理由も知らない。アブラハムは秘密に引き留められている、ひとり秘密の場所に閉じ込められているために。

語らないことによって、アブラハムは倫理的なものの次元を踏み越える。なぜなら、キルケゴールによれば、親族や近親者（それは家族であってもよいし、友人や民族《ネイシヨン》などの具体的共同体であってもよい）に私たちを縛りつける、ということが倫理の最高の表現だからだ[39]。秘密を守ることによって、アブラハムは倫理を裏切る。彼の沈黙、あるいは少なくとも、要求された犠牲の秘密を明かさないという事実は、イサクを救うためのものでないこと、このことはたしかである。

たしかにある意味ではアブラハムは語る。たしかに語るのだ。だがすべてを語ることができたとしても、彼がたった一つのことについて沈黙を守りさえすれば、ひとは彼が語らないと結論することができる。このような沈黙がアブラハムの言説全体に広がっている。だから彼は語り、また語らない。答えることなく答える。答え、また答えない。的をはずした答えをする。秘密にしておくべき本質的なことについては何も言わないために語る。何も言わないために語ること、これは秘密を守るためのつねに最良のテクニックである。しかしアブラハムがイサクに答えるときには、たんに何も言わないために語るだけではない。彼はどうでもいいことではない何か、虚偽ではない何かを語る。非真実《いつわり》ではない何か、そして、今のところはわからないが、いずれ真偽がはっきりするであろうようなことを語るのである。

本質的なことすなわち神とのあいだの秘密を言わず、語らないかぎりにおいて、アブラハムは一つの責任を引き受けている。それは、決断の瞬間につねにひとりでいて、おのれの単独性＝特異性に引きこもっているという責任である。誰も私の代わりに死ぬことができないのと同じように、私の代わりに決断をすること、決断と呼ばれるものをすることはできない。だが口を開いてしまった瞬間、つまり言語という場《ミリユウ》に入りこんでしまった瞬間に、ひとは単独性を失う。そうして決断する可能性や権利を失う。結局のところ、およそ決断というものはすべて、孤独であり秘密であると同時に、沈黙したものにとどまるべきなのだろう。語ることは私たちの心をなぐさめる、なぜならそれは〔私を〕普遍的なものへと「翻訳」してくれるから、とキルケゴールは記している。*25

言語の第一の効果ないしは第一の使命《デスティナシオン》、それは私から私の単独性を奪うと同時に、私を私の単独性から解放してくれることである。私の絶対的な単独性を言葉で中断することによって、私は同時に自分の自由と責任を放棄する。語り始めてしまったとたん、私はもはやけっして私自身ではなく、ひとりでも唯一でもなくなってしまう。奇妙で逆説的で、おそろしくさえある契約だ。無限の責任を沈黙と秘密に結びつける契約であるからだ。これはごく一般的な考えにも、きわめて哲学的な考え方にも逆らう。常識においても、また哲学的理性においても、もっともよく分かち与えられている自明の理に従えば、責任は公表性や非‐秘密と結びつけられている。つまり他者たちの前で自分の身ぶりと言葉を説明し、正当化し、引き受ける可能性、さらにはそうした必然性と結びついているのだ。ところがこの場合にも同じように必然的なものとして現れてくるのは、私の行為の絶対的な責任がまさに私のものであり、単独なものであり、また誰も私の代わりにすることができないことについての責任であるかぎりにおいて、秘密を前提としているということである。そればかりではない。他者たちに語りかけないことによって、私は何も釈明せず、何も責任をもって保証せず、また他者たちに対して、そして他者たちの前で何も応答しないということをも前提としているのである。これは躓き《スキャンダル》であると同時に逆説でもある。キルケゴールによれば、倫理的要請は普遍性に従うものである。だからそれは語ること、つまり普遍性の媒体に入り込んで、自分を正当化したり、自分の決断を釈明したり、自分の行為をみずから保証したりするという責任を定めるものである。それでは供犠が近づいたとき、アブラハムは何を教えてくれるのだろう。倫理の普遍性は、責任を保証するどころか、無責任へと駆り立てるものだということである。それは語り、答え、釈明するように仕向けるのであり、要するに私の単独性を概念という媒体《エレメント》において解体してしまうのである。

　ここに責任のアポリアがある。つまり、責任の概念を形成しようとしても、それに到達することができないおそれがある、ということである。というのも責任（もはやあえて責任という普遍概念とは言うまい）は、一方では普遍的《ジェネラル》なことについて普遍者《ジェネラル》の前で説明したり、みずからの言動を保証したりすること一般《ジェネラル》、すなわち置き換え（＝身代わり〕を要求するのだが、他方で同時に、単一性、絶対的な単独性、すなわち非-置き換えと非-反復を、そして沈黙と秘密をも要求するからである。ここで責任に関して言えることは決断にもあてはまる。倫理的なものは、語ることと同じように、置き換えへと私を駆り立てる。このことから逆説の破廉恥さが生じる。アブラハムにとって、倫理的なものは誘惑《まどわし》であるとキルケゴールは宣言するのだ。だからアブラハムはそれに抵抗しなければならない。彼は道徳的な誘惑《まどわし》の裏をかくために黙り込む。道徳的な誘惑《まどわし》は、責任や自己正当化をうながすという口実の下に、彼を破滅させ、彼の単独性も、彼の究極の責任、すなわち神の前の正当化不可能で秘密で絶対的な責任をも失わせてしまうからだ。無責任化としての倫理、これは普遍的な責任と絶対的な責任のあいだの解決不可能で逆説的な矛盾である。絶対的な責任は責任ではなく、少なくとも普遍的な責任ではないし、あるいは普遍的な意味での責任ではない。絶対的な責任は絶対的に、そして何にもまして例外的なもの、あるいは常軌を逸したものでなくてはならない。あたかも、絶対的な責任はもはや責任の概念に依存してはならず、それがそうあるべきもの〔絶対的責任〕であるためには、概念化不可能なもの、さらには思考不可能なものにとどまらなければならないかのようだ。だから、絶対的に責任のあるものになるためには、無責任でなければならないかのようだ。「アブラハムは語ることができない。なぜなら、彼はいっさいを説明するようなことばを［……］口にすることができないからである。それが試練であることを、そして注意すべきことに、倫理的なものが誘惑《まどわし》であるような種類の試練であることを語ることができないからである。[*26]」

したがって倫理は責任をなくすことへと向けられることがある。時には倫理への、すなわち心的な傾向性や安易さの誘惑《まどわし》を断ち切ることも必要であろう。計算すべき損得勘定《コント》もなく——そしてまた人間、人間的なもの、家族、社会、同類、私たちの仲間などに対してなすべき釈明《コント》も持たないような責任の名の下に、倫理の誘惑《まどわし》を断ち切ることも必要なのだろう。このような責任はみずからの秘密を守るのであり、みずからを現前させることもできなければ、そうすべきでもない。こうした責任は暴力の前に出頭する〔＝現前する〕ことを荒々しく、そして妬ましげに拒否する。釈明や正当化を要求したり、人間たちの法＝掟の前に出頭したりすることを求めるような暴力の前に現れることを拒否するのである。こうした責任は自伝を拒否する。自伝はつねに自己正当化や自己の正しさを証明するための議論〔égodicée〕だからである。たしかにアブラハムは出頭するが、神の前、嫉妬深く、秘密であるような唯一の神の前にである。その神に対して、アブラハムは「我ここに」と言う。だがそのために彼は近親者への忠実さをあきらめるか(これは誓いへの違反である)、人間たちの前に出頭することを拒否しなければならない。アブラハムはもう人間たちに語りかけない。以上のことが、イサクの犠牲が少なくとも思考させてくれるものである(アガメムノン(40)のような悲劇的英雄の場合はそうではない)。

結局のところ、秘密は倫理ばかりではなく、プラトンからヘーゲルに至る哲学や弁証法一般をも許容しない。

倫理的なものは、倫理的なものであるかぎり、普遍的なものであり、普遍的なものであるかぎり、それはまた顕《あら》わなものである。個別者は、直接的に感覚的、心霊的なものとして規定されると、隠されたものである。そこで、その隠れた状態から抜け出して、普遍的なものにおいて顕わになることが、個別者の倫理的課題となる。だから、彼が隠れたままでいようとするならば、そのたびに彼は罪を犯し、誘惑《まどわし》におちいっているのであり、みずからを顕わにすることによってのみ、彼は誘惑《まどわし》から抜け出すことができるのである。

ここでわたしたちはふたたび同じ点に立つ。もし個別者が個別者として普遍的なものよりも高くにあるということに根拠をもつ隠れというものがないならば、アブラハムの態度は弁解の余地がない。なぜなら、彼は倫理的な中間審級を無視したのだからである。それに反して、そのような隠れがある場合には、わたしたちは、媒介せられない逆説の前に立つ。なぜなら、逆説はつまり、個別者が個別者として普遍的なものよりも高くにあるということに基づくものであるが、しかるに普遍的なものは媒介にほかならないからである。ヘーゲル哲学は正当な隠れをも、正当な測りえないものをも認めない。だから、ヘーゲル哲学が啓示を要求するのは、首尾一貫しているが、しかし、アブラハムを信仰の父と見なしたり、信仰について語ったりしようとするのは、つじつまの合わないことである。*27

完璧な首尾一貫性の模範的な形式としてヘーゲル哲学は、顕在化の、現象化の、開示の反論の余地のない要求を代表する。したがって、哲学と倫理をそのもっとも強力な地点において突き動かしているような、真理の請願を代表していると考えられているのだ。哲学的なもの、倫理的なもの、政治的なものにとっては究極の秘密はない。顕れは秘密より価値の高いものであり、普遍的な一般性は個別的な単独性よりすぐれたものである。権利上消し去ることができず、正当化可能な秘密などはなく、「権利上根拠づけられた」秘密もない――そして哲学と倫理の審級のほかに、法〔droit〕の審級を付け加えなければならない。いかなる秘密も絶対的には正当ではない。しかし信仰の逆説は、内面性が「外的なものとは同じ尺度を持たない」ということにある。[*28] どのような顕在化も、内面を外化したり隠されたものを顕わにしたりすることではありえない。信仰の騎士は何かを伝達することも、他人に理解してもらうこともできないし、他の信仰の騎士を助けることもできない。[*29] 神への義務を負わせるような絶対的な義務は、義務と呼ばれる普遍性の形式を持ちえないのだ。もし私が神への義務（これが絶対的な義務である）にたんに「義務に基づいて」従うならば、私は神と関係を持たない。神自身に対する私の義務を果たすためには、「義務に基づいて」それを行なうのではいけない。これは義務と呼ばれる、つねに媒介可能で伝達可能な普遍性の形式だからだ。信仰において神自身に私を結びつける絶対的義務はすべての義務の彼方に赴き、すべての義務に抗さなければならない。「義務はそれが神に関係せしめられることによって、義務となるのであるが、しかし、わたしは義務そのものにおいて、神との関係にはいるのではない。[*30]」道徳的に行為することは、たんに「義務に適って」行為するだけではなく、「義務に基づいて」行為することだ、とカントは説明していた。(41) キルケゴールは、「義務に基づいた」行為などは、法＝掟という普遍化可能なものに関係するものであって、絶対的義務に背くものと考える。だからこそ（信仰という単独性における神への）絶対的義務は、負債と義務の彼方、負債としての義務の彼方における信仰へと向かうような、一種の贈与と義務を含んでいるのだ。この次元において「死を与えること」が予告される。「死を与えること」とは、人間的責任の彼方、義務という普遍概念の彼方において、絶対的な義務に応答するものなのである。

人間的な普遍性の次元では、憎しみの義務が帰結する。キルケゴールはルカ伝（一四章26）の言葉を引く。「もし、だれかがわたしのもとに来るとしても、父、母、妻、子供、兄弟、姉妹を、更に自分の命であろうとも、これを憎まないなら、わたしの弟子ではありえない。」この「言葉は苛酷である」*31 ことを認めつつ、キルケゴールはあくまでその必然性を主張する。彼はそのスキャンダラスで逆説的な性格を弱めようとはせず、その厳格さを先鋭化するのだ。だが倫理に対するアブラハムの憎しみ、つまり近親者（家族、友人、隣人、民族《ネイション》そして究極的には人類全体、類あるいは種）に対する憎しみは、絶対に苦痛に満ちたものであり続けなければならない。もし私が憎んでいる者に死を与えるならば、それは犠牲ではない。私は自分が愛している者を捧げなければならない。死を与えるまさにその時点、まさにその瞬間に、私は自分が愛している者を憎むようにならなければならない。私は自分の近親者を憎み、裏切らなければならない。すなわち、憎しみの対象としてではなく（それならばあまりにも容易だ）、愛する対象としてあるような近親者に対して、犠牲としての死を与えなければならないということである。私は彼らを愛するかぎりにおいて、憎まなければならない。憎むべき者を憎むのならば、そのような憎しみはあまりにも容易で、憎しみとはいえない。憎しみとは、もっとも愛する者を憎み、裏切ることである。憎しみは憎しみたりえず、愛に対する愛の犠牲でしかありえない。愛していないものについては、憎む必要もないし、誓いに背くことによって裏切る必要も、死を与える必要もないのだ。

　異端で逆説的なこの信仰の騎士は、はたしてユダヤ人なのかキリスト教徒なのか、ユダヤ＝キリスト＝イスラム教徒《ムスリム》なのか。イサク奉献は、かろうじて共通の財産と呼びうるようなものに帰属している。すなわち、アブラハム的な民族の宗教としてのいわゆる三つの啓典の宗教〔ユダヤ教、キリスト教、イスラム教〕に特有な〈オノノカセル秘儀〉のおそるべき秘密に帰属しているのだ。信仰の騎士は、誇張的なまでに要求と厳格さを突きつめることによって、残虐とも見えるような（また残虐でなくてはならないような）ことを言い、行なうに至る。それは道徳一般やユダヤ＝キリスト＝イスラム教的な道徳や愛の宗教一般を引き合いに出す者たちを憤慨させなければならない。だがパトチュカが言うように、おそらくキリスト教はまだみずからに固有な本質を思考していないし、またユダヤ教、キリスト教、イスラム教を到来させるに至った、打ち消しがたい出来事をも思考していないのだろう。「創世記」のイサク奉献を無視したり消し去ったりすることもできないし、「ルカによる福音書」のあの言葉を無視したり消し去ったりすることはできない。このことを確認しなければならない、そうキルケゴールは提案しているのだ。アブラハムは口を閉ざすことによって近親者を憎むに至る。たったひとりの愛する息子に死を与えることを受け入れることによって、彼を憎むに至るのだ。たしかに、アブラハムが近親者を憎むのは、憎しみからではなく、愛からである。だがそれで憎しみが減るわけではないし、その反対なのだ。アブラハムは、息子に死を与え、倫理では憎しみや殺人と呼ばれていることをするに至るために、息子を絶対的に愛さなければならない。

どのようにして近親者を憎むべきなのか。キルケゴールは愛と憎しみのあいだの一般的な区別をしりぞける。こんな区別は自己中心的で興味《インタレスト》のないものにすぎない。彼はそれを逆説として解釈し直す。アブラハムが息子に、絶対的で、唯一で、共通の尺度では測れないような愛を持っていなかったとしたら、神は、イサクに死を与えること、すなわち神みずからへの犠牲の献げ物としてその死を与えることを要求することもなかっただろう。

……なぜなら、イサクに対するこの愛こそ、この愛と神に対する彼の愛との逆説的な対立によって、彼の行為をひとつの犠牲たらしめるものにほかならないからである。しかし、人間的にいえば、アブラハムが自分を他人に理解させることがまったくできないということが、この逆説における苦悩であり、不安である。彼の行為が彼の感情と絶対的な矛盾におちいる瞬間においてのみ、彼はイサクをささげることができるのである、しかし、彼の行為が現実となると、彼は普遍的なものに属することとなる、そして、そこでは、彼は殺人者であり、どこまでも殺人者なのである。*32

瞬間という語を強調したのは私である。「決断の瞬間は狂気だ」と別のところでキルケゴールは言っている。この逆説を時間や媒介において捉えることはできない。つまり言語によっても、理性によっても捉えることはできないのだ。贈与と同じように、そして、贈り物《プレザン》を贈ることがけっしてなく、現前《プレザンス》と現前《プレザンタシオン》化に還元されることもないような「死を与える」と同じように、逆説は瞬間の時間性を要求する。それは非時間的な時間性、捉えることのできない持続に所属する。逆説とは、安定させたり、確立させたり、統握したり、捉《プランドル》えたりすることができないものであり、そしてまた理解《コンプランドル》することのできないもの、悟性や共通感覚や理性では begreifen つまり把握したり、概念的に捉えたり、悟性で理解したり、媒介したりすることのできないものでもある。それは媒介することができないのだから、否定したり否認したり、否定的なものの労働〔ヘーゲル〕へと巻き込んだり、労働させたりすることもできない。だから、死を与えるという行為において、犠牲は否定的なものの労働のみならず、労働そのものを中断するのであり、さらには喪の労働〔フロイト〕をも中断するだろう。悲劇的英雄は喪を受け入れることができる。だがアブラハムは喪の人間でも悲劇的英雄でもないのである。

絶対的な義務を前に絶対的な責任を引き受け、みずからの神への信仰を実践する——あるいは試練にかける——ために、アブラハムは憎むべき殺人者でもあり続けなければならなかった。死を与えることを受け入れたのだから。一般的かつ抽象的な言葉で言うならば、義務や責任や責務の絶対的な性格は、たしかに倫理的な義務に違反することを要求するが、それはまた倫理的な義務を裏切りながらも、同時にそれになお帰属したり、それを認めたりすることをも要求するのである。矛盾や逆説はまさにその瞬間において耐え抜かれなければならない。二つの義務は矛盾しなければならず、一方は他方を従わせる（体内化する、抑圧する）べきなのである。アブラハムは倫理を犠牲にすることによって息子を犠牲にするという絶対的な責任を引き受けなければならないが、犠牲があるためには、倫理はおのれの価値をすべて保持しなければならない。息子への愛は完全無欠であり続け、人間的な義務の命令はおのれの権利を行使し続けなければならないのだ。

イサク奉献の物語《レシ》を、義務や絶対的責任の概念に住みついている逆説の、物語的な五線譜の展開として読むことができるかもしれない。義務や絶対的責任の概念は、絶対的な他者、他者の絶対的な特異性との関係（関係なき関係、二重の秘密の中の関係）に私たちを置く。神がこの絶対的な他者の名である。聖書の物語に信憑性を与えようと与えまいと、それを信じようと信じまいと、またそれを移動させようと、なおこの物語には道徳性があるということもできよう。この物語をひとつの寓話とみなしたとしてもそうなのだ（しかし寓話とみなすこと、それは哲学的ないしは詩的普遍性へと紛れ込ませてしまうこと、その歴史的な出来事性を解消してしまうことである）。この寓話の道徳性は道徳性そのものを意味する〔＝語ろうとする〕だろう。この寓話は、与えられた死という贈与を問題にしているからだ。義務と責任に絶対的性格が備わるためには、あらゆる義務、責任、人間的法則などが告発され、しりぞけられ、超越されることが前提とされる。それは普遍的一般性の次元において顕れるものを裏切ることを求める。いや顕現の次元そのもの、顕現の本質そのもの、すなわち本質そのもの、本質一般を裏切ることを求める。本質は現前や顕現と不可分だからだ。絶対的な義務は、犠牲にささげるものすべて、すなわち倫理と人間的責任の次元を認め、確認し、再確認しながらも、無責任である（不実で誓いに背く）ように振る舞うことを要求する。一言で言うならば、倫理は義務の名において犠牲にされなければならない。倫理的義務を、義務に基づいて、尊敬しないことが義務なのだ。ひとは倫理的に責任を持って振る舞うだけではなく、非倫理的で無責任にも振る舞わなければならない。そしてそれは義務の名において、無限の義務、絶対的な義務の名においてなのだ。さらに、つねに特異なものでなくてはならないこの名は、この場合まったく他なるものとしての神の名、神の名なき名にほかならない。他者としての神の、口にすることもできない名に対して、絶対的で無条件の責務、比類なく、譲渡不可能な義務が私を束縛する。絶対的他者としての他者すなわち神は、超越的なもの、隠されたもの、秘密なものであり続けなければならず、また彼が与える愛や要求や命令に対して、嫉妬深く執着するものであり続けなければならない。神はこうした愛や要求や命令を秘密にするように求める。この場合に秘密とは、犠牲的な責任としての絶対的な責任を行使するためには不可欠なものなのだ。

道徳性の道徳性について、お説教くさい道徳家や潔癖な良心の持ち主たちが忘れがちなことをここで強調しておこう。彼らは、新聞や週刊誌やラジオやテレビで、毎日のように、そして毎週のように、倫理的あるいは政治的責任の意味について、自信ありげに語り聞かせる。倫理学の本を書かない哲学者は義務を果たしていないという声もよく聞かれる。哲学者の第一の義務は、倫理について考え、著書にかならず倫理についての一章を加えることであり、そしてそのためにはなるべく多くの機会をとらえてカントに回帰すべきだというわけだ。潔癖な良心の騎士が見逃していること、それは「イサク奉献」が、責任のもっとも日常的でもっともありふれた経験を（このように夜の闇に満ちた秘儀《ミステール》について、以下の言葉をあえて使ってみるならば）照らし出しているということである。たしかにこの話はおそろしく、前代未聞のものであり、ほとんど思考することができないようなものだ。父は愛する息子に、かけがえのない愛する者に死を与えようとする。それは〈他者〉が、大いなる〈他者〉が、まったく理由も示さずに要求し、命じたからである。子殺しの父は自分がしようとしていることを息子にも近親者にも隠す。なぜなのかもわからないし、愛や人類や家族や道徳に対していったいどのような忌まわしい罪を、どのようなおそるべき（tremendum）秘儀をなそうとしているのかもわからないのだ。

しかしこれはごくありふれたことでもあるのではないか。責任の概念を少しでも吟味してみればかならず確認されるようなことなのではないか。義務や責任は私を他者に、他者としての他者に束縛する。他者としての他者に対して、絶対的な単独者としての私を束縛するのだ。神とは他者としての、そして唯一のものとしての絶対他者の名である（一にして唯一のアブラハムの神）。絶対他者との関係に入るやいなや、私の単独性は責務や義務という様態で神の単独性との関係に入る。私は他者としての他者の前で責任があり、他者としての他者に対して、そして他者としての他者の前で応答する。しかし当然のことながら、単独者としての私を他者の絶対的な単独性に対して束縛するものが、すぐさま絶対的犠牲の空間や絶対的犠牲の危険へと私を投げ入れる。無限の数の他者たちがおり、他者たちの無数の普遍性がある。同じ責任が、一般的で普遍的な責任（キルケゴールが「倫理的次元」と呼ぶもの）が、他者たちに私を束縛する。私が他者の呼びかけや要求や責務さらには愛に応えるためには、他《ほか》の他者を、他の他者たちを犠牲にしなければならない。tout autre は tout autre である（およそ他者というものはすべて、まったく他なるものだ）(42)。他性や単独性という単純な概念は、義務や責任の概念をも構成している。他性や単独性の概念は、責任や決断や義務の概念を、逆説と躓《スキャンダル》きとアポリアへと、アプリオリに運命づけているのだ。逆説、躓き、アポリアとは、それ自体が犠牲にほかならない。概念的な思考をその限界まで、すなわちその死や有限性にまでさらし尽くすものだからだ。他者との関係、他者の視線や要求や愛や命令や求めとの関係に入ってしまうと、私は次のことを知る。倫理を犠牲にすることなく、すなわちすべての他者たちに対しても同じやり方で、同じ瞬間に応えるという責務を与えるものを犠牲にすることなく、それらに応えることができないことを。〔その時〕私は死を与え、誓いに背く。そのために私はモリヤ山頂で息子に刀を振り上げる必要はない。夜も昼も、あらゆる瞬間に、世界のすべてのモリヤ山で、私はそうしつつある。私が愛する者に、愛すべき者に、他者に、およそ共通の尺度のないような次元で私が絶対的な忠誠を負っているようなあるひとりの他者に対して、私は刀を振り上げつつあるのだ。アブラハムが神に忠実であるのは、誓いに背き、近親者すべてを裏切り、そして近親者のそれぞれの単一性を裏切ることによってにすぎない。この話では範例的なことに、アブラハムは愛する唯一の息子の単一性を裏切るのだ。そして彼が近親者や息子に対する忠実さを選ぶためには、絶対他者を裏切らなければならない。それを神と呼んでもよい。

あれこれと例を探すのはやめよう、あまりにも多すぎる。一歩進むごとに、ひとつの例がある。たとえそれに時間をかけ、注意を払ったとしても、いまこの瞬間にしていることのほうを選ぶことによって、そして自分の仕事、市民としての活動、教師としての、職業としての哲学の活動を選ぶことによって、たまたまフランス語である公用語を書き、話すことによって、私はおそらく義務を果たしているのだろう。だが他のすべての責務をおのおのの瞬間に裏切り、犠牲にしている。私が知らない、あるいは私が知っている他《ほか》の他者たち、飢えや病のために死ぬ無数の「同類」たちを犠牲にしている（同類たちよりさらに他者である動物たちについては言うまでもない）。私は他の市民たち、フランス語を話さない人たち、私が声をかけることもなく、また応答することもない人たちへの忠実さと責務を裏切っている。聞き、読む人たち、私が適切な方法で応答したり、声をかけたりすることがない人たち、つまり特異な方法で応答したり声をかけたりすることがない人たちもいる（これはいわゆる公共空間の話で、そのために私はいわゆる私的空間を犠牲にしている）。だから私が私的に愛する人たち、私の近親者、家族への、そして息子たちへの忠実さや責務を裏切っている。私の息子たちのおのおのは唯一の息子であり、一方を他方ゆえに犠牲にする。私たちの毎日の、そしておのおのの瞬間における住まいであるモリヤの地において、一方を他方のために犠牲にしているからだ。

これはたんなる文飾や修辞学的な効果ではない。「歴代誌」（下、三および八章）によれば、アブラハムの犠牲あるいはイサクの犠牲（それは両者の犠牲である。みずからに死を与えることによって、また神への供犠としてこの死を与えてみずからを死ぬほど苦しめることによって、〈他者に死を与えること〉なのだ）にまつわる場、与えられた死の場は、ソロモンがエルサレムにヤーウェの家を建てた場所であり、また彼の父ダヴィデに神が出現した場でもある。[43] ところでこの場所は、エルサレムの大きなモスクのある場所でもある。それはアル・アクサーの大モスクの近くの岩のドームと呼ばれる場であり、そこでイブラーヒーム〔『コーラン』でのアブラハムの呼び名。ユダヤ教でもキリスト教でもない絶対一神教の祖とされる〕の犠牲が行なわれたと言われ、またマホメットは死後にこの場から馬に乗って昇天したという。エルサレムの破壊された神殿や嘆きの壁のすぐ上にあり、十字架の道〔ヴィア・ドロローサ（嘆きの道）〕からもそう遠くない。だからこれは聖なる場所であるが、すべての一神教、すなわち唯一の超越的な神、絶対他者の宗教が（徹底的に、激しく）争って求める場所でもある。三つの一神教は互いに争っている。おめでたいエキュメニズム〔宗教間の対話に基づく一致と協力〕が否定しようと無駄なことだ。三つの一神教はずっと前から、そして現在はかつてないほどまでに争い合って、戦火と流血の場を作りだしている。それぞれがこの場を自由にすることを要求し、メシア主義とイサクの犠牲のオリジナルな歴史的・政治的解釈を求めている。イサクの犠牲の読解と解釈と伝統は、それ自体血にまみれた犠牲、焼き尽くす献げ物《ホローコースト》の犠牲となっているのだ。イサクの犠牲は毎日のように続いている。惜しみなく死を与える兵器が、前線なき戦争を仕掛けている。責任と無責任のあいだに前線はなく、ひとつの犠牲をめぐるさまざまな横領〔＝固有化〕のあいだにこそ前線があるのだ。それはさまざまな責任の次元、他のさまざまの次元のあいだの前線でもある。すなわち宗教的なものと倫理的なもの、宗教的なものと政治＝倫理的なもの、神学的なものと政治的なもの、政治神学的なものや神政的なものと政治＝倫理的なもの、秘密のものと公的なもの、俗と聖、特異＝単独なものと総称的＝属《ジャンル》的なもの、人間的なものと非人間的なものなどのあいだの前線でもあるのだ。犠牲の戦争は、イサクやイシュマエル〔コーランではアブラハム（イブラーヒーム）の息子のイスマーイール。父とともにカーバを建設されたとされる〕やアブラハムの犠牲にはっきりと言及するいわゆる啓典宗教やアブラハム的な国家のあいだだけでなく、それらと残りの飢えた世界とのあいだでも猖獗をきわめている。残りの飢えた世界は、人間の大半、いや生き物の大半を占めている。死んでいたり、生きていなかったりする他の者たち、死んでいたり、これから生まれる他の者たちについては言及するまでもあるまい。これらすべての他の者たちはアブラハムやイブラーヒームの民族には属さない。アブラハムやイブラーヒームの名など彼らには何も思い出させない。それらは何ものにも応答せず、何ものにも対応しないのだから。

私は他の者を犠牲にすることなく、もう一方の者（あるいは〈一者〉）すなわち他者に応えることはできない。私が一方の者（すなわち他者）の前で責任を取るためには、他《ほか》のすべての他者たち、倫理や政治の普遍性の前での責任をおろそかにしなければならない。そして私はこの犠牲をけっして正当化することはできず、そのことについてつねに沈黙していなければならないだろう。望もうと望むまいと、一方の者（他者）を他方の者より好んだり、犠牲にしたりすることをけっして正当化することはできない。そのことについて何も言うべきことはないのだから、私はつねに秘密の場所にいて、秘密を守るべく束縛されている。特異な者たちに対する、つまりある者ではなく別の者に対する私の束縛は、結局のところ正当化不可能なものであり（それがアブラハムの超倫理的な犠牲である）、それは私があらゆる瞬間にしている無限の犠牲以上に正当化されるものではないのだ。特異な者たちとは他者たちのことであり、まったく異なった形式の他性である。それはひとりの人や他の人たちであるばかりではなく、さまざまな場、動物たち、さまざまな言語などでもある。あなたが何年ものあいだ毎日のように養っている一匹の猫のために世界のすべての猫たちを犠牲にすることをいったいどのように正当化できるだろう。あらゆる瞬間に他の猫たちが、そして他の人間たちが飢え死にしているというのに。あなたがここにいて、フランス語を話しており、他の場所で、他の者たちに他の言語を話しているのではないこと、このことをどう正当化するのか。しかしながらこう振る舞うことによって義務を果たしてもいる。どのような言語、理性、普遍性、媒介といえども、絶対的な犠牲にまで至らせるような究極の責任を正当化してはくれない。絶対的な犠牲は、責任の祭壇における無責任性の犠牲ではない。それは、ある至上の義務（普遍的な特異性としての他者への束縛）を、まったく他なるものに私たちを束縛するような、絶対的に至上の義務のために犠牲にするものなのだ。

神は犠牲のプロセスを中断しようと決断し、アブラハムに語りかける。アブラハムは「我ここに」(44)と言ったところだ。「我ここに」、それは他者の呼びかけへの唯一可能な第一の応答であり、責任＝応答可能性の根源的な瞬間である。それは特異な他者、私に呼びかける者に私をさらすものとして、根源的な瞬間なのである。「我ここに」はすべての責任が前提する唯一の自己紹介（＝自己現前化）である。私は応答する準備ができています、応答する準備ができているとお応えします、というわけだ。アブラハムが「我ここに」と言い、息子の喉をかき切ろうと刀を振り上げると、神は言う。「その子に手を下すな。何もしてはならない。あなたが神を畏《おそ》れる者であることが、今、わかったからだ。あなたは、自分の独り子である息子すら、わたしにささげることを惜しまなかった。」このおそろしい宣言は、引き起こされた恐怖を目にしたときの満足を語っているようにも思われる（「あなたが神を畏れる」ことがわかった、あなたはわたしの前でおののいている）。この宣言は、その唯一の根拠としてそれが引き起こす畏れとおののきによって、おののかせる（あなたがわたしの前でおののいたのはわかった、よし放免してやろう、義務から解放してやろう）。だがこの宣言を別のかたちで翻訳したり議論したりすることもできる。絶対的義務とは何を意味するのか、すなわち絶対的な絶対他者に応え、その呼びかけや要求や命令に応えることだとあなたが理解したのはわかった、というわけである。これら二つの様態〔の解釈〕は結局同じことに帰着する。息子を犠牲にすること、神にその死を与えながら息子に死を与えること、それは二重の贈与である。この二重の贈与において、〈死を与えること〉とは、誰かに刀を振り上げて死をもたらすことであり、そして犠牲にささげるために死〔死んだ息子〕を持っていくことでもある。これを命令することによって神は、アブラハムが自由に拒絶できるようにする。それが試練なのだ。命令は要求する。この要求は神の祈り、すがるような愛の告白のようなものだ。わたしを愛していると言っておくれ、わたしの方を、唯一の者、唯一者としてその他者であるわたしの方を向いていると言っておくれ。そして何よりもまず先に、何にもまして、無条件にわたしの方を向いていると言っておくれ。そしてそのために死を与えておくれ、唯一の息子に死を与えておくれ。そしてわたしが求めているその死を、わたしに与えておくれ、わたしがあなたに要求することによってあなたに与えている死を。要するに神はアブラハムに次のように言っているのだ。唯一者への絶対的な義務が何であるのか、すなわち要求すべき釈明《レゾン》や与えるべき道理《レゾン》もないのに応答しなければならないことが絶対的な義務であることをあなたが理解した瞬間に、わたしはわかった。あなたがそれを頭で理解しただけではなく、(これこそが責任なのだが)行動し、実行し、すぐさまその瞬間に行動に移る準備ができていたのがわたしにはわかったのだ。(神はもはや時間がないような瞬間、もはや時間が与えられていないような瞬間にアブラハムを止める。あたかもアブラハムはすでにイサクを殺してしまっていたかのように。瞬間の概念はやはり不可欠である。)だからあなたはすでに行動に移った、あなたは絶対的な責任そのものだ、あなたは、人々の目に、近親者や道徳や政治の目に、普遍的あるいは総称的なものの目に、殺人者とみなされる勇気を持っていた。そして希望を捨てさえしたのだ、と。

だからアブラハムは人間の中でもっとも道徳的であると同時にもっとも非道徳的であり、もっともしっかりと責任を持つと同時に無責任でもある。絶対的に責任を持つからこそ、絶対的に無責任である。また、利害関心も報いの希望もなく、理由も知らず、秘密の内にいながら、絶対的な義務に対して、つまり神に対して、神の前で絶対的に応答するからこそ、アブラハムは人間たちや近親者たちの前では、そして倫理の前では絶対的に無責任なのである。彼は人間の前ではいかなる負債も義務も認めない。なぜなら彼は神との関係の中にあるからだ。いやそれは関係なき関係だ。神は絶対的に超越的で、隠され、秘密のものであり、二重に与えられたこの死と交換に、アブラハムが分かち持つことのできるいかなる理由や根拠も与えず、この非対称的な契約において何も分かち与えないのだ。アブラハムは自分が放免されたと感じる。近親者や息子や人間たちへのすべての義務から解放されたかのように振る舞う。だが彼は彼らを愛し続ける。彼らを犠牲にすることができるためには、彼らを愛し、彼らに対してすべて〔の負債〕を負わなければならないのだ。だから実は赦免されてはいないのだが、彼は自分が、近親者や人類や倫理の普遍性などへのすべての義務から赦免されたように感じる。一なる神へと束縛する唯一の義務の絶対性によって、自分が赦免されたように感じるのだ。絶対的な義務は彼をあらゆる負債から自由にし、すべての義務から解放する。これは絶対的な赦免〔ab-solution 解き - 放つこと〕だ。

この場合には秘密と非 - 分与が本質的であり、またアブラハムが守る沈黙もそうである。彼は語らず、近親者に秘密を言わない。信仰の騎士として、彼は証人であって、教師ではない。[*33] たしかにこの証人は絶対者との絶対的な関係に入りはする。だが証言するということが、他者に対して指し示すこと、教えること、例証すること、あるいは正しく証し立てることができるような真理を報告することなどを意味するとするならば、そうした意味では彼は証言しない。アブラハムは、人間の前で証言することもできなければ、またそうすべきでもないような、絶対的な信仰の証人なのだ。彼は秘密を守らなければならない。しかしその沈黙はどのようなものでもいいような沈黙ではない。ひとは沈黙のうちに証言することができるのだろうか。沈黙によって証言することが。

悲劇的英雄のほうは語ることも、分かち合うことも、泣くことも、嘆くこともできる。彼は「孤独のおそるべき責任を知らない」[*34]のだ。アガメムノンはクリュタイムネストラやイピゲネイアとともに泣き、嘆くことができる。「涙と叫びは慰めとなる。」そこには慰めがある。アブラハムは語ることも、分かち合うことも、泣くことも、嘆くこともできない。彼は絶対的沈黙のうちにある。彼の心は揺り動かされ、世界中の人間を、とりわけサラやエリエゼルやイサクを慰めようと思い、最後の一歩を進める前に彼らを抱擁しようと思うかもしれない。だがそのとき近親者たちがこう言うだろうことをアブラハムは知っている、「いったいなぜ、あなたはそのようなことをしようとなさるのですか、そのようなことはしなくてもよいではありませんか。」別の解決を見いだすため、神と議論し、話し合えばよいではないですか、と。また彼らはアブラハムが隠し事をして、偽善的であったと責めるかもしれない。だから彼らには何も言うことはできない。彼らに語りかけたとしても、何も言うことはできないのだ。「彼は人間のことばを語らない。たとえ彼が地上のあらゆる言語を知っていたとしても［……］彼は語ることはできない――彼はいわば神のことばで語るのである。彼は異言を語るのである。[*35]」もしふつうの人間の言葉や翻訳可能な言葉で語ったりしたならば、また、説得力のあるやり方で道理《レゾン》を言い聞かせて、理解可能な者になってしまったならば、アブラハムは倫理的普遍性の誘惑に屈したことになるだろう。すでに説明したように、倫理的普遍性は無責任にするものでもある。そのとき彼はもはやアブラハムではなく、唯一の神と特異な関係にある唯一のアブラハムではなくなってしまう。死を与えることも、愛する者を犠牲にすることもできず、だから愛することも憎むこともできないので、彼はもはや何も与えることはなくなってしまうだろう。

アブラハムは何も言わないが、彼の最後の言葉は残されている。それはイサクへの返答である。「わたしの子よ、焼き尽くす献げ物の子羊はきっと神が備えてくださる。」もし彼が「子羊はいる、わたしが一匹持っている」とか「わからない、子羊がどこにいるのか知らないのだ」などと応えていたとしたら、彼は嘘をついたことになるだろう。虚偽を言うために話したことになるだろう。嘘をつくことなく話すことによって、彼は応えることなく応える。奇妙な責任（＝応答可能性）だ。それは応えるのでも応えないのでもない。理解不可能な言語、他者の言語で語ったことについて、ひとは責任を持つことができるのだろうか。だが責任とは、共同体がすでに聞くことのできること、あまりにもよく聞くことのできるようなことには無縁な言語によって、予告されるべきなのではないか。「したがって、彼はなんら非真実《いつわり》を言っているのではない、しかしまた、彼は何かを言っているわけでもない、なぜなら、彼は異邦人のことばで語っているのだから。」[*36]

『書記バートルビー』[45]の法律家である語り手は「ヨブ記」を引用する（「地の王や参議らと共に[46]」）。たんなる興味本位の比較を超えた次元で、バートルビーの姿はヨブの姿に似かよっているようにも考えられる。ただし、いつか死んだ後に王や参議と共にいたいと願うヨブではなく、生まれてこなかったことを夢見るヨブにである。だがこの場合には、神がヨブに受けさせる試練ではなく、アブラハムのことを考えることもできる。アブラハムがもはや人間的言語を語らず、異言で語り、ほかのすべての人間的言語とは無縁な異邦人の言葉で語るのと同じように、そしてそのために応えることなく応え、真であったり偽であったりするようなことは何も語らずに語り、事実確認や約束や嘘に値するような決定的なことは何も言わないのと同じように、バートルビーの I would prefer not to〔ぼく、そうしないほうがいいのですが〕という言葉は応えなき応えという責任を引き受ける。それは予言も約束もない未来を呼び起こす。肯定的にであれ否定的にであれ、明確なこと、決定できるような言葉は何も発さない。何も言わず、何も約束せず、拒絶も承諾もせずに反復されるこの文の様態、そして奇妙にも無意味なこの言表《エノンセ》の時間は、非‐言語や秘密の言語を思わせる。バートルビーはあたかも「異言で」語っているかのようではないか。

しかしながら、一般的なことや決定するようなことは何も言わないにもかかわらず、バートルビーはまったく何も言わないわけではない。I would prefer not to は不完全な文に似ている。この非決定は緊張を作り出す。つまりそれは留保《レゼルヴ》つきの不完全性に対して開かれており、一時的な留保あるいは蓄えとしての留保を予告するのだ。ここには、なんらかの解読不可能な摂理や慎重さを仮言的に参照するという秘密があるのではないか。バートルビーが何を望んでいるのかも何を言いたいのかもわからないし、彼が何をしたくないのかも何を言いたくないのかもわからないが、彼ははっきりと「ぼくはそうしないほうがいい」という言葉を聞かせる。この答えには内容の影《シルエット》がつきまとっている。死を与えること、そして息子に与える死を神に与えることをアブラハムがすでに受け入れたとするならば、そして神が止めないかぎりそうすることを彼が知っていたとするならば、まさにアブラハムは「そうしないほうがいいのですが」という状態にいると言えないだろうか。いったい何が問題になっているのかを世界の人に対して言うことができず、「そうしないほうがいいのですが」という状態に。アブラハムは息子を愛しており、神が何も彼に要求しなければよかったと思っている。彼にとっては、神がアブラハムのするままにさせず、腕を止めてくれ、燔祭の子羊を備えてくれたほうがよい。

犠牲が受け入れられてしまったあとで、決断という狂気の瞬間が非‐犠牲のほうに傾いてくれたほうがよい。彼はそうしないことを決断しないだろう、彼は〔そうする〕ことを決断する――でもそうしないほうがいい。神が、〈他者〉が彼を死へと、与えられた死へと導き続けたとしたら、彼はもはや何も言えず、何もしないだろう。そしてバートルビーの I would prefer not to もまた、彼を死へと導く犠牲的な受苦《パッション》である。掟が与える死、自分がなぜそう振る舞うのかもわかっていない社会が与える死へと。

おそろしくもあり平凡でもあるこれら二つの物語で、女性が不在であることは驚くべきことではないだろうか。それは父と息子の話、男性的な人物や男性間の序列の物語である。父なる神とアブラハムとイサク。妻サラは、何も話を聞かせてもらえない――ハガル(47)については言うまでもない。そして『書記バートルビー』はなんであれ女性的なものについてはまったく言及しない。ましてや女性の人物についてはまったく言及しない。掟の容赦ない普遍性に、その法の容赦ない普遍性に女性が決定的なし方で介入するようなことがあったら、犠牲的な責任の論理は変質し、ねじ曲げられ、弱められ、移動させられてしまうのだろうか。この犠牲的責任のシステム、二重の「死を与える」のシステムは、そのもっとも深い次元においては、女性の排除と犠牲なのだろうか。〔「女性の」

という〕属格のさまざまな意味において、女性の排除や犠牲〔女性を排除したり犠牲にしたりすること、女性が排除したり、犠牲にしたりすること〕なのだろうか。ここでは問題を保留しておこう。まさに二つのあいだで問題を宙づりにしておこう。反対に悲劇的英雄や悲劇的犠牲においては、キルケゴールが言及している他の悲劇作品と同じように、女性はもちろん存在し、中心的な位置を占める。

バートルビーの応えなき応えはひとを面食らわすものであると同時に不吉でもあり、また喜劇的でもある。尊大にも、そして巧妙にもそうなのだ。彼の応えは一種の崇高なアイロニーを練り上げている。何も言わないために、あるいは予想されることは別のことを答えるために語ること、当惑させたり面食らわせたり問いただしたり〔法や「法律家」を〕話させるために語ること、それはアイロニーによって語ることだ。アイロニー、とりわけソクラテスのアイロニーとは、何も言わず、いかなる知も表明しないにもかかわらず、そのことによって問いただし、語らせ、考えさせることにほかならない。〔ギリシア語の〕エイローネイアーとは隠蔽することである。それは無知を装いつつ問いただすような活動のことだ。I would prefer not toもアイロニーを欠いていない。それはなんらかの状況的なアイロニーを思い起こさせずにはいないからだ。状況的なアイロニーは、突飛であると同時に親しみ深い(unheimlich, uncanny)物語の喜劇性と無縁ではない(48)。そして『アイロニーの概念』の著者〔キルケゴール〕は、アブラハムの責任を示す応えなき応えのなかにアイロニーを看破している。アイロニー的な装いと嘘を区別することによって、彼は次のように言う。

しかしながら、アブラハムの最後のことばが残り伝えられている。そしてわたしが逆説を理解しうるかぎり、わたしはまたアブラハムがこのことばのうちに全き姿で現前していることをも理解することができるのである。なによりもまず、彼は何ごとも言わない、そしてこの形式において、彼は彼の言うべきことを言っているのである。イサクにたいする彼の答えはアイロニーの形式をもっている、というのは、もしわたしが何かを言い、しかも何も言わないなら、それはつねにアイロニーであるからである*37。

ヘーゲルは女性について、それは「共同体の永遠のアイロニーだ」と言った*38。この言葉を思い出すならば、アイロニーとはおそらく、さきほど提起したいくつかの問題を、あたかも同じ一つの糸のようにして、横断することを可能にするものなのかもしれない。アブラハムが語るとき、彼は比喩にも、寓話《ファーブル》にも、たとえ話《パラボル》にも、隠喩《メタフォール》にも、省略法にも、謎にも頼らない。彼のアイロニーは超《メタ》-修辞的である。何が起きるのかアブラハムが知っていたとしたら、たとえばヤーウェが彼に使命を与え、イサクを山上に連れて行くように命じ、そこで神がイサクに雷を落とすことを知っていたのだったら、謎めいた言葉を使うのが正しかったことになるだろう。だがアブラハムは知らないのだ。だからといって躊躇するのでもない。非-知は彼自身の決断をまったく中断せず、彼の決断はきっぱりとしたものでありつづける。信仰の騎士は躊躇しない者でなくてはならない。知の彼方において、他者の絶対的要求に従うことによって、責任を引き受けるのだ。彼は決断する。しかし彼の絶対的決断は知によって導かれたり統制されたりしてはいない。まさにこれこそがあらゆる決断の逆説的な条件である。つまり、決断はなんらかの知のたんなる結果や結論だったり、それを解明するものであったりするかもしれないが、その知から演繹されてはならないということだ。要するに、知から構造的に切り離され、それゆえ非-顕現に運命づけられたものとして、決断とはつねに秘密のものである。決断はまさにその固有の瞬間において秘密のものである。だが決断の概念を瞬間という形象《フィギュール》、突き刺すような一点〔ponctualité stigmatique〕という形象からどのように切り離せばよいのだろう。

アブラハムの決断は、絶対他者の前で自分の言動に責任を負うものとして、絶対的に責任あるものである。だが逆説的なことにそれは無責任でもある。なぜならそれは理性によっても、また人間たちや普遍的な法廷の法の前において正当化可能な倫理によっても導かれてはいないからだ。あたかも、〔一人の〕他者を前に責任を取ると同時に、他者たち、すなわち〔一人の〕他者にとっての他者たちの前では責任を取ることはできないかのようである。神がまったく他なるもの〔le tout autre〕であり、まったく他なるものの形象や名であるとしたら、tout autre は tout autre である〔およそ他者というものはすべて、まったく他なるものだ〕ということになるだろう。この定型表現はキルケゴールの言説のある種の射程を攪乱すると同時に、その究極のねらいを確認するものでもある。この定型表現に通底するひそかな前提は、まったく他なるもの〔tout autre〕としての神は、何であれ他なるものがあるところにはどこにでもいるということである。そして私たちのひとりひとりと同じように、他者のひとりひとり、あらゆる他者はその絶対的な特異性において無限に他なるものである。近寄りがたく、孤独で、超越的で、非顕在的で、私の自我《エゴ》に対して根源的に現前しないような絶対的な特異性において無限に他なるものなのだ（私の意識にはけっして根源的に現前せず、付帯現前的[49]かつ類比的にしか統覚できないような他我についてフッサールが言っていることと同じように）。したがって、神へのアブラハムの関係について言われていることは、あらゆる他者としてのまったく他なるもの（＝まったく他なるものとしてのあらゆる他者）〔tout autre comme tout autre〕への私の関係なき関係についてもあてはまる。とりわけ、ヤーウェとおなじくらい近寄りがたく、秘密で、超越的なものである、私の隣人や近親者たちとの関係なき関係についてもあてはまるのだ。あらゆる他者（ひとりひとりの他者という意味での tout autre）はまったく他なるもの（絶対的に他なるものという意味での tout autre）なのだ。この視点からすれば、イサクの犠牲について『おそれとおののき』で語られているのは真理そのものである。例外的なほど異常な物語に翻訳されながらも、この真理は日常的で平凡なことの構造そのものを明らかにしている。それはあらゆる男女のあらゆる瞬間における責任を、逆説として表明しているのだ。したがって、すでにアブラハムの逆説にとらわれていないような倫理的普遍性などはなくなってしまう。[*39] 決断が下されるたびに、そしてまったく他なるものとしてのあらゆる他者への関係において、あらゆる他者は私たちが信仰の騎士として振る舞うことをあらゆる瞬間に要求する。このことはおそらくキルケゴールの言説のある種の射程をずらしてしまうだろう。ヤーウェの絶対的な唯一性は類比を受けつけない。私たちはみなアブラハムやイサクではないし、サラでもない。私たちはヤーウェではない。しかし倫理的普遍性に補足的《シュプレマン》な複雑さを加えながら、このように例外や異常なものを普遍化したり散種したりするように思えること、このことこそがキルケゴールのテクストがますます大きな潜勢力をはらんでいくことを保証している。それは私たちの責任と、〈死を与えること〉に対するあらゆる瞬間における関係の、逆説的な真理について語るものとなるだろう。それればかりではなく彼のテクストは、自分自身の地位がどのようなものであるかを説明することになるだろう。すなわち、秘密について、読解不可能性について、絶対的な解読不可能性についてひそかに語るまさにその瞬間に、あらゆるひとによって読解可能であり続けることができるということである。彼のテクストはユダヤ教徒、キリスト教徒、イスラム教徒にとって価値があるだろうが、あらゆる他者にとっても、まったく他なるものとの関係におけるあらゆる他者にとっても価値を持つことだろう。アブラハムと呼ばれるのが誰なのかはもはやわからない。キルケゴールのテクストがそれを教えてくれることも、もはやないだろう。

悲劇的英雄は偉大で、賞賛され、世代を超えた伝説的存在である。それに対してアブラハムは、まったく他なるものへの唯一の愛に忠実であったからこそ、けっして英雄とはみなされない。涙を流させることも、賞賛を呼び起こすこともなく、むしろ呆然自失の恐怖を、またしてもひそかなおそれを呼び起こす。このおそれは絶対的な秘密に私たちを接近させるからだ。この秘密を私たちは分かち合う《パルタジェ》ことなく分かち合う。それは他者と他者とのあいだの秘密である。すなわち、他者としてのアブラハムと、他者としての神、まったく他なるものとしての神とのあいだの。アブラハム自身もまた、人間たちからも神からも切り離され、秘密のうちに置かれている。

このことを私たちは彼と分かち合う。だが秘密を分かち合うとはどういうことだろうか。アブラハムは何も知らないのだから、他者が知っていることを知るということではない。彼の信仰を分かち合うことでもない。信仰は絶対的な単独性の運動にとどまらなければならないからだ。それに私たちはキルケゴール以上に、アブラハムについて、安定した信仰の運動において語ったり、考えたりすることもない。キルケゴールはこうした方向の多くの指摘をしており、アブラハムのことが理解できない、アブラハムのように行為することはできないだろうと述べている。こうした態度は実は唯一可能な態度であり、たとえ世の中でもっとも公平に分け与え《パルタジェ》られているものであったとしても(50)、このような奇怪な驚異を前にしたときには、求められている態度であるとさえ言えるだろう。私たちの信仰は安定したものではない。信仰はけっして安定したものにはならず、けっして確信になってはならないからだ。私たちがアブラハムと分かち合うのは、分かち合われることのないもの、それについて私たちが何も知らないような秘密なのである。彼も私たちもこの秘密について何も知らない。秘密を分かち合うこと、それは秘密を知ったり、暴き出したりすることではなく、何かよくわからないものを分かち合うことである。知っていることではないような何か、これと限定できないような何かを分かち合うのだ。何ものの秘密でもないような秘密、何も分かち合うことのないような分かち合いとは何なのだろうか。

　それは絶対的な責任としての、絶対的な情熱《パッション》としての信仰のひそかな真理である。信仰は「もっとも最高の情熱だ」とキルケゴールは言う。それは秘密にされるべく定められているからこそ、世代を越えて伝えられることのないような情熱である。この意味でそれは歴史を持たない。もっとも最高の情熱の伝達不可能性は、秘密と結びつくような信仰の正常な条件である。にもかかわらずそれは、つねにやり直さなければならない、と私たちに命ずる。ある秘密を伝えることはできるかもしれない、だが秘密にとどまるような秘密としての秘密を伝えるなどということは、伝えるという言葉に値するだろうか。それは歴史を作るだろうか。そうでもあり、そうでないとも言える。『おそれとおののき』の「結びのことば」では、各世代は先立つ世代のことを考慮しないで、信仰という最高の情熱に入り込むことを始めること、そして再び始めるべきことが繰り返し述べられている。(51) こうしてキルケゴールは反復されるもろもろの絶対的な始まりの非 - 歴史を描き出す。それは絶対的な始まりのたえざる反復において、一歩進むごとに新たに発明されるような伝統を前提する歴史性そのものの記述なのである。

『おそれとおののき』を読みながら、私たちはいわゆる啓典の宗教の系譜のいくつかの世代のあいだで逡巡する。すなわちまず旧約聖書とユダヤ教の核心において、さらにイスラム教の創設にかかわる出来事であり、その基準ともなる犠牲の核心において逡巡するのだ。父による息子の犠牲、男たちが犠牲にする息子、神が見捨てたり試練を受けさせたりするが、最終的には救うことになる息子などについて言うならば、そこには別の受難《パッション》の予告や類比を見て取らないわけにはいかないのではないだろうか。キリスト教の思想家としてキルケゴールは、少なくとも文字の次元においては福音書的に見える空間に、アブラハムの秘密を書き込むことになる。このことはかならずしもユダヤ教的ないしはイスラム教的読解を排除しはしないが、キルケゴールの解釈を方向づけているように見えるのは、福音書のあるテクストである。このテクストは引用されてはいないが、『書記バートルビー』の「地の王や参議らと共に」と同じように、福音書のテクストを知り、それを読んで育った者には明白に読み取れるかたちで、ただし引用符はなしでほのめかされている。

しかしアブラハムを理解することは何びとにもできなかった。それにしても、何を彼はなしとげたというのであろうか？　彼はどこまでも彼の愛に忠実であり続けたのだ。しかし彼を愛するものは、彼を必要としない、驚嘆を必要としない、彼は愛において苦悩を忘れる、いや、もし神みずからがそれを思い出させたもうのでなければ、彼が苦痛になやんだことを夢にも感じさせるような跡を残さないほど完全に、彼はそれを忘れたのである。なぜなら、神は隠れたことを見たまい〔傍点デリダ〕〔次節で論じられる「マタイによる福音書」六章6参照〕、苦悩を知りたまい、涙を数えたまい、そして、何ものをも忘れたまわぬからである。

かくして、個別者が個別者として絶対者にたいして絶対的な関係に立つという逆説が現実に存在するか、それとも、アブラハムは空《むな》しいか、そのいずれかである。[*40]

四　tout autre は tout autre である〔およそ他者というものは／まったく他なるものは、あらゆる他者である／まったく他なるものである〕

危険の大きさゆえに、対象の抹殺を赦してもいいと思うほどだ。

ボードレール「異教派」

……キリスト教のあの天才的な詭策……

ニーチェ『道徳の系譜』

「tout autre は tout autre である。[52]」この定型表現のおののきゆえに、問題が核心で変質をこうむっているように見える。おそらくこの定型表現はあまりに節約的《エコノミー》で省略的なままであろうし、また切り離された定型表現がすべてそうであるように、コンテクスト〔文脈〕の外へと伝達することができ、合言葉の暗号化された言語に似ていると言ってもよいほどだ。規則をもてあそび、不意に中断し、ひとつの言説の領野を乱暴に切り取る。これがすべての秘密の秘密である。シボレート(53)を脱神秘化し、世界のすべての秘密を見抜くためには、能天気にもコンテクストと呼ばれているものを変化させるだけで十分なのではないだろうか。

「tout autre は tout autre である」という定型表現は、まずはたしかに同語反復《トートロジー》である。すでに知られていること以上のことは何も意味しない。少なくとも、主語がたんに属詞〔ふたつめの tout autre〕として再現されていると理解するならばそうである。つまり tout と tout という二つの同音異義語を区別し、ひとつめの tout を代名詞的な不定形容詞(ある、なんらかの、あるなんらかの他者)として理解し、ふたつめの tout を量の副詞(完全に、絶対的に、根本的に、無限に他であるようなもの)として理解するような解釈でこの定型表現を取り囲まないかぎり、この定型表現は同語反復的なのだ。しかしなんらかの文脈的な記号による補足《シュプレマン》を加えることによって、同じ一つの tout という語と思われるもののあいだに、二つの文法機能や意味を判別することが求められたならば、二つの autre も区別せざるをえなくなる。ひとつめの tout が代名詞的な不定形容詞だとすれば、ひとつめのautreは名詞〔他者〕になり、ふたつめは形容詞か属詞〔他であるような、他なるもの〕になる確率が高くなる。こうして同語反復《トートロジー》から抜け出し、根本的な異語反復《ヘテロロジー》、このうえなく頑強な異語反復であるような文章が発せられることになるのだ。もちろん二つの場合（同音異義であるかはさておき、同語反復と異語反復という二つの場合）において同語反復が優位に立ち、繋辞〔「……は……である」〕や存在の意味によって、同一律がまさに他性そのものを凌駕してしまい、結局はこの同語反復と同一律の単調さの中で二つのautreが反復されるというように考え続けることもできる。つまり「他者は他者だ、つねにあいかわらず、他者の他性は他者の他性だ」というわけである。そしてこの定型表現の秘密は、何も意味しない〔＝語ろうとしない〕ものになりかねない異語＝同語反復《ヘテロ・トートロジー》に閉じこめられてしまうのだ。だが思弁的なものがつねに異語＝同語反復の立場を要求することは経験によって知られている。これはまさにヘーゲルの思弁的観念論による定義、絶対知の地平における弁証法の動力であった。つまり、啓示宗教すなわちキリスト教の真理としての絶対的哲学の動力だったのだ。このことを忘れてはならない。異語＝同語反復的な命題は、思弁の法則を――そしてあらゆる秘密についての思弁の法則を表明するのだ。

この謎めいた文句（「tout autre は tout autre である」）をいろいろな角度からひっくり返してみたり、引き立たせたりして遊ぶのはやめよう。この奇妙な定型表現やこのキーセンテンスの形式に面白半分に軽い注意を向けているのは、〔tout と autre という〕二つの語の機能にかかわるわずかな移動が、めまいがするほどに異なった二つの楽譜を、あたかも同じ一つの譜面の上に出現させているからにほかならない。不安をかきたてるような類似の中に、両立不可能な二つの楽譜を出現させるのだ。

一方の楽譜は、まったく他なるもの、つまり無限に他なるものという性格を、神ないしは唯一の他者のために取りのけて《レゼルヴェ》おくという可能性を貯蔵して《レゼルヴ》いる。もうひとつの楽譜はこのまったく他なるもの〔tout autre〕の無限の他性を、あらゆる他者〔tout autre〕に与えたり、認めたりする。言い換えるならば、各人に、おのおのひとりひとりに、たとえばおのおのの男や女に、さらには人間であろうとなかろうとおのおのの生物に無限の他性を与えたり、認めたりするのである。倫理と普遍性という主題に関するキルケゴールの思想に対する批判に至るまで[*41]、レヴィナスの思想は神の顔と私の隣人の顔のあいだ、神としての無限に他なるものと他の人間としての無限に他なるものとのあいだの戯れ——差異と類比の戯れ——のうちに身を置いている。おのおのの人間がまったく他なるものであり、おのおのの他者またはすべての他者がまったく他なるものであるとするならば、もはや倫理のいわゆる普遍性と信仰とを区別することはできない。倫理とは犠牲において犠牲をささげるものであり、信仰とは人間的な義務から目をそらし、まったく他なるものとしての神の方のみに向かうものである。しかしレヴィナスも神の無限の他性と、それと「同じ」他性である、おのおのの人間や他人一般の他性との区別を放棄しないので、キルケゴールと違うことを言うことすらできないのだ。キルケゴールとレヴィナスのどちらも、倫理的なものと宗教的なものの首尾一貫した概念を確保することはできないし、したがって何よりも二つの次元の境界を確保することができない。レヴィナスが指摘しているように、倫理はたんに普遍性や同一者の反復ではなく、絶対的な特異性の次元でもあり、絶対的な特異性の尊重でもあることを、キルケゴールも認めざるをえないだろう。したがってキルケゴールはそう簡単には倫理的なものと宗教的なものを区別できなくなるだろう。しかしその一方でレヴィナスのほうも、絶対的な特異性すなわち他の人間への関係における絶対的な他性を考慮することによって、神の無限の他性とおのおのの人間の他性とを区別できなくなるだろう。レヴィナスの倫理はすでに宗教なのだ。どちらの場合にも倫理的なものと宗教的なものの境界、そして同時にそれに関する言説のすべては、このうえなく問題をはらんだものとなるのである。

このことは政治的または法的なことについてはよりいっそううまく妥当する。決断の概念とともに、責任という普遍的概念も一貫性や重要性さらには自己同一性を失う。それは二律背反《アンチノミー》というよりはアポリアとでも呼ぶべきものによって麻痺させられてしまうのだ。だからといって責任の概念は「機能する」ことをやめるわけではない。それどころか、それは深淵を隠蔽したり、根拠の不在を埋めたり、またカオス的な生成をいわゆる慣習的《コンヴェンション》取り決めに固定化したりすべきものとして、ますます活発に働くのである。カオスはまさに深淵や開かれた口について語る。話すためばかりではなく、飢えを伝えるためにも開かれた口を。毎日の言説や正義の行使、そしてまず私的・公的・国際的な法の公理論、内政や外交や戦争の遂行などにおいて働いているもの、それは責任の語彙である。責任の概念がいかなる概念にも対応しないとは言えないとは思うが、それは概念を見いだすことができずに、厳密性を欠きながら浮遊してしまっている。それは否認に対応してしまっている。周知のように、そうした否認のための方策はかぎりがない。たとえばアポリアや二律背反を根気よく否認し、潔癖な良心を不安がらせ続けるようなものはすべて無責任だとか、ニヒリストだとか、相対主義だなどとし、さらにはポスト構造主義、そして最悪の場合には脱構築主義者などとみなすだけで十分なのである。

イサクの犠牲は誰の目にも忌まわしいものであり、まさにあるがままのものとして、つまり残虐で犯罪的で許しがたいものとして現れ続けなければならないことをキルケゴールは強調する。倫理的観点はその価値を保持しなければならない。つまりアブラハムはあくまで殺人者であるということだ。だが、ひとつの芝居のように密度が濃く、リズムを付けられ、たえがたいほどに短いこの殺害の情景は、同時に世の中でもっとも日常的でもあるのではないか。それは私たちの実存の構造に書き込まれているために、ひとつの出来事をかたちづくることさえないほどなのではないのか。イサクの犠牲が反復されることなど今日ではありえそうもないことだとおっしゃるかもしれない。たしかに見かけはそのとおりである。ある父親が息子を犠牲にしようとモンマルトルの丘に連れて行くのを想像してほしい。もし神が身代わりの子羊を送ってくれず、天使も手を止めてくれなかったとしたら、できることならば中東の暴力の専門家でもある公正な予審判事は、この父親を嬰児殺しまたは謀殺の罪で告発することだろう。そして、少しばかり精神分析家でもあり、ジャーナリストでもある精神科医が、この父親に「(刑事)責任がある」ことを裏づけ、あたかも精神分析が意志や意識や潔癖な良心などについての言説の秩序をまったく攪乱させなかったかのように振る舞うならば、犯罪者である父が無罪となるチャンスはまずないだろう。もちろん彼はまったき他者が彼の信仰をためそうとひそかに（それでは彼はどうしてそれを知りえたのだろう）命じたから殺したのだ、などと言い立てることはできるだろうが、どうにもならない。あらゆる文明社会の法廷が確定判決としてこの男を有罪とするように、すべては組み立てられてしまっているのだ。だがその一方でこの文明社会の正常な機能も、道徳や政治や法についての単調な言説のおしゃべりも、この法（公法、私法、国内法、国際法）の施行そのものも、次のような事実によってまったく攪乱されはしない。すなわち、この文明社会が制定し、規定している市場の構造や法則ゆえに、そして外的な負債や同様の非対称性のメカニズムゆえに、この同じ「社会」が何千万もの子供（倫理や人権についての言説が語る隣人たち）を飢えと病気で殺させていること、あるいは殺すがままにしていること（両者の違いは、危機にある人への救済がない場合には二次的なものだ）、にもかかわらずいかなる道徳的ないしは法律的な法廷もこの犠牲——すなわち自分自身を犠牲にしないために他者を犠牲にすること——について裁く能力を欠いていること、こうした事実によって攪乱されることはないのだ。こうした社会はこの計算不可能な犠牲に加担しているばかりではなく、それを組織している。この社会の経済的・政治的・法的秩序の正常な機能、その道徳的言説や潔癖な良心の正常な機能は、こうした犠牲が恒常的に行なわれていることを前提とする。この犠牲は不可視のものですらない。ときにはテレビがそれを見せ、たえがたい映像を遠隔的に示しているし、そうしたものを思い出させる声が上がることもあるからだ。だが、こうした映像や声はわずかでも有効な変化を誘発したり、責任の所在を指定したり、アリバイ以外のものを与えてくれたりすることさえできないほど根本的に無力なのだ。この秩序はカオスという非根拠（深淵または開かれた口）に根拠づけられていること、このことはそれを必然的に忘れている人たちに対して、いつの日か必然的に思い出させられることだろう。最近の戦争やもはや最近ではない戦争について語るには及ばない。（公然と違反されたり、偽善的に引き合いに出されたりする）道徳や国際法が、犠牲に供された何千万もの犠牲者に対する責任や有罪性を最低限の厳密さで決断してくれるのを期待したりしたら、永遠に待ち続けることになりかねない。この犠牲が誰に対する犠牲なのかも、何に対する犠牲なのかも、もはやわかってはいない。無数の犠牲者たちのおのおのの特異性は、そのつど無限に特異なものである。イラク国家の犠牲者の場合であれ、イラクが法を尊重しなかったと非難する世界的同盟の犠牲者の場合であれ、およそ他者というものはすべて、まったく他なるものなのだから。そしてこうした戦争における言説では、宗教的なものと道徳的なもの、法的なものと政治的なものを見分けることは、どちらの陣営においても絶対に不可能である。交戦国はすべていわゆる啓典の宗教の和解不可能な同宗者たちだった。このことは私たちがすでに指摘した死闘に収斂するのではないか。すなわち、けっして何も語らないアブラハムの犠牲の秘密を我がものにするために、モリヤ山の上で荒れ狂い続ける死闘に。それを神との契約のしるしとして我がものにし、殺人者とみなされる他者に押しつけるための死闘に。「tout autre は tout autre である」という定型表現のおののきは伝染もする。一方の tout autre を Dieu〔神〕に置き換えることさえあるだろう。つまり「tout autre は神である」あるいは「神は tout autre である」というわけだ。この二つの語にどのような文法的機能を付与したとしても、はじめの定型表現の「射程」は少しも揺るぎはしない。ある場合には、神は無限に他なるもの、まったく他なるものと定義される。別の場合には、あらゆる他者、すなわち他者たちのおのおのは、神のよう、に、まったく他なるものなのだから、神であると宣言されるのである。

これは遊びだろうか。遊びだとしても、人間と神のあいだで無事に救済すべき〔=守り抜くべき〕〔sauver〕遊《ゆと》びとして、無傷で損なわれていないもの(54)〔sauf, et indemne〕に保っていく必要があるだろう。なぜなら二つの tout autre、それぞれ唯一の tout autre は、同じ一つの tout autre として、救済の空間と救済の希望を開き、あとでお話しする「みずからを救う＝逃げ出す〔se sauver〕こと」のエコノミーを開くからだ。他性を特異性に、そして普遍的な例外あるいは例外の規則とでも呼ぶことのできるものに結びつけることによって（「tout autre は tout autre である」とは「すべての他者は特異である」こと、すべては特異性であること、そしてまた、すべてのひとはそれぞれ異なっていることを意味する。この命題は、普遍性と特異性すなわち「誰でもよい誰か」という例外のあいだの契約を確認する）、この文の遊びは、一つの文章の中で、そしてなによりも一つの言語の中で、暴かれると同時に隠される秘密という可能性そのものを隠し持っているように見える。少なくとも諸言語の有限な一群の中で、無限に開かれたものとしての言語の有限性において、秘密の可能性を隠し持っているのだ。本質的で底なしの深淵にも似たあいまいさ、すなわち「tout autre は tout autre である」や「神は tout autre である」などといった文章の遊びは、もし翻訳の通俗的な概念を信頼するならば、その文字通りの意味（たとえばフランス語やイタリア語の意味）においては普遍的には翻訳可能ではない。遊びの意味なら、別の言語に言い換えることで翻訳可能かもしれない。だが奇妙なことに私のものと呼ぶことのできるこの言語〔フランス語〕における二つの同音異義語（代名詞的な不定形容詞としての tout と副詞としての tout、代名詞的な不定形容詞としての autre と名詞としての autre）のあいだの、意味のすべりのエコノミー、その形式化を司るエコノミーはそうではない。これは一種のシボレート、つまりある特定の言語において、ある方法で言うことのできるような秘密の表現なのだ。チャンスないしは偶然として、この形式的なエコノミーの翻訳不可能性は、いわゆる自然言語や母語の秘密のようにして働く。この限界を嘆いてもよいし、また喜んでもよいだろう。その国家的な信用《クレジット》を期待することもできる。いずれにしても、この母語の秘密については、どうしようもないし、何も言うべきことはない。それはその可能性において、私たちより前にある。言語の Geheimnis〔秘密〕は、家に、母なる祖国に、生誕地に、エコノミーすなわちオイコス〔家〕の掟に、要するに家族や heim, home, heimlich, unheimlich, Geheimnis[55]などの語族に結びつけるものなのだ。

この母語の秘密は、『おそれとおののき』の末尾で言及されている「マタイによる福音書」が言うような〔前節末尾参照〕、父〔なる神〕が見ている秘密とどういう関係があるのだろうか。母語の秘密があり、父の明察が見透かしてしまう秘密があり、イサクの犠牲の秘密がある。問題になっているのがひとつのエコノミー、オイコスすなわち家族や住まい《フォワイエ》の掟（ノモス）であることはたしかだ。また、家族の炉《フォワイエ》の火と犠牲の燔祭《ホロコースト》の火を分け隔てたり結びつけたりする空間のノモスでもある。二重の住まい＝炉＝焦点《フォワイエ》、二重の火、二重の光だ。これは愛し、燃やし、見るための二つの方法なのだ。

秘密を見透かすこと、これは何を意味しうるのだろうか。

「マタイによる福音書」の引用（videre in abscondito, en tô kryptô blepein〔隠れたことを見る〕）を確認する前に、秘密の洞察が――聴覚や嗅覚や触覚ではなく――視線や視覚や観察に委ねられていることを指摘しておこう。聞かれたり、触られたり、感じられたりすることによってのみ洞察されたり、暴かれたり、秘密としてさらけ出されたり開かれたりしてしまうような秘密を想像することはできる。まさにその秘密が視線を逃れるようなものであったり、見えないものであったり――あるいはまたその秘密において可視的なものが、不可視な秘密を秘められたままにしておいたりするような場合がそうである。たとえば、ひとつのエクリチュールは、私がそれを解読できなければ（中国語やヘブライ語で書かれた文字、あるいはたんに解読不可能な手書きの文字など)、完全に見えるものではあっても、封印されていることが多い。隠されてはいないが、クリプト化されているのだ。隠されているもの、すなわち目や手が接近することができないものは、かならずしもクリプト化されていない。私は「クリプト化された」という言葉を、この語の派生的な意味、すなわち暗号化され、コード化され、解釈を要求するという意味で使っており、闇に隠されたという意味(ギリシア語ではこういう意味も持ちうる)ではない。

福音書におけるギリシア語とウルガタ聖書のラテン語のあいだのわずかな差異を、どう考えるべきだろうか。〔ラテン語の〕in abscondito という表現の absconditus とは、どちらかといえば隠されたもの、秘密、秘儀的なものなどを意味する。つまり不可視のものへと引き退いていくもの、視界の外に出てしまうもののことだ。absconditus が秘密一般を指し示し、secretum (視界を逃れるものとして分け隔てられたもの、退けられたもの)の同義語となってしまっているような例や比喩の多くは、視覚的次元を重視している。視覚を逃れるものの絶対的性格とは、かならずしも見えるものが隠されることではない。たとえばテーブルの下の私の手についていえば、それはそれ自体では見えるものだが、私はそれを見えないものにすることができる。不可視性の絶対的性格は、むしろ可視的な構造には属さないもの、たとえば声すなわち語られること、あるいは語ろうとする〔＝意味する〕こと、そして音などである。音楽が見えないものであるのは、ヴェールを掛けられた彫刻が見えないのとは違う。声が見えないものであるのは、衣服の下の肌が見えないのとは違う。声色やささやきが裸〔＝飾り気のないもの〕であるのは、男や女の胸が裸である場合とは別の性質のものであり、両者は恥ずかしさも不可視性も異なっている。mystique（秘儀的＝神秘的〔語源的には「閉ざされたもの」〕）という語を持ち出すまでもなく、ギリシア語のクリプトに関する語彙（kryptô, kryptos, kruptikôs, kryphios, kryphaiôs など）は、もちろん隠されたもの、隠蔽されたもの、秘密、内密なものなども意味するが、absconditus とは異なり、視覚への関係づけはやや弱く、あまり明白ではないように思われる。それは可視的なものの彼方に広がっている。そしてこの意味論の歴史において、クリプト的なものは秘密の領野を非‐可視的なものの彼方に広げ、解読〔＝脱‐クリプト化〕に抵抗するものすべてをも指すようになるのだ。不可視なものとしての秘密ではなく、読解不可能だったり解読不可能だったりするものとしての秘密、というわけである。

にもかかわらず二つの意味がごく簡単に結びつき、一方を他方の中に、あるいは一方によって他方を翻訳することができてしまうのは、おそらくとりわけ次の事実に基づくのだろう。すなわち、非-可視的なものは、いわば二つの方法で理解されうる（=聞き取られる）ということだ。

一 まず可視的な不-可視なもの、可視的なものの次元にある不可視なもの、視覚から逃れさせることによって秘密のままにできるような不可視なものがある。こうした意味での不可視なものは人為的に視覚を逃れうるが、いわゆる外在性と呼ばれるものの中にとどまることができる（たとえば核兵器を地下に隠したり、爆発物を貯蔵所に隠したりする場合には、まだ表面が問題になっている。また私の身体の一部を衣服やヴェールの下に隠す場合にも、表面の下に表面を隠すことが問題になる。このように隠されるものはすべて見えなくなるが、可視性の次元にとどまり、（可視的なものを作り上げるものとして）構成的に可視的なものである。また別の次元の例、別の構造を持った例を考えてみても、たとえば身体の内部——私の心臓、腎臓、血、脳など——はむろん不可視だと言われるが、可視的なものの次元にある。それらは手術や事故によって表面にさらされる。その内在性は一時的なものであり、その不可視性は視覚にさらされることが約束され、そのようなものとして提示されている）。これらはすべて可視的な不 - 可視なものの次元に属する。

二　だが他方では絶対的な不可視性、絶対的に見えない不可視性がある。これには視覚の領域に帰属しないすべてのものがある。すなわち音声的なもの、音楽的なもの、声、音響的なもの（そして厳密な意味での音韻学的なものまたは談話《ディスクール》的なもの）などがあり、さらには、触覚や香りなどもそうだ。また、欲望、好奇心、羞恥心の経験、秘密が暴かれて裸になる経験、pudenda〔恥じるべきこと〕の暴露、あるいは「隠れたことを見ておられる」（videre in abscondito）ことなどもある。こうした秘密の彼方の秘密へと導くすべての運動はたえず作動《ジュエ》しているが、以下のような不可視なもののさまざまな五線譜のあいだでのみ演奏《ジュエ》されることができる。すなわち、隠された可視的なものとしての不可視なもの、クリプト化された不可視なもの、あるいは、可視的なものとは別のものとしての非 - 可視的なものなどである。これは古典的であると同時に謎めいた大問題であり、つねに真新しい問題でもある。このことについては指摘にとどめざるをえない。沈黙《シレンチオ》のキルケゴールがほとんど隠しもせずに「マタイによる福音書」に言及するとき、「隠れたことを見ておられる（qui videt in absconditio, ho blepôn en to kryptô）あなたの父」という言葉へのほのめかしは、複数の五線譜上で響くのである。

このほのめかしは、まずはまったく他なるものとの関係、つまり絶対的な非対称性を描き出している。それは〈オノノカセル秘儀〉のおののきを引き起こすのに十分であり、視線の次元にみずからを組み込んでいく。神は私を見る、私の内なる秘密を見る、だが私は神を見ない、神が私を見るのを私は見ない、神のほうは、私が背を向ける精神分析医とは違って、正面から私を見るというのに。神が私を見るのを私は見ないのだから、私は神の声を聞くことができるだけであり、またそうしなければならない。だが多くの場合、誰かが神を、聞かれるべきものとして私に与えてくれなければならない。神が私に言うことを、私はある他者の声を通して語られるのを聞く。別の他者を通して、つまり使者、天使、預言者、メシア、知らせの配達人、知らせをもたらす人、福音伝道師、神と私のあいだで語る仲介者などを通して聞くのだ。神と私のあいだ、他者と私のあいだには、対面関係もなく、視線の交叉もない。神は私に視線を向けるが私は神を見ない。そして私を見るこの視線から、私の責任が教えられる。そのとき「それが私に視線を向ける〔＝それは私の問題だ〕[56]がまさに切り開かれ、発見されるのだ。「それが私に視線を向ける」が「それは私の問題だ、私に関係することだ、私の責任事だ」と私に語らせる。だがそれは自分がまったく自由に、あるいはみずからに与える掟に従って振る舞うのを見るという（カント的な）意味での自律としてではなく、私が何も見ず、何も知らず、主導権さえも持っていないような場において「それが私を見る」という他律においてである。そこにおいて決断をするように私に命ずるものに対して私は主導権を持っていない――にもかかわらず、その決断は私のものであり、私はひとりでそれを引き受けなければならないだろう。

この視線は私を見るが、私はそれが私を見るのを見ないということ、それが非対称性である。この視線は、私自身の秘密を、私自身が見ないような場において知っている。その場においては、「汝みずからを知れ」が哲学的なものを反省性の罠に陥れている。その罠とは秘密の否認であるが、その秘密はつねに私にとっての〔pour moi〕秘密、すなわち他者に宛てられた〔pour l'autre〕秘密なのだ。何もけっして見ることのないような私にとっての、したがって、秘密が非対称性において委ねられる唯一の相手としての他者に宛てられた秘密。他者に宛てられたときには、私の秘密はもはや秘密ではないだろう。二つのpourはもはや同じ意味を持っていない。少なくともこの場合には、私にとっての秘密とは、私が見ることのできないもののことだ。他者に宛てられた秘密とは、他者にだけ委ねられるもの、他者だけが見ることのできるもののことだ。秘密を否認したとしたら、哲学は知るべきことの無知の中に身を落ち着けてしまうだろう。秘密なものがあるということ、秘密なものは知や認識や客観性とは同じ尺度では測れないものであることなどに関する無知の中に。キルケゴールが主体と客体というタイプの知の関係から引き離そうとする、やはり共通の尺度を持たない「主観的な内在性」と同じように。

他者は私の内を、私の内のもっとも深い秘密の部分を見るというのに、私はそこに何も見ず、私の内に秘密を見ることができないということ、それはどのようにして可能なのだろうか。そして、他者にのみ、まったく他なるものにのみ、つまり神にのみと言ってもよいが、そうした他者にのみ委ねられたものとしての私の秘密とは、私がけっして反省することのないような秘密、私が生きることも、知ることも、私のものとして再び所有することもないような秘密のことであるとするならば、それが「私の」秘密、「私の秘密」などと言うことに、何の意味があるのだろう。また一般的に言って、ある秘密が誰か（＝なんらかの「一者」〔quelque《un》〕）に、あるいは、やはり「誰か」〔quelqu'《un》〕でもあるようななんらかの「他者」〔quelque《autre》〕に所属するとか、誰かに固有だとか、誰かに現れたりするなどと言っても、何の意味があるだろう。ここに秘密の秘密があるのだろう。すなわち、秘密についての知などはなく、秘密は誰にとっての〔＝誰かに宛てられた〕ものでもないものとしてあるということだ。秘密はなんらかの「我が家」に所属することも、そこに付与されることもない。それこそがGeheimnis〔秘密〕のUnheimlichkeit〔無気味さ〕であり、このUnheimlichkeitという概念の射程を体系的に問いたださなければならないだろう。たとえばこの概念は、範例的なかたちではフロイトとハイデガーという二つの思想において──規則的に──作動している。(57) この二人の思想は異なったかたちではあるが、いずれもエゴ・コギト〔我思う〕や意識や表象的な志向性としての自己や我が家の公理系の彼方に赴いているのだ。それは自己の問題、「私は誰か」という問いである。いやもはや「私は誰か」という意味での自己の問いではなく、「誰」と語ることのできる「〈私〉とは誰であるか」、〈私〉とは何か、そして、〈私〉の同一性がひそかにおののくとき、責任はどのようなものになるのか、などという意味における自己の問題である。

この視線の非対称性は、パトチュカが犠牲について示唆していること、そして〈オノノカセル秘儀〉mysterium tremendumへと私たちを立ち戻らせる。『おそれとおののき』とカントの自律性の論理、すなわち純粋な倫理や、犠牲における絶対的な義務がその彼方に身を置かなくてはならないようなカントの実践理性とのあいだには多くの対立点があるのにもかかわらず、キルケゴールはなおもカント的な伝統を展開し続けている。純粋な義務への到達は「犠牲」でもある。これはカントの言葉である。それは、情念や情動的触発、すなわち「パトローギッシュ〔受動的情感的〕」[58]と呼ばれる利害関心の犠牲である。これらは、私の感性を経験世界や計算や仮言的命法の条件性へと縛りつける。法則に対する尊敬の無条件性は犠牲（Aufopferung）をも命じるのだ。この犠牲はつねに自己の犠牲でもある（息子を殺そうと身構えるアブラハムにとってさえそうである。そのときアブラハムは最大の苦しみを自分に課し、息子に与える死、そして神にも別のかたちで与える死を思い描く〔＝みずからに与える〕からである。つまり、アブラハムは息子に死を与え、そうして与えられた死を神に捧げるのだ）。カントによれば、道徳的な法則の無条件性は、自己自身の束縛（Selbstzwang）、すなわち自分の欲望や利害関心や情動的触発や衝動などを束縛するものとして行使される暴力を命じるという[59]。ただし、ひとが犠牲を強いられるのは、ある種の実践的な衝動によって、衝動的でもあるような動機によってであるが、この衝動は純粋に実践的な衝動であり、道徳的な法則に対する尊敬こそが、その顕著な場となっているのだ。『実践理性批判』〔第三章「純粋理性の動機（Triebfedern）について」〕では、Aufopferung すなわち自己犠牲と、責務や負債や義務とが密接に結びつけられている。そしてこの責務や負債や義務は、負い目（Schuldigkeit）とけっして切り離すことができない。すなわち、けっして〔債務を返済して〕免れることができず、いつまでも支払い続けなければならないような負い目と切り離すことができないのだ。

パトチュカはキリスト教的な主観性の到来とプラトン主義の抑圧を記述するために、いわばひとつの形象〔＝顔〕を持ち出している。この形象〔＝顔〕が、交換されることのない視線という非対称性の中に、犠牲を組み込むのだ。ご記憶であろうが、パトチュカは少なくとも二度にわたって、文字通りのかたちでこの形象を持ち出す。「〔秘儀は〕おののかせる tremendum。なぜなら、責任はもはや人間の視線が到達できるような、〈善〉や〈一者〉といった本質にあるのではなく、至高で絶対的で到達できないような存在者との関係のうちにあるからである。この至高の絶対者は、私たちを外的にではなく、内的に掌握するような存在者である。」それ自身では眼ではないが、叡智的な可視性の不可視の源であるような〔プラトンの〕〈善〉は、こうして哲学の彼方、キリスト教の信仰において、ひとつの視線となる。これは人格的な視線すなわち顔貌《ヴィザージュ》や顔《フィギュール》であって、太陽ではない。〈善〉は人格的な善性となる――私は見ることはないが、私を見る視線となる。もうすこし後でパトチュカは、ボードレールなら「対象の抹殺」と言ったようなことを記している。「けっきょくのところ、魂はたとえどのような高いところ（たとえばプラトン的な善）に昇ろうとも、ひとつの対象との関係ではない。そうではなく、魂を視線で貫きながら、自分は魂の視線の及ぶ範囲の外にとどまっているような人格との関係なのだ。人格とは何かという問いについて言うならば、それはキリスト教的な観点からは十全で適切な主題化を受けていない。[*42]」交差することのないこの視線は、根源的な負い目と原罪の場を位置づける。それは責任の本質である。だが同時に責任は、犠牲における救済の探求へと入り込ませるものでもある。犠牲という名が出されるのは、もうすこし後で、ユダヤ・キリスト教（この試論で旧約聖書について語られるのはここだけである）、そして死へとかかわる存在に関して語られるときである。この死へとかかわる存在を、与えられた死ないしは献げ物としての死へのおそれ、と呼ぶことができるだろう。

……〔キリスト教において、魂の固有の生が源としているのは、〕神性と人性のあいだに深淵が穿たれていることである。これはじつに独創的で、それゆえそれ自体で決定的な意味を持つ神人論[60]である。魂の本質的な内容は、そっくりこの前例のないドラマに向けられている。旧約聖書の物語における主なる神と結びついていた古典的な超越神は、この内的なドラマの主要な登場人物となり、それを贖いと恩寵のドラマとするのである。日常性の乗り越えは魂の救済への気遣いというかたちを取る。それは道徳的変容、死それも永遠の死を前にした転換によって獲得された。またこの魂は、このうえなく密接に結びついた不安と期待の中で生き、罪の意識に対しておののき、その全存在を賭けて、悔悛へとみずからを犠牲に供するのである。

すでに述べたように、犠牲の一般的エコノミーは、複数の「論理」ないしは複数の「計算」に基づいて配分されることになるだろう。計算、論理、そして厳密な意味でのエコノミーなどは、それらの限界から出発して、このような犠牲のエコノミーにおいて賭けられ、宙づりにされ、エポケー〔判断中止〕されているものを指し示すのだ。[*43] こうしたさまざまなエコノミーは、それら相互の差異を貫いて、唯一の同じエコノミーを解読〔＝脱クリプト化〕したものであろう。だがエコノミーと同じように、「同じことに帰着する」ということは、汲み尽くすことのできない働きであり続けることもありうるのだ。

こうしてあたかもイサクの犠牲がキリスト教を「準備」していたかのように、決然とそれを再キリスト教化ないしは前キリスト教化するにあたって、キルケゴールは結論として、その名を挙げることなく「マタイによる福音書」を思い出させる。「なぜなら、神は隠れたことを見たまい、苦悩を知りたまい、涙を数えたまい、そして、何ものをも忘れたまわぬからである。」神が隠れたことを見ている、神は知っている。だが神はあたかも、アブラハムがしようとしていること、決断すること、しようと決断していることが何なのかを知らないかのようだ。神は、アブラハムがすべての希望を捨て、取り返しのつかないようなかたちで愛する息子を神に捧げようと決断しておののいたのを確かめたのちに、アブラハムに息子を返す。アブラハムは死を、いや死より悪いものを耐え忍ぶことを受け入れた。それも計算もなしに、投資もなしに、再び自己に回収する当てもなしに受け入れたのだ。だから一見したところ、報酬や褒美の彼岸で、エコノミー〔＝経済〕の彼岸で、報い《サラリー》を期待することなく受け入れたようにもみえる。エコノミーの犠牲がなければ、自由な責任も決断もない（決断はつねに計算の彼岸にある）のだが、この場合にエコノミーの犠牲とは、〔ギリシア語の〕オイコノミアすなわち家《オイコス》の掟、住まいや特有財産《プロプル》〔＝夫婦共有財産制における夫婦の特有財産〕や私有財産、近親者の愛や情愛などの法などの犠牲にほかならない。ある瞬間に、アブラハムは絶対的犠牲のしるし、すなわち近親者に与えられた死、もっとも大切な唯一の息子への絶対的な愛に与えられた死のしるしを与える。ある瞬間に、犠牲はほとんど成就される。なぜなら、瞬間だけが、時の非‐経過だけが、殺害者の振り上げられた手を殺害そのものから隔てているからだ。だから絶対的な切迫という捉えがたい瞬間には、アブラハムはもはや決断したことを変えることはできず、またそれを中断することさえできない。したがって、この瞬間に、つまり決断を行為から隔てることさえないような切迫において、神はアブラハムに息子を返し、至高者〔＝主権者〕としての絶対的な贈与として、犠牲をエコノミーの中に再び組み入れようと決断する。そのときこの絶対的な贈与は報酬に似たものである。

「マタイによる福音書」を出発点にして、私たちは「返す〔rendre〕」とは何を意味するのかと問うことになる。(「隠れたことを見ておられるあなたの父が報いて〔=返して〕くださる (reddet tibi, apodôsei soi)」。) エコノミーなき贈与、死の贈与——それも値がつけられないほど価値がある者の死の贈与——が、交換や報酬や循環やコミュニケーションの希望なしに果たされることが確実に思われた瞬間に、神は返すことを、生命を返すことを、愛する息子を返すことを決断する。アブラハムと神のあいだの秘密について語ること、それは犠牲としての贈与があるようにするために、両者のあいだであらゆるコミュニケーションが中断されなければならないことを意味する。言葉、記号、意味、約束の交換としてのコミュニケーションであれ、財産や物や富や所有物の交換としてのコミュニケーションであれ、すべてのコミュニケーションは中断されなければならない。アブラハムはあらゆる意味とあらゆる所有物を放棄する——そのときにこそ絶対的な義務としての責任が始まるのだ。アブラハムは神と非-交換の関係にある。彼は神に語ることはなく、神から応答も報酬も期待しないからこそ、秘密の中に閉じ込められている。応答すなわち責任はつねに、お返しすなわち報酬や報いなどを求める危険を冒しがちだが、それはみずからを失う危険でもある。応答や責任は、それが待ち受けていると同時に、当てにしたり（＝期限前に引き渡してもらったり）、排除したり、望んだりはできないような交換という危険を冒すのだ。

アブラハムにとって息子の命が自分の命よりも貴重だったことはかなりの根拠をもって言えると思うが、まさにこの息子の命を断念することによって、アブラハムは勝利する。彼は勝利するという危険を冒すのだ。さらに正確に言うならば、勝利することを断念し、応答も報奨も、彼に返されるべきもの、彼に戻ってくる（＝彼に帰属する）ようなものは何も期待しないことによって（私はかつて散種を「父に戻ってこないもの」と定義した[61]が、そのときにアブラハム的な断念の瞬間を描き出すこともできただろう）、アブラハムはこの絶対的な断念の瞬間に、神から息子を返してもらう。まさに同じ瞬間に、犠牲にしようとすでに心に決めていた息子を返してもらうのだ。返してもらえたのは、アブラハムが計算しなかったからである。「上出来だ」と、この上級で至高の計算を脱神秘化する者は言うだろう。この上位の計算とは、もはや計算しないことにある。父の法の下で、エコノミーは贈与の非エコノミーをふたたび自分のものにする。生命の贈与、あるいは結局同じことだが、死の贈与という非エコノミーを。

「マタイによる福音書」（六章）に戻ろう。強迫観念的な反復のようにして、一つの真理が三度にわたって回帰してくる。「隠れたことを見ておられるあなたの父が報いて〔＝返して〕くださる（reddet tibi, apodôsei soi）」という文のことである。この真理は暗誦する＝心で学ぶ〔apprendre par cœur〕べきだ。これが「暗誦すべき」真理だというのは、第一に、反復される定型表現、反復可能な定型表現を、理解することなく学ばなくてはならないような気がするからである（すでに述べた「tout autre は tout autre である」の場合と同様である。この一種のあいまいな諺を、ひとは封印されたメッセージのように、理解することもなく伝えたり運んだりできる。手から手へ伝え、口から口へささやくのだ）。これが、意味の彼方において、「暗誦する」ということである。じつのところ神は、知ることも計算することも、何かを当てにすることもなく贈与することを要求するが、それは計算することなく与えなくてはならないからである。このことが意味の彼方に連れて行ってくれるのだ。だが「暗誦する＝心で学ぶ」べきだというのはもうひとつ別の根拠を持っている。この〔聖書の〕一節は、心についての、心とは何であるかについての省察ないしは説教であるからだ。さらに正確に言うならば、心がおのれの正当な場に回帰したとするならば、どのようなものであるべきなのかについての省察ないしは説教なのである。心の本質、すなわち心がそれに固有なかたちで、あるべきものとなるような場所、心がそれに固有なかたちで場を持つような場所、すなわちみずからの正当な所在地（＝用地）において場を持つような場所、こうしたことはなんらかの経済《エコノミー》論的なものを連想させる。なぜならば、心の場とは、真の富の場、財宝の場、もっともよい資本蓄積の場所である、というよりはむしろ、そのような場所であるべく求められ、そう運命づけられているからである。心の正しい所在地《アンプラスマン》とは、もっともよい資本投資《プラスマン》の場なのである。

ご存じの通り、福音書のこの一節は、正義の問い、とりわけいわば経済論的な正義の問いを中心に展開している。施し、報酬、負債、富の蓄積などである。天上のエコノミーと地上のエコノミーの分割こそが、心の正当な場所を定めさせてくれる。山上で三回目に「隠れたことを見ておられるあなたの父が報いてくださる」（言い換えるならば、地上のエコノミーを犠牲にできたならば、あなたは天上のエコノミーを当てにすることができる、ということだ）と述べたあとで、イエスは次のように教える。

あなたがたは地上に富を積んではならない（Nolite thesaurizare vobis thesauros in terra)。そこでは、虫が食ったり、さび付いたりするし、また、盗人が忍び込んで盗み出したりする。富は、天に積みなさい（Thesaurizate autem vobis thesauros in caelo）。そこでは、虫が食うことも、さび付くこともなく、また、盗人が忍び込むことも盗み出すこともない。あなたの富のあるところに、あなたの心もあるのだ（Ubi enim est thesaurus tuus, ibi est et cor tuum, hopou gar estin o thesauros sou, ekei estai kai e kardia sou）*44。

心はどこにあるのか。心とは何か。心とは、真の宝を未来において隠しているような場所にあるだろう。その真の宝は地上では見えない。その資本は、目に見え、感じ取ることができるような地上のエコノミーの彼方で蓄積されている。地上のエコノミーは、堕落しており、腐りやすく、虫が食ったり、さび付いたり、盗人に盗み出されたりしやすい。このことは、天上の資本の価格《プリ》なき価格をほのめかしているばかりではない。天上の資本は見えない。価値が下落することもなく、盗まれることもない。天上の金庫のほうが安全で、封印を破られることもなく、強盗からも、売買の計算からも完全に守られている。価値が下落することのないこの資本は、無限に利潤を生みつづける。それは無限に安全な投資であり、最上のものよりさらによい投資、価格なき富なのだ。

心の用地ないしは投資についてのエコノミー的な言説である、この心の場所論《カルディオトポロジー》（＝心臓学的位相論）は眼科学でもある。天上の宝は、堕落し腐りやすい肉体の目には見えない。よい眼、健全な眼（oculus simplex, ophtalmos aplous）があり、邪眼、腐敗し、堕落した（nequam, poneros）目がある。

体《からだ》のともし火は目である（Lucerna corporis tui est oculus tuus. Ho lukhnos tou somatos estin o ophtalmos)。目が澄んでいれば（simlex, haplous グロジャンとレテュルミの訳では「健全ならば」）、あなたの全身が明るいが、濁っていれば、全身が暗い。だから、あなたの中にある光が消えれば、その暗さはどれほどであろう。

視覚器官はまずなによりも光源である。目はともし火である。それは光を受け取るのではなく、むしろ光を与える。目は、可視性の源の太陽として、外から、あるいは外で善を受け取ったり見たりするのではなく、内側から光を与える。だからそれは善性と化した〔プラトン的〕善であり、善が善性になることである。なぜなら目は内側から、身体の内部から、すなわち魂から光を与えるからだ。しかし源こそ内面的ではあるが、この光はこの世や地上には所属しない。それは肉体の目、堕落した目には見えず、暗くぼやけ、闇に包まれ、秘密なものである。だからこそ「秘密なものを見る」ことが必要になるのだ。だからこそ父なる神は、天と地の分割によって中断されたエコノミーを復活させるのである。

「マタイによる福音書」のこの一節は正義を論じている。正しくあるとはどういうことか、義をなす（justitiam facere, dikaiosynen poiein）とはどういうことかを論じているのだ。イエスは「心の貧しい人々」（pauperes spiritu, ptokhoi tô pneumati「霊において乞食である者たち」）をたたえていた〔五章3〕。

この説教〔いわゆる山上の垂訓〕は貧しさ、乞食をすること、施し、慈善などを中心に展開する。すなわちキリストにとって＝キリストに宛てて〔pour le Christ〕与えるということは何を意味すべきなのか、すなわち、キリストにとって与えるということが何を意味するのか、そしてキリストに宛てて、キリストに対して、キリストの名において、キリストに宛てて、キリストとの新たな兄弟愛において与えるということは何を意味するのか、ということであり、このように与えることによって、キリストのために、キリストにおいて、キリストに従って正義であるということは何を意味するのか、ということなのである。天の国は心の貧しい人々に約束されている。悲しむ人々、義に飢え渇く人々、憐れみ深い人々、心の清い人々、平和を実現する人々、義のために迫害される人々、キリストのためにののしられる人々と同じように、心の貧しい人々は大いに喜び(beati, makarioi)、幸いである。これらすべての人々には報い、報酬、担保(merces, misthos)が、大きな報いや豊かな報い(merces copiosa, misthos polus)が、天において、約束されている。こうして、地上における犠牲や断念に対して支払われた報いや代価をもとに、真の天上の財宝がつくりだされるだろう。より正確に言えば、律法学者やファリサイ派の人々の地上の正義、〔律法の〕文字による正義より高いところに上ることができた人々に、このような報いや代価が支払われる。あなたがたの正義が、精神の人ではなく文字や身体や地上の人である律法学者やファリサイ派の正義にまさっていなければ、あなたがたは天の王国に入ることはできない〔五章20〕。「あなたがたは天の王国に入ることはできない」を「あなたがたは報い(mercedem)を受けることができない」とも翻訳できるだろう。

ここで配置されている論理については、いくつかの特徴を指摘することができる。

A　一方でこれはひとつの光線学《フォトロジー》である。光源がやってくるのは、心から、内側からであり、世界からではなく精神からである。「あなたがたは地の塩である」という言葉に続いて、同様の運動の中で次のような言葉が続く（五章14）。「あなたがたは世の光 (lux mundi, phôs tou kosmou) である。」「山の上にある町は隠れること (abscondi, krybenai) ができない。」これは秘密の歴史における変異である。光が世界の中にあり、その源があなたがたの内や精神の中ではなく、外にあるのだったら、物《オブジェ》を隠したり、町や核兵器を隠すこともできるかもしれない。物は抹殺されず、たんに遮蔽物《スクリーン》の下に隠されるだけである。秘密の場をつくりだすには、俗界の装置だけで十分だ。あるもので別のものを蔽ったり、何かあるものの背後や下に隠してやったりすればいいし、なんらかの装置や隠れ場や地下の穴蔵《クリプト》をつくることもでき、そうして見えない秘密を守ることができる。だが、光はあなたがたの内に、精神の内面性の中にあるのだから、もはや秘密は可能ではない。このような遍在性は、いわゆる「宇宙空間《スペース》」をまわる監視衛星の遍在性よりも徹底的で、効率的で、打ち消しがたいものである。どのような感覚的なものや地上のものといえども、もはや障害物となることはない。視線をさえぎるものはもはや何もないのだ。

光線学的な源の内面化は秘密の終焉をしるすが、同時にパラドックスの起源をもしるしている。消し去ることができない、内面性としての秘密の起源でもあるのだ。もはや秘密はない、より多くの秘密を〈Plus de secret, plus de secret〉——これがもうひとつの定型表現、もうひとつのシボレートだ。Plus という語の s を発音するかしないかによって意味が変わるが、文字では区別できない。神や空間を経巡る精神の光にとっての秘密、より絶対的な内面性といった引き退き〔=内向〕が生み出され、そこでついに秘密がかたちづくられるようになるのだ。魂や意識という〔外部と〕共通の尺度を持たない内部、外部なき内部は、空間から逃れ、秘密の終焉と起源の両者を同時に支えている。〈Plus de secret〉。客観性という外部とはまったく異質な内面性がなかったとしたら、秘密もないだろう。ここで打ち立てられるのは、客観化できない内部としての、奇妙な秘密のエコノミーである。「犠牲のエコノミー」という表現や定型表現は、その属格に関して不安定なところがある文法表現ともなるだろう。ひとは犠牲のおかげでエコノミーする（貯蓄する）、または、犠牲をエコノミーする（犠牲を節約する、犠牲をしない）（という二つの意味があり）、犠牲がエコノミーする場合と、エコノミーが犠牲にする場合の二つの意味があるのだ。

B 他方、この「内面の」光の精神化《スピリチユアリザシオン》は、新たなエコノミー（そして犠牲のエコノミー。「あなたは地上の利益より高いところに上るならば、よい報いを受けるだろう。地上の報いを放棄すれば、より多くの報いを受けるだろう、ある報いと交換に別の報いを受けるだろう」）を創設するが、それは感性的な身体において対になっているものを、すべて断ち切り、分離し、非対称的なものにすることによってである。それはたんなる相互性としての交換を断ち切るのと同じような方法による。施しがある種の交換的なエコノミーに組み込まれ直されてしまわないよう、「施しをするときは、右の手のすることを左の手に知らせてはならない」（六章3）と命じられているのと同じように、「もし、右の目があなたをつまずかせるなら、えぐり出して捨ててしま」わなければならない。手の場合も同様である。

あなたがたも聞いているとおり、「姦淫するな」と命じられている。しかし、わたしは言っておく。みだらな思いで他人の妻を見る者はだれでも、既に心の中でその女を犯したのである。もし、右の目があなたをつまずかせる(skandalizat, skandalizei : le skandalon は「ころばせ、つまずかせ、罪を犯させるもの」のことである)なら、えぐり出して捨ててしまいなさい。体の一部がなくなっても、全身が地獄に投げ込まれない方がましである。もし、右の手があなたをつまずかせるなら、切り取って捨ててしまいなさい。体の一部がなくなっても、全身が地獄に落ちない方がましである。*45

このようなエコノミー的な計算は絶対的な喪失を統合する。それは交換や対称性や相互性を破壊する。たしかに絶対的な主観性は、無限に計算やせり上げを繰り返すが、それは有限な商取引として理解された犠牲を犠牲にすることによってである。merces すなわち商業主義と言ったら言い過ぎならば、報いや商品はあるし、支払もある。しかし、商取引というものが、報いや商品や報酬などの相互的かつ有限な交換を前提とするものであるとするならば、商取引はないのだ。非対称性はこうした犠牲のエコノミーという別のエコノミーを意味する。だからキリストはもう少し先の箇所で次のように語ることができる。問題になっているのはまたしても目、右と左であり、ペアになったり対になったりしている状態の崩壊である。

あなたがたも聞いているとおり、「目には目を、歯には歯を」(ophtalmon anti ophtalmou, oculum pro oculo) と命じられている。しかし、わたしは言っておく。悪人に手向かってはならない (me antistenai tô ponerô, non resistere malo)。だれかがあなたの右の頬を打つなら、左の頬をも向けなさい。〔五章38〜39〕

さきほど示唆したように、この命令は等価のペアを切り離すのではなく、再構成しているのだろうか。そうではない。この命令は等価性や対称性を中断している。平手打ちを返す (右の頬に対して右の頬を、目には目を) のではなく、もうひとつの頬を差し出しているからだ。これは厳密なエコノミー、すなわち交換、返すこと、与えること／返すことなどの厳密なエコノミーを中断するものである。「悪行には悪報あり」〔un «prêté pour un rendu»〕、つまり報復、復讐、仕返し、やられたらやり返せなどといった、憎しみに満ちた循環を中断するのだ。もう少し先の箇所で、「隠れたことを見ておられるあなたの父が報いてくださる（reddet tibi）」と語られるとき、こうした交換、与えること／奪い取ること、返すことなどといったエコノミー的な対称性はどうなるだろうか。復讐の相互性を中断し、悪に抵抗しないことを命ずる論理は、言うまでもなく生命と真理、すなわちキリストという論理、ロゴスそのものである。パトチュカが言うように、自己をかえりみない善性そのものであるキリストは、敵を愛することを教える。なぜなら、まさにこの節において、「敵を愛し、自分を迫害する者のために祈りなさい（Diligite inimicos vestros, agapate tous ekhtrous humôn）」と命じられているからだ。カール・シュミットの指摘を念頭に置きながらのことではあるが、この場合にはギリシア語とラテン語の引用を付けておくのが、何にもまして必要なことである。カール・シュミットは『政治的なものの概念』（三章）において、ラテン語の inimicus と hostis が異なり、ギリシア語の ekhtros と polemios が異なっていることを強調したうえで、次のように結論する。イエスの教えは、私的な敵、すなわち主観的あるいは個人的な情念によって憎んでしまうような敵に向けるべき愛について言われているのであって、公的な敵に向けるべき愛についてのものではないということである。（シュミットもついでに指摘しておく必要を感じていることであるが、inimicus/hostis, ekhtros/polemios という区別に厳密に相当するものは、他の言語、少なくともドイツ語にはない。）この文のキリストの教えが道徳的、心理学的さらには形而上学的なものであって、政治的なものではないこと、シュミットにとって重要なのはこのことである。彼にとって、限定可能な敵（hostis）に対する限定的な戦争、つまりいかなる憎しみをも前提としない戦争や敵対関係こそが、政治的なものの発生の条件であるからだ。そして彼は指摘する。イスラム教徒がキリスト教のヨーロッパを侵攻したとき、どのようなキリスト教的な政治も、イスラム教徒を愛せ、と忠告したことはなかった、と。(63)

このことはとりわけ、福音書に一致したキリスト教的な政治という問題をあらためて提起する。パトチュカとは大きく異なった意味においてではあるが、シュミットは、キリスト教的な政治、ヨーロッパ・キリスト教的な政治が可能だと考えていた。政治的なものの概念は世俗化された政治神学的な概念なのだから、政治的なものそのものが、その近代性において、ヨーロッパ・キリスト教的な政治に結びついている。(64)だがそのためには、シュミットによる「敵を愛しなさい」の読解が、まったく議論の余地のないものであること、あえて言うならば、まず民族学的・文献学的な反論の余地がないものであることを前提としなければならないだろう。というのも、一つだけ例を挙げるならば、イスラム教徒に対してなされた戦争は、シュミットの言う意味での政治的事実であり、キリスト教的な政治の存在、すなわち「マタイによる福音書」と正式に適合し、すべてのキリスト教徒と教会を一つのコンセンサスの下にまとめあげることのできるような、首尾一貫した企ての存在を確証するからだ。「敵を愛し、自分を迫害する者のために祈りなさい」のシュミットによる読解を前にしたときの当惑が消えないのと同じように、このこともおそらく疑わしい。というのも聖書は次のように述べているからだ。

あなたがたも聞いているとおり、「隣人を愛し、敵を憎め」と命じられている。しかし、わたしは言っておく。敵を愛し、自分を迫害する者のために祈りなさい。

イエスが「あなたがたも聞いているとおり、『隣人を愛し、敵を憎め』と命じられている」と述べるとき、彼はとくに「レビ記」[*46]を参照している。後半部分(「敵を憎め」)ではそうではないが、少なくともこの文の前半(「隣人を愛せ」)については「レビ記」が参照されている。そこでは「自分自身を愛するように隣人を愛しなさい」と命じられている。しかし一方で、すでに「レビ記」で復讐は禁じられており、「敵を憎め」とは述べられてはいない。他方、「レビ記」は隣人という言葉を「同胞」すなわち「同じ民（'amith）の人々」の意味で使っており、すでにシュミットのいう意味での政治的なものの領域に入り込んでいる。隣人と敵の対立があったとしたら、それを私的なものの領域に閉じ込めておくのは難しいと思われる。「レビ記」（一九章15〜20）の次の一節はある種の正義の概念を展開している。神は犠牲と報いに関してモーセにいくつかの指示を与えたところである。そしてこのことは強調しなければならないだろうが、神はモーセに復讐を禁じ、次のように語りかける。


わたしは主である。

あなたたちは不正な裁判をしてはならない。あなたは弱い者を偏ってかばったり、力ある者におもねってはならない。同胞を正しく裁きなさい。民の間で中傷をしたり、隣人の生命にかかわる偽証をしてはならない。わたしは主である。

心の中で兄弟を憎んではならない。同胞を率直に戒めなさい。そうすれば彼の罪を負うことはない。復讐してはならない。民の人々に恨みを抱いてはならない。自分自身を愛するように隣人を愛しなさい。わたしは主である。

「隣人」というのがここで同胞、つまり私が所属している共同体、同じ民族、同じ民（'amith）のことだとすれば、それに対立させることができるものは（そのようなことをしているのは「福音書」であり、「レビ記」ではないが）、私的な敵としての非‐隣人ではなく、異邦人としての非‐隣人、別の民や別の共同体や別の民族の成員としての非‐隣人である。このことはシュミットの解釈には反する。inimicus と hostis の境界は、彼が考えるよりは、相互浸透性の強いものだということになるだろう。ここで問題になっているのは、政治的なものを基礎づけ、なんらかの分離によって、政治的なものの種的特性の厳密な概念を手に入れようという、概念的かつ実践的な可能性である。なんらかの分離によって、というのは、公的なものと私的なもののあいだの分離だけではなく、公的な存在《エグジスタンス》と共同体的な情念《パッション》や情動《アフェクト》のあいだの分離でもある。後者は、同じ家族の成員、同じ民族的・国家的《ナショナル》・言語的などの共同体の成員として、各人を他者に結びつける。国家的あるいは国家主義的な情動、共同体的な情動は、それ自体で政治的なものであるのか、ないのか。それはシュミットのいう意味で私的なものなのか公的なものなのか。こうした問いに答えることはむずかしい。おそらく問題を練り上げ直すことが必要なのだろう。

「マタイによる福音書」の「敵を愛せ」のすぐあとで、またしても報い（mercedem, misthon）という言葉が使われている。もう一度、と言うべきか、すでにもう、と言うべきか、というのは報いの問題は、隠れたところを見て、返してくれる（この言葉には報いがほのめかされている）父なる神の言葉《ディスクール》を満たしてしまうからだ。二つの報いを区別しなければならない。ひとつめは、報酬、同等の交換、循環的なエコノミーなどの意味での報いであり、もうひとつは、出資や投資とは異質な絶対的な剰余価値としての報いである。これらは一見したところ異質な二つのエコノミーであり、いずれにせよ二つの報い、二種類のmercesやmisthosである。そして、交換的な報酬としての報いという平凡な報いと、利害の関心なき犠牲や贈与によって得られる高貴な報いとの対立は、二つの民族の差異でもある。すなわち、キリストが呼びかけてくれるわれわれの民族と、ethnici〔ラテン語〕やethnikoi〔ギリシア語〕の差異のことである。後者は、民族集団《エトニー》、たんなる民族でしかない民族、集団としての民族、あるいはゴイム〔シュラキ訳〕〔goimへブライ語のgoyimに由来し、ユダヤ教徒からみた異教徒をさす〕などのことである。また、グロジャンとレテュルミの訳では「異教徒たち（païens）」と訳されている。このpaïensという語には、後で〔ボードレールの詩に関して〕導き手となってもらうことを覚えておこう。マタイ書の五章の末尾は以下の通りである。

（44）あなたがたも聞いているとおり、「隣人を愛し、敵を憎め」と命じられている。しかし、わたしは言っておく。敵を愛し、自分を迫害する者のために祈りなさい。（45）あなたがたの天の父の子となるためである。父は悪人にも善人にも太陽を昇らせ、正しい者にも正しくない者にも雨を降らせてくださるからである。（46）自分を愛してくれる人を愛したところで、あなたがたにどんな報いがあろうか（Si enim diligitis eos qui vos diligunt, quam mercedem habebitis? ean gar agapesete tous agapôntas humas, tina misthon ekhete）。徴税人でも、同じことをしているではないか。

ある父から別の父への移行。ただしそれは、真の父子関係《フィリアシオン》をふたたび自分のものにすることでもある（「あなたがたの天の父の子となるためである」）。ただしそれには留保、、、なき贈与と愛という条件が必要だ。自分を愛してくれる人だけを愛し、こうした対称性や互酬性や相互性という尺度《ムジュール》だけに固執しているかぎり《ムジュール》では、あなたがたは愛も何も与えてはおらず、あなたの報いの留保金《レゼルヴ》は、天引きされた税や償還された債務や返済された負債のようなものに等しい。当然支払われるべきものの徴収を超えた次元において、無限に多くの報いに値したり、それを期待したりできるためには、計算することなく与え、自分を愛していない人をも愛さなければならない。そして以下のように「民族」ないしは「異教徒」への言及が続く。

> 自分の兄弟にだけ挨拶したところで、どんな優れたことをしたことになろうか。異邦人 (ethnici, ethnikoi) でさえ、同じことをしているではないか。

こうした犠牲の無限で非対称的なエコノミーは、あるときは律法学者やファリサイ派の人々のエコノミー、すなわち古き掟一般に対立し、またあるときには異教の民族集団のエコノミーに対立する。あるときにはキリスト教的なものとしてユダヤ的なものに対立し、またあるときにはユダヤ・キリスト教的なものとして〔異教に対立する〕。それは計算の彼方、すなわち同一者《メーム》の有限な全体性としての計算可能なものの全体性の彼方にまで達していると称するような計算をつねに前提としているのだ。たしかにエコノミーはあるが、それは計算可能な報いを放棄すること、商品《マルシャンディーズ》や取引《マルシャンダージュ》を放棄すること、すなわち計測《ムジュール》でき、対称的なものとすることができるような報酬という意味でのエコノミーをも統合するようなエコノミーである。たしかに、こうした尺度《ムジュール》なきもののエコノミーによって開かれる空間において、贈与や施しに関する新たな教えもまた、返すこと〔報いること〕、利潤、さらには収益性などに依拠しようとする。だが被造物はこの収益性を計算することはできない。それは隠れたことを見ておられる者としての父の評価にゆだねられているのだ。マタイ書の六章に入ると、正義〔＝義〕の主題が目立《マルケ》たされ、引き立て《ルマルケ》られていると言ったら言い過ぎならば、少なくとも呼び起こされ、名指しされている。それもまさに、目立《マルケ》ったり、気づかれ《ルマルケ》たりすることなく行なわなければならないこととして、呼び起こされているのだ。気づかれることなく正しくあろうとしなければならない。見てもらおうとすることは、認められようとすること、計算可能な報い、謝礼〔＝返礼金〕や報酬の支払を望むことである。そうではなく、与えなければならない。たとえば施しを。それと知ることなく、あるいは少なくとも、一方の手に知られることなく、もう一方の手で与えなければならない。つまり、それを知らしめることなく、人に知られることなく秘密裡に、認められることや報酬や報いを期待することもなしに、施しを与えなければならない。自分にさえそれを知らしめてはならない。右と左の分離は、ここでもペアや対になっているものや組になっているものを切り離している。二つのエコノミーのあいだの対称性や同質性を切り離しているのだ。ある種の自己意識をも中断することによって、この分離はじつは犠牲を開始している。しかし無限の計算が、放棄された有限な計算のあとを引き継ぐのだ。隠れたことを見ておられる父が返してくださる、この報いを、それも無限に大きな報いを、というわけである。

事態は以前より明快になっただろうか。おそらくそうだろうが、光を受ける必要のない秘密についての神の明るさについてはまだである。

(1) 見てもらおうとして、人の前で善行をしないように〔フランス語訳では「正しいことをなすことのないように」〕注意しなさい。さもないと、あなたがたの天の父のもとで報いをいただけないことになる。
(2) だから、あなたは施しをするときには、偽善者たちが人からほめられようと会堂や街角でするように、自分の前でラッパを吹き鳴らしてはならない。はっきりあなたがたに言っておく。彼らは既に報いを受けている。

（3）施しをするときは、右の手のすることを左の手に知らせてはならない。

（4）あなたの施しを人目につかせないため〔秘密のうちに（in abscondito, en tô kryptô）おくため〕である。そうすれば、隠れたことを見ておられる父が、あなたに報いてくださる。

このような約束は、施し、祈り、断食（六章17）などに関して、何度か同じようなかたちで繰り返されている。すべてを貫き通す神の明澄の明るさは、秘密の中でももっとも秘密なものを、みずからのうちに隠し持っている。偶像やイコン、すなわち可視的なイメージや、できあいの図像《ルプレザンタシオン》などに安易に頼らないようにするには、「そうすれば、隠れたことを見ておられる父が、あなたに報いてくださる」という文を神とは何かという命題としてではなく、別のやり方で理解しなければならないだろう。神とは何かという命題として理解する場合には、神は、一方ではひとつの主体、存在者、すでに存在しているXとして理解されており、他方では、そのうえにさまざまな属性を備えた者としても理解されている。たとえば、父性という属性や、秘密を見透かしたり、見えないものを見たり、私の内を私以上に見たり、私より強力で、私以上に私に対して親密であるような能力という属性を備えているとされているのである。あの世の高いところで、超越しているような何者かとして神を考えることをやめなくてはならない。さらに——まさにおまけとして〔＝市場の彼方で par-dessus le marché〕——もっとも内奥にある場所にもっとも深く隠された秘密を、宇宙空間をまわる衛星よりもうまく見ることができるような誰かとして考えることをやめなくてはならない。おそらくは、ユダヤ・キリスト・イスラム教的な命令に従いつつも、同時にそれを逆用してこの伝統に突き返し、こうした偶像崇拝的な図像や紋切り型なしに、神や神の名を思考し、次のように言わなくてはならないだろう。神とは、内部では見えるが、外部では見えないような秘密を、私が守ることができるという可能性に付けられた名である、と。このような意識構造、すなわち〈自分とともにある存在〔être-avec-soi〕〉の構造があるとき、また、語るという構造、すなわち見えない意味を生産する、という構造があるとき、そして、見えない言葉そのもののおかげで、私が私の内に、他者には見えない証人を持ちえたとき、私が神と呼ぶものがあるのだ。この証人は、私とは別の者であると同時に、私以上に私に対して親しいような証人である。私が私と秘密の関係を保持し、すべてを語らないことができたとき、私の内に、そして私のために、秘密があり、秘密の証人がいるとき、私が神と呼ぶものがあり、私が私の内なる神を呼ぶことが（ある）のであり、〈私が自分を神と呼ぶ（＝私は神という名である je m'appelle Dieu）〉という（ことがある）のだ。この〈私が自分を神と呼ぶ〉という文を〈神が私を呼ぶ〉という文と区別するのはむずかしい。なぜなら、私が自分を呼んだり、ひそかに呼ばれたりするのには、〈神が私を呼ぶ〉という条件が必要だからだ。神は私の内にある、神は絶対的な「自己」である、神とは、キルケゴール的な意味で主観性とよばれる、不可視の内面性の構造のことである。そして、神がみずからを顕現《マニフェスト》し、みずからの非顕現性を顕現するのは、生物と実存者の構造の中に、その系統発生的および個体発生的歴史をとおして、秘密の可能性が現れたときなのだ。もちろんこの秘密の可能性もまた、さまざまに分化し、複雑で、複数的で、多元的に決定されている。そして、この秘密の可能性とは、完全に不可視なものとし、みずからの内にこの不可視性の証人を構成しようとする欲望や能力のことでもあるのだ。これは秘密の歴史、秘密であると同時に秘密なき歴史としての、神や神の名の歴史にほかならない。この歴史はひとつのエコノミーでもある。

もうひとつ別のエコノミーだろうか。おそらくその模造《シミュラークル》としては同じエコノミーであろうし、ひじょうにあいまいなので、非‐エコノミーをも統合するように見えるエコノミーでもあるだろう。同じひとつのエコノミーが、その本質的な不安定さゆえに、あるときはキリスト教的な犠牲の場に忠実に見え、またあるときはそれを批判したり皮肉ったりしているように見えるのだ。それはまず、まだあまりに計算ずくの奉献を告発することから始める。計算ずくの奉献とは、地上の報い(merces)や、有限で計算可能で外的で可視的な市場などを放棄しないような奉献のことである。それが報酬や交換(謝礼=返礼金 re-merciement〔merci は、ラテン語で「賃金」や「報酬」を意味する merces に由来する〕)のエコノミーを超出するのは、無限で、天上的で、計算不可能で、内面的で、秘密の利益や剰余価値を資本として蓄積するためにすぎない。一種の秘密の計算のようなものが、いまだ神の視線をあてにしているのだ。見えないものを見、私の心の内で、私が人に見せびらかすことを放棄しているものを見て取るような、神の視線を。

精神について——精神そのものについて。若きヘーゲルの著作の題名を借りるならば、『キリスト教の精神』[65]について。ヘーゲルは、キリスト教という啓示宗教の顕現、その降臨に、みずからの真理すなわち絶対知の予告を見た。可能なかぎり全能なキリスト教の王朝は、もはや限界を知らず、おのれの限界を食い破り、みずからに打ち勝つことができるということと引き替えに、みずからの不敗性をしょいこむことになる。秘密のひそかな市場において、みずからを駆り立てる能力を。つづいてニーチェが「キリスト教の精髄《ジェニー》」について語る。ニーチェは、シャトーブリアンの文学作品をパロディー化するにあたって、無限というこの市場や商品において、信じること、信じさせること、信用すること〔＝掛け売りをすること faire crédit〕といった言葉が何を意味しているのかを知っていると信じるという素朴さを残していたのかもしれない。キリスト教の自己関係、その自己肯定や自己現前化、その〈自己存在〉などは、こうした市場の誇張において、不可視の心の可視性において構成される。したがって、キリスト教の「外的な」批判というものは、かならずやその内的な可能性を展開するものでもあり、予測不可能な未来や出来事の、いまだなお汚されていない潜勢力を開示するものでもあるのだ。キリスト教の世界規模の降臨という出来事の。だから、外的な批判も内的な批判も、その標的をすでに体内化してしまっているという単純な理由から、すべて標的を撃ち損じ、不的確なものになってしまう。キリスト教の脱神秘化の作業はすべて、来るべき原《プロト》キリスト教を正当化する作業に追随するだけになり、みずからに対して折れ曲がって自己に沈潜していくのだ。

男たちの歴史について。この留保は犠牲なき犠牲という襞の中に宿っている。すなわち、イサク、イシュマエル、イエスという息子たちを救う瞬間、お好みならば、彼らを復活させる瞬間に宿っているのだ。彼らは結局のところすべて兄弟たちである。そのたびごとにひとりの息子が、唯一の息子だけが救われ、復活させられる。サラもハガルも〔その息子〕イシュマエルも救われない[*47]。この三人、あるいはこの三人の未来の代理者たちすべては、最初の犠牲者たちだったのかもしれない。

そのたびごとに、父によって失われ、救われる唯一の息子。唯一の父だけが救う。男たちの歴史だ。

アブラハムないしはイブラーヒーム的なこの瞬間という襞において、福音書によって他の二つの「啓典の宗教」のあいだに折り畳まれた、この秘密の底なき奥底《ルプリ》において、文学と異名を付けられたフィクションの可能性が予告されるのであろう。その可能性であって、その制度化〔institution〕すなわち構造的な居住地設営〔logement〕という出来事ではない。ましてや、その〔文学という〕名の下に、地位や身分規定を付与することによって、それを法的に保証する〔＝国家化する mettre en l'État〕ようなものが問題になっているのでもない。このようなものは、近代的な手続き《シークエンス》、せいぜい数世紀の歴史しか持たない手続きにすぎない。しばしば持ち出される表面的な事実とは異なり、私はこの若い制度の同定可能な起源は、民主国家という近代的な形象の起源と同じように、ギリシア的であるというよりはむしろ「アブラハム的」な起源ではないかと考えたくなる誘惑にかられてしまう。このことについては次章で考えることにしよう。今のところは、そのひとつの特徴を指摘しておく。私たちは文学には、奇妙で不可能な系譜〔＝父子関係〕があると推測したのだが、それは、死を賭けて死を与えようとし、それにけっして成功することもなく、おそらくそれを信じてもいなかった非常に多くの父と息子たち、非常に多くの男たちを記念する系譜であった。この系譜から、文学は少なくともひとつの特徴を受け継いでいる。それをボードレールにならって「殺人〔＝男性殺し〕の文学、自殺の文学」と名づけてみよう。男たちの歴史であって、女たちの歴史ではない。「同類たち」の歴史、兄弟愛の歴史、キリスト教的な歴史である。「――偽善の読者よ、――私の同類、――私の兄弟よ！」(66)

福音書的であると同時に異教的でもある、このキリスト教への批判の文学的誇張は、ボードレールの短いパンフレットである「異教派」(一八五二年)で描き出されている。すでにさきほど指摘した理由からもわかるように、この「批判」は誇張的なものであるのだから、たんなる内的批判でも外的批判でもありえない。怒りに満ちた数頁によって、才気と怒りがひとつの詩学、ひとつの道徳、ひとつの宗教、ひとつの哲学を企てている。第一の被告は作家たちである。ただし名前は挙げられていないが(おそらく〔テオドール・ド・〕バンヴィルのこと。彼は、とりわけルコント・ド・リール、〔テオフィール・〕ゴーティエらとともに、ギリシア文化やギリシアモデルを称揚していた)。ボードレールが新異教派と呼ぶ者たちの形態《フォルム》の崇拝と造型主義《プラスティシスム》は、偶像崇拝的であると同時に物質主義的かつ形態主義的であるが、それらに対抗してボードレールは、図像《ルプレザンタシオン》の審美主義の前に跪く売春や、画像《イマージュ》や見かけや偶像崇拝の物質主義、現れ〔l'apparaître〕の文字通りの外在性などへの警告を発するのだ(別のところでボードレールは、規則づけられた逆説に従って、かならずや、正反対のことをするだろうが)。少しばかり「マタイによる福音書」に似た口調で施しについて語りながら、彼はついに贋金《にせがね》の話をするにいたる。〔『パリの憂鬱』の〕「贋金」という作品[*48]よりはその構造からみてより単純で、貧弱であり、倒錯度はより少ないものではあるが、かなり近いものでもあるので、その二つを系列化するような分析が要求される。そしてボードレールは「対象の抹殺を赦す」とも言う。

一歩でも動こうものなら、一語でも発しようものなら、必ず何か異教的な事柄にぶつからずにはいない。[……]そして君たち、不幸なる新異教派の人々よ、君たちのやっているのもそれと同じ仕事でなくていったい何だろう?[……]君たちはおそらくどこかで、どこか良からぬ場所で、自分の魂をなくしてしまったのだろう。[……]情熱と理性をお払い箱にすることは、文学を殺すことだ。前代の社会、キリスト教的なまた哲学的な社会の努力を否定することは、自殺することである。[……]もっぱら物質的な芸術の誘惑的な姿にばかり取り巻かれて暮すことは、身の破滅の大きな可能性を創り出すことだ。長い間、ずいぶん長い間、君たちは美をしか、ただ美をしか、見たり愛したり感じたりすることはできないだろう。私はこの美という語を限られた意味にとっているのだ。世界は君たちに対してその物質的な相の下にしか現れないであろう。[……]願わくは宗教と哲学とが、一絶望者の叫びに強いられたかのごとく、いつの日か現れ来《きた》らんことを! それこそが、自然の中に律動《リズム》と形態《フォルム》をしか見ない無分別な者たちにも必ずめぐってくる運命であるだろう。しかもなお、哲学は彼らにとって、まず最初はただ興味深い遊戯［……］のようなものとしか見えないであろう。［……］彼の魂［このように堕落した子供の魂］は、絶えず刺戟されて飽き足りることなく、世間を横切って行くだろう。［……］売春婦よろしく、造型《プラスティーク》！ 造型《プラスティーク》！と叫びながら。造型《プラスティーク》というこの恐ろしい語は私に鳥肌を立たせるが、その造型《プラスティーク》が彼を毒したのであり、しかも彼はこの毒なくしては生きることができないのだ。［……］画像《イマージュ》に対する画像破壊者や回教徒の憤怒が、私にはよく分る。眼のあまりにも大きな快楽について聖アウグスティヌスの感じた呵責の念のすべてを、私は容認する。危険の大きさゆえに、対象の抹殺を赦してもいいと思うほどだ。芸術の気違い沙汰は、精神の濫用に匹敵する。これら二つの至上権のどちらが成り立っても、愚かさ、心情の冷酷、そして途方もない傲慢と自己中心主義が生み出されることになる。とあるいたずら好きの芸術家が贋金《にせがね》を一枚受け取った時、こう言っていたのを私は思い出す——これは誰か貧乏人のためにとっておこう、と。このけしからぬ男は、貧者から盗むと同時に慈善の評判という利益に浴することに、地獄めいた快楽を覚えていたのだ。もう一人の男がこう言ったのを聞いたこともある——いったい何だって貧乏人どもは物乞いするのに手袋をはめないのだろう？　そうすれば大いに受けるだろうに。またもう一人の男はこう言った――あいつには施しをしないで下さい。あいつはドレープの具合がよくありません。自分の襤褸《ぼろ》がよく似合っていないんです。［……］科学と哲学との間に立って友好的に歩むことを拒否するような文学はすべて、殺人の文学、自殺の文学であることが理解されるであろう時は、遠くない(67)。

この演説は一貫しているように見え、「贋金」よりも屈折の度合いが少ない。だがそれでも二つの読解をこうむりうるものである。福音書的な精神主義《スピリチュアリスム》がせり上げられていき、各瞬間に逆転する危険をはらんでいる。隠れたところを見ておられ、報いて下さる父が天上で約束する報いの中に、「異教派」はつねに一種の崇高でひそかな市場を看破することができる。「贋金」の語り手が言うように、それは「経済的に天国をわがものにしよう(68)」とするものなのだ。たとえどんなに寛大な贈与であろうと、計算が頭をかすめ、知られたり認められたりすることを当てにしてしまったとたん、贈与は商取引に飲み込まれてしまう。贈与は交換し、結局のところ、贋金を与えることになる。なぜなら報いと引き替えに贈与するのだから。たとえ「ほんとうの」貨幣を与えたとしても、贈与が計算へ変質してしまうとすぐに、与えられたものの価値はいわば内側から破壊されてしまう。貨幣はその価値を保持するが、もはやそのものとしては与えられない。「報い＝報酬」(merces) に結びつくことで、それは贋となる。欲得ずくで、金儲け主義的なものになるからだ。ほんとうの貨幣だったとしてもそうだ。このことから、ボードレールの表現をわずかにずらすことによって推論される、二重の「対象の抹殺」が生じる。贈与は、計算をはじめたとたん (与えようというたんなる意図そのもの〔comme tel〕からして、また意味や知られたり認められたりしようと期待することからして)、(贈与の) 対象を抹殺してしまう。贈与は対象を対象として否定するのである。こうした否定や破壊をなんとか避けるためには、もうひとつ別の対象の抹殺に取りかからなければならないだろう。すなわち、贈与において、与えるということだけ、与えるという行為や意図だけを保持し、与えられたものは保持しないということである。与えられたものは結局のところ重要ではないのだから。知ることなく、知られたり認められたりすることもなく、謝礼もなしに与えなければならないだろう。何もなしに、少なくとも対象はなしに。

「異教派」の批判や論争は、脱神秘《ミステール》化する力を備えていると言えるだろう。こんな言葉はもう流行らないが、この場合にはぴったりくるのではないか。つまり脱神秘化とは、秘密の秘儀伝授的な欺瞞を暴き立て、でっち上げられた秘儀《ミステール》や、秘密の条項を備えた契約の訴訟をすることである。すなわち、隠された秘密を見ることによって、神は無限に多くの報いを返すことができるが、その神がすべての秘密の証人であり続けるからこそ、私たちはますます簡単に秘儀《ミステール》を受け入れてしまうのである。

神は分かち与え、神は知っている。神が知っていると私たちは信じるべきである。この知がキリスト教的な責任や正義の概念を、それらの「対象」と同時に基礎づけるとともに、破壊するのである。ニーチェが『道徳の系譜』で「責任（Verantwortlichkeit）の由来の永い歴史」[69]と呼んでいる責任の系譜《ジェネアロジー》は、道徳的および宗教的な良心の系譜《フィリアシオン》をも記述している。それは残酷と犠牲の芝居、ホロコーストの芝居でさえあり（これらはニーチェの言葉である）、債務ないしは負い目（Schuld この語は道徳上の「主要概念」Hauptbegriff だ[70]〔とニーチェは言う〕）、エコノミーの投資、債権者（Gläubiger）と債務者（Schuldner）の「契約関係」である。この契約関係は、総じて権利主体（Rechtssubjekte）が登場すると同時に現れ、この契約関係それ自体がまた

「売買、交換、交易などの根本形式[*49]」に還元されるのである。

犠牲、復讐、残酷さ、これらが責任や道徳的な良心の発生に刻み込まれている。「老カント」の「定言命法」には残酷さの臭いがする〔とニーチェは言う[*50]〕。だが残酷さという診断は同時に、道徳と正義の確立における、エコノミーや投機や商業的交易〔売買〕にもねらいを定めている。それはなお対象の「客観性」を目指しているのだ。「『すべて事物はその価格をもつ、ありとあらゆるものが支払われうる』〔……〕――これがすなわち正義の最古の、最も素朴な道徳規範であり、地上におけるあらゆる〈好意〉の、あらゆる〈公正〉の、あらゆる〈善意〉の、あらゆる〈客観性〉の始まりであった。[*51]」

あえて言うならば、ニーチェはこうした正義が支払能力のない者、返済能力のない者、絶対者をも組み入れるような瞬間さえも、計算に入れているということなのである。だからニーチェは、交換としてのエコノミー、返礼金〔re-merciement〕の取引を逸脱するようなものを、計算に入れているのだ。そしてニーチェは、こうしたことを純粋な好意や信仰や無限の贈与の功績《クレディ》とみなすかわりに、対象の抹殺こそを看破し、それと同時に、恩赦における正義の自己破壊を見て取るのである。それは正義の自己破壊という、キリスト教固有の瞬間である。

「すべてが弁償されうる、すべてが弁償されねばならぬ」ということから始まった正義は、支払無能力者らを大目に見て放任する（durch die Finger zu sehn）ことをもって終わる。——いうならばこの正義は、地上のあらゆる善き事物と同じく、自己自身を破壊する［（フランス語訳で）こう訳されているのは文字通りsich selbst aufhebendである。そして「自己を止揚する」ことによって、キリスト教的な正義は自己を否定し、そうしてキリスト教を越えるように見えるものの中で保存される、とニーチェは主張する。キリスト教的な正義は、そうであることをやめたものでありつづける、すなわち、残酷なエコノミー、商売、債務と債権、犠牲と復讐でありつづけるのだ］ことをもって終わるのだ。——この正義の自己止揚（Diese Selbstaufhebung der Gerechtigkeit）、これがどんな美称で呼ばれているかは、人の知るところである——つまりその名は、恩赦（Gnade）。いうまでもなく、これはつねに最強者の特権（Vorrecht）であり、いっそう剴切《がいせつ》な言いかたをすれば、彼の法の彼岸（sein Jenseits des Rechts）である。[*52]

正義はその Selbstaufhebung〔自己止揚〕によって、特権でありつづけている。Gerechtigkeit〔正義〕は Jenseits des Rechts〔法の彼岸〕として Vorrecht〔特権〕でありつづけるのだ。このことは、Selbst〔自己〕一般の構成、すなわち責任のひそかな核心において、この Selbstaufhebung の Selbst とは何なのかを思考するよううながしてくれる。

道徳的義務、良心のやましさ、負い目としての良心などとして、債務のメカニズムを道徳化してしまう抑圧（Zurückschiebung〔押し戻し〕）の概念[*53]を検討することによって[*54]、この抑圧の誇張化の過程を追うこともできるかもしれない（たとえばパトチュカがキリスト教的抑圧について語っている一節なども比較しながら）。この犠牲的なヒュブリス〔傲慢さ〕のことを、ニーチェは「キリスト教の天才的な詭策」と呼ぶ。この詭策が、債務者への愛によるキリストの犠牲において過剰な地点にまで至るエコノミーを支えている。おなじ犠牲のエコノミー、おなじ犠牲の犠牲のエコノミーを。

〔かくしてついにわれわれは〕はしなくも、責め苛《さいな》まれた人類がそれによって当座の慰安を見いだすようになったあの逆説的な、おそるべき方策の前に、キリスト教のあの天才的な詭策〔le coup de gênie du christianisme〕（jenem Geniestreich des Christentums）の前に立つにいたった。その詭策とはこうだ、——神みずからが人間の負債のためにおのれを犠牲に供し給う、神みずからが身をもっておのれ自身に弁済をなし給う、神こそは人間自身の返済しえなくなったもの（unablosbar）を人間に代わって返済しうる唯一者であり給う、——債権者（der Gläubiger）みずからが債務者（seinen Schuldner）のために犠牲となる、それも愛からして（信じられることだろうか？ sollte man's glauben?——）、おのれの債務者への愛からして！……(71)
〔邦訳四七四頁〕

もしそのようなものがあるとして、「天才的な詭策」は、秘密の無限な分かち合いの瞬間にしか到来しない。もしかりに、魔術的な秘密、なんらかの能力《プヴォワール》が持つ技術、一種の作法の策略などとして、この「天才的な詭策」を、「キリスト教」と呼ばれる誰かあるいは何かに帰属させることができたとしても、そこにもうひとつの秘密を包み込むべきであろう。それはこれまでになくもっとも深い秘密にとどまるようなものに対する責任や、信用《クレディ》と信仰《フォワ》のあいだにある、信《クロワイヤンス》という消し去りがたい経験や、債権者

（Gläubiger）の債権《クレアンス》（＝信頼）と信者の信（Glauben）とのあいだに宙づりになっている〈信じること〉などを、神や「他者」に対して、あるいは神の名において付与するような、転倒や無限化のことである。こうした信や債権者の歴史をどうやって信じればよいのだろうか。このことが最後に《イン・フィネ》ニーチェが問い求めていること、すなわち彼が自問していること、他者によって、あるいは彼の言説の亡霊によって求められるがままになっていることである。これは修辞的な問い（にせの問い、装われた問いを指して、英語で安易にも修辞疑問《レトリカル・クエスチョン》と呼ばれているもの）なのだろうか。だが修辞的な問いを可能にするものが、その秩序を乱すこともあるのだ。

　しばしば起きることではあるが、問いの呼びかけ（＝問いを求めること）、そしてそこで反響する問い求め《ドゥマンド》は、解答より遠いところに連れて行ってくれる。問い、求め、呼びかけは、その覚醒《エヴェイユ》の前《ヴェイユ》にすでに、他者によって信用される〔s'accréditer〕ことから、信じられるがままになることから、たしかに始めてしまっているべきなのだ。ニーチェはたしかに、〈信ずること〉が何を意味する《ヴロワール・ディール》のかを知っていると信じているはずである。信じ込ませ〔faire accroire〕ようとしているのかもしれないのだが。

［この章〔「死を与える」〕の第一のヴァージョンは一九九〇年一二月のロワイヨモン学会『贈与の倫理――ジャック・デリダと贈与の思想』（*L'éthique du don. Jacques Derrida et la pensée du don*, Colloque de Royaumont, décembre 1990. Essais réunis par Jean-Michel Rabaté et Michael Wetzel, Métailié-Transition, 1992.）において出版された。］

原注

＊1 《La civilisation technique est-elle une civilisation de déclin, et pourquoi ?》(p. 105 à 127), dans *Essais hérétiques sur la philosophie de l'histoire* (Prague, 1975), traduit du tchèque par Erika Abrams, Paris, Verdier, 1981.

＊2 こうした一群の問題について私は「信仰と知――たんなる理性の限界内における『宗教』の二源泉」(『宗教』所収)(*La Religion*, Le Seuil, 1996〔repris in *Foi et Savoir*, suivi de *Le Siècle et le Pardon*, Paris, Seuil, 2000〕)〔松葉祥一・榊原達哉訳『批評空間II』(一一〜一四号)で別の見地から論じている〕。

＊3 秘密の文学はほとんどの場合に死の形象を舞台化し、その筋に組み込んでいる。そのことは、主に「アメリカ文学」(『盗まれた手紙』〔ポー〕、『書記バートルビー』〔メルヴィル〕、『絨毯の下絵』『アスパンの恋文』〔以上二編ヘンリー・ジェイムズ〕など)の例を取り上げながら、別の場所で示そうと思う。これらは秘密と責任を結合させつつ問題にした演習の中心にあった。

＊4 Martin Heidegger, *Sein und Zeit*, p. 199, § 42.〔ハイデガー、原佑・渡邊二郎訳、『存在と時間II』(中央公論新社)、〈中公クラシックスW29〉、一六二〜一七〇頁〕。

＊5 私はこの問題について『友愛のポリティックス』所収の「ハイデガーの耳」で論じ

ている（*Politiques de l'amitié*, Galilée, 1994）。〔大西雅一郎訳「ハイデッガーの耳　フィロポレモロジー」『友愛のポリティックス2』みすず書房所収〕。

＊6　Jan Patočka,《Les guerres au XXe siècle et le XXe siècle en tant que guerre》, dans *Essais hérétiques, op. cit.*, p. 146.〔問題になっているのは、ヘラクレイトスの断片二九である。「なぜなら、最上の人はすべてを捨ててもひとつのものを選び取るからである。永続的な栄誉をとり、可滅的なものを捨てる。だが多くの者は家畜のごとくたらふく食って、満足しきっている」（日下部吉信編訳『初期ギリシア自然哲学者断片集一』ちくま学芸文庫、三〇六頁）〕。

＊7　Martin Heidegger, *Sein und Zeit*, p. 269, § 54.〔ハイデガー前掲邦訳、三三二頁。「この分析は、良心の神学的解義からもかけ離れており、ましてやこの現象を神の証明や『直接的な』神意識のために要求したりすることからは、かけ離れているのである。」また「呼び声」と「責めある存在」については、三三三頁を参照。「良心をもっと立ち入って分析すると、良心が呼び声であることが露呈する。呼ぶことは語りの一つの様態である。良心の呼び声は、現存在の最も固有な自己存在しうることをめがけて、現存在に呼びかけるという性格をもっているが、しかもそれは、最も固有な責めある存在へと呼びさますという仕方においてなのである」〕。

＊8　*Id., ibid.*, p. 271, § 55, p. 293, § 59.〔前掲邦訳、三三八頁（「呼び声として良心を性格づけることは、たとえばカントが良心を法廷として思い描いたように、たんに『比

喩』にすぎないのでは断じてない」)、および三九二～三九三頁〕。

＊9 *Id., ibid.*, p. 275, § 57. 〔邦訳三四八頁。「呼ぶ者に特有なこの無規定性や規定不可能性は、何ものでもないのではなく、むしろ一つの積極的な際立った特徴なのである」〕。

＊10 *Id., ibid.*, p. 274, § 56. 〔邦訳三四六頁。「呼び声のなかで呼ばれている内容が言葉として表現されずにいるからといって、このことは、良心というこの現象を神秘的な声という無規定性のなかへ押しやるのではなく、このことが暗示しているのは、『呼ばれている内容』が了解されたときでも、それが伝達されることなどに期待をつないではならないということ、このことであるにすぎない」〕。

＊11 *Id., ibid.*, p. 275, § 57. 〔邦訳三五〇頁〕。

＊12 *Id., idid.*, p. 240, § 47. 〔邦訳二六四頁〕。

＊13 Emmanuel Lévinas,《La mort et le temps》, Cours de 1975-1976, dans *Cahiers de L'Herne*, n° 60, 1991, p. 42. 〔「現象の終末である一方で、死は終末の現象です。死は私たちの思考を襲い、それをまさに問いかける思考たらしめます。みずからの未来において問いかけるにせよ（ハイデガーにおけるように、自身の死を特権視した場合がそうである）、現在において問いかけるにせよ、思考は問いかける思考と化すのです。」エマニュエル・レヴィナス「死と時間」、合田正人訳『神・死・時間』所収、法政大学出版局、六八頁。以下では文脈に合わせ、一部改訳した〕。

＊14 Martin Heidegger, *Sein und Zeit*, p. 240, § 47. 〔邦訳二六三頁〕。

＊15　*Id., ibid.*, p. 275, § 57.〔邦訳三五〇頁〕。

＊16　Emmanuel Lévinas,《La mort et le temps》, *op. cit.*, p. 38.〔「死と時間」邦訳五九頁〕。

＊17　*Id., ibid.*, p. 25.〔邦訳二一頁〕。

＊18　*Id., ibid.*, p. 42.〔邦訳六八頁〕。

＊19　*Id., ibid.*, p. 25.〔邦訳二一頁〕。

＊20　《La civilisation technique est-elle une civilisation de déclin, et pourquoi ?》, dans *Essais hérétiques sur la philosophie de l'histoire*, *op. cit.*〔p. 117〕

＊21　Søren Kierkegaard, *Crainte et tremblement* dans *Œuvres Complètes*, t. V, tr. P. H. Tisseau et E. M. Jacquet-Tisseau, Éditions de l'Orante, 1972, p. 199.〔キルケゴール『おそれとおののき』、桝田啓三郎訳『キルケゴール著作集五』白水社、一八八頁〕。

＊22　ときどきギリシア語やラテン語を差し挟みながら、グロジャン Grosjean とレテュルミ Léturmy の翻訳（Gallimard,《Bibliothèque de la Pléiade》, 1971）を引用する。〔フランス語訳では〕「神のよき喜び（le bon plaisir）」と訳されている言葉〔日本聖書協会の『聖書　新共同訳』では「御心（のままに）」。また、青野太潮訳『パウロ書簡』（岩波書店）では「〔自らの〕意にかなったことがら（のために）」と訳されている〕は、神の喜びがあることを意味するのではなく、誰にも相談しないような至高の〔＝主権者的な〕意志（volonté *souveraine*）を意味している。それは王がひそかな根拠を明かさ

ず、なすべき釈明や与えるべき説明なしに意のままに行動するのと同様である。パウロの文章では神の喜びではなく、意志という言葉を使っている。pro bona voluntate およびhyper tes eudokiasである。eudokiaとは、よき意志のことであるが、それは善意〔volonté bonne〕(「ひとの幸せを願う(vouloir le bien)」こと)という意味ばかりではなく、よしと判断するような、たんなる意志という意味でもある。〔神は〕御心のままにそれをよしと判断するのだが、それはこの判断が神の意志であり、それだけで十分だからである。eudokeôというギリシア語は「私はよしと判断する」「是認する」を意味し、また「私はそれが気に入っている」「私はそれを承諾する」を意味することもある。

*23 *Søren Kierkegaards Papirer*, IV B 79, Copenhague, 1908-1948.

*24 「創世記」二二章8(「イサクは父アブラハムに、『わたしのお父さん』と呼びかけた。彼が、『ここにいる、わたしの子よ』と答えると、イサクは言った。『火と薪はここにありますが、焼き尽くす献げ物にする子羊はどこにいるのですか。』アブラハムは答えた。『わたしの子よ、焼き尽くす献げ物の子羊はきっと神が備えてくださる。』二人は一緒に歩いていった」(前掲『聖書 新共同訳』))。

*25 Søren Kierkegaard, *Crainte et tremblement*, *op. cit.*, p. 199.〔邦訳一八六頁。「アブラハムは沈黙を守る――しかし、彼は語ることが**できない**のである、この点に、苦悩と不安がある、すなわち、わたしが、語ることによって、わたしを人に理解させることが

できないとき、たとえわたしが明けても暮れても間断なく語ったにしても、わたしは語っていることにはならない、これがアブラハムの場合なのである。彼はあらゆることを語ることができる、しかし一つのことだけを、彼は語ることができない、しかも、それを語ることができないとき、すなわち、他人がそれを理解してくれるようなふうにそれを語ることができないとき、彼は語っているのではない。語ることの慰めは、語ることがわたしを普遍的なものへ翻訳してくれるところにある」〕。

*26 *Id., ibid.*, p. 201.〔邦訳一八九頁。「誘惑《まどわし》」と訳されている語の原語は、ドイツ語の Anfechtung にあたる Anfaegtelse であり、神によるアブラハムの信仰の「こころみ」の意味を含んでおり、訳書では「試惑《まどわし》」と訳されている。この点については邦訳一〇一頁注（1）参照。本書ではあえて仏訳の tentation の意味を残して「誘惑《まどわし》」とした〕。

*27 Søren Kierkegaard, *Problema III*, dans *Crainte et tremblement*, *op. cit.*, p. 171.〔邦訳一三六〜一三七頁〕。

*28 Søren Kierkegaard, *Problema II*, dans *Crainte et tremblement*, *op. cit.*, p. 160.〔邦訳一一六頁。「ヘーゲルの哲学においては、外ナルモノ（外化）は内ナルモノよりも高くにある。〔……〕信仰はこれに反して、内面性が外面性よりも高くにあるという逆説である〔……〕。信仰の逆説とは、外的なものでは測れないような内面性が存在するということである」〕。

*29 *Id., ibid.*, p. 162.〔邦訳一二一頁〕。

＊30 *Id., ibid.*, p. 159.〔邦訳一一四頁〕。

＊31 *Id., ibid.*, p. 162.〔邦訳一二〇頁〕。

＊32 Søren Kierkegaard, *Crainte et tremblement, op. cit.*, p. 164.〔邦訳一二三〜一二四頁〕。

＊33 *Id., ibid.*, p. 170.〔邦訳一三三頁〕。

＊34 *Id., ibid.*, p. 200.〔邦訳一八七頁。「悲劇的英雄は孤独の恐るべき責任を知らない。さらに彼は、クリュタイムネストラやイピゲネイアとともに泣き、かつ嘆くことができるという慰めをもっている――そして涙と叫びは慰めとなるが、口に言いあらわすことのできぬため息は人を責めさいなむ」〕。

＊35 *Id., ibid.*, p. 200.〔邦訳一八八頁〕。〔「コリントの信徒への手紙」一四章2「異言を語る者は、人に向かってではなく、神に向かって語っています。それはだれにも分かりません。彼は霊によって神秘を語っているのです」（前掲『聖書 新共同訳』）による。邦訳者によれば、「『異言を語る』というのは、霊的なエクスタシーの状態において、他人にはわからぬような言葉で語ることで、その語るところは、常人にはわからない。それは、人にむかってでなく、神にむかって語られる言葉だからである」という（邦訳一八八頁、訳注（1））〕。

＊36 *Id., ibid.*, p. 204.〔邦訳一九六頁〕。

＊37 *Id., ibid.*, p. 204.〔邦訳一九五頁〕。

＊38　この点については『弔鐘』（*Glas*, Galilée, 1974, p. 209 *sq.*）を参照されたい。〔引用については、ヘーゲル『精神現象学（下）』樫山欽四郎訳、平凡社ライブラリー、五八〜五九頁参照。「国家共同体は、一般的なもののなかに、家族の幸福を破壊し去り、自己意識を解体してしまうことによってのみ、自ら存在しているのだから、自らが抑圧しながらも、同時に自らにとって本質的なものでもあるものにおいて、つまり女性において、本来、自分の内面の敵をつくり出しているわけである。この女性――国家共同体の永遠の反語――は、たくらみによって、統治という一般的な目的を私的な目的に変え、その一般的な活動をこの一定の個人の仕事に転換し、国家の公の財産を、家族の私有物や装飾品に顚倒させてしまう。」この一節についてデリダは次のようにコメントしている。「したがって抑圧は、まさにおのれの『本質的な契機』として抑圧するもの――無意識の特異性、女性性のアイロニー――を生産する。抑圧はみずからを罠にかけ、その本質において鳥もちに捕らえられたように動けなくなる。そのことによって、無意識の――そして女性の――永遠の笑いが響き渡る。際限なく（人間の）本質や真理を責め苛み、問題視し、愚弄し、馬鹿にするような叫びが。」（*Glas*, p. 211）〕

＊39　これがレヴィナスのキルケゴールに対する反論の論理である。「倫理はキルケゴールにとっては一般的なものを意味していました。自我の単独性はキルケゴールにとっては、万人に妥当する規則の下に埋もれてしまいます。一般性は自我の秘密を内包することも表現することもできないからです。ですが、キルケゴールが見て取っている場所に

倫理があるかどうかはおよそ定かではありません。他人に対する責任の意識としての倫理は［……］ひとを一般性の中に埋もれさせてしまうどころか、単独化し、唯一の個別者として、〈自我〉として措定するのです。［……］アブラハムに言及しつつ、キルケゴールは、主体性が宗教的なものの水準に、つまりは倫理の上位に高められるところで、神との出会いを描いています。ですが、これとは逆のことを考えることもできます。つまり、人間の犠牲を禁ずることでアブラハムを倫理的次元に連れ戻す声に、アブラハムが向ける注意、それがこのドラマのもっとも高度な瞬間〔＝契機〕だということです。［……］そこ、倫理のうちにこそ、主体の単一性への呼びかけが、死にもかかわらずなされる生への意味の付与があるのです」（*Noms Propres*, Fata Morgana, 1976, p. 113）〔『固有名』合田正人訳、みすず書房、一一九〜一二〇頁、一部改訳〕。このように批判しているにもかかわらずレヴィナスは「西欧哲学」における「まったく新しい何か」「〈真〉の新たな様態」「迫害された真理という考え方」をキルケゴールに見て取り、賞賛している（p. 114-115）〔邦訳一二一〜一二三頁〕。

＊40 Søren Kierkegaard, *Problema III*, dans *Crainte et tremblement*, *op. cit.*, p. 205.〔邦訳一九七頁〕。

＊41 上記原注38および《Violence et Métaphysique》, dans *L'écriture et la différence*, Le Seuil, 1967, p. 143, 162 *sq.*〔川久保輝興訳「暴力と形而上学」『エクリチュールと差異（上）』所収、三四四頁注（18）、二一二頁以下〕。

＊42 《La civilisation technique est-elle une civilisation de déclin, et pourquoi ?》, dans *Essais hérétiques sur la philosophie de l'histoire*, *op. cit.*, p. 116.

＊43 この犠牲のエコノミーについては、『弔鐘』*Glas*, *op. cit.* とりわけ p. 40, 51 *sq.*（ヘーゲル、アブラハム、イサクの「犠牲」、「エコノミー的シミュラークル」などについて）、80 *sq*, 111, 124, 136, 141, 158, 160, 175 *sq*, 233, 262, 268 *sq*, 271, 281 *sq*, 288 *sq*, また「エコノミメーシス」（《Économimēsis》, dans *Mimēsis-des articulations*, Aubier, 1976）などを参照していただきたい。

＊44 Évangile de Matthieu, 6, 19-21.〔「マタイによる福音書」六章19〜21、前掲『聖書 新共同訳』日本聖書協会〕。

＊45 5, 27-30.〔同前五章27〜30〕。

＊46 Lévitique, XIX, 15-20.

＊47 うち捨てられた女ハガルとその息子は、イスラムという語が限界づけようとしたものに付きまとい続ける」とフェティ・ベンスラマは記している。彼はまた「イスラムの創設におけるハガルの排除」をも指摘し、それを分析している。ここでは彼のすばらしい試論「根源的放棄」への参照を求めるにとどめたい（《La répudiation originaire》, dans *Idiomes. Nationalités. Déconstructions*, Rencontre de Rabat, Intersignes, éditions Toubkal et L'Aube, 1998）。

＊48 *Cf.* Baudelaire, *Œuvres Complètes*, éd. Claude Pichois, Gallimard, 《Bibliothèque de la Pléiade》, t. II, 1976, p. 44 *sq.*〔「贋金」阿部良雄訳『ボードレール全詩集II』ちくま文庫、筑摩書房、八六頁以下〕。「異教派」における贋金への言及については、私が別の場所で行なった「贋金」の読解(『時間を与える 第一巻——贋金』*Donner le temps, I. La fausse monnaie*, Galilée, 1991)では考慮されなかった。

*49 Friedrich Nietzsche, *La Généalogie de la morale*, deuxième dissertation, §4, tr. H. Albert modifiée, Mercure de France, 1964, p. 74.〔『道徳の系譜』、信太正三訳『ニーチェ全集一一』ちくま学芸文庫、四三二頁。「おそらく今日ではもはや根絶しがたい観念、損害と苦痛とは等価であるというこの観念は、どこからその力を得てきたのであろうか? その秘密はすでに私の洩らしたところだが、つまりその力の出所は債権者と債務者との契約関係のうちにある。この契約関係は、総じて〈権利主体〉というものの存在と同じく古いものであり、そしてこの契約関係それ自体がまた売買、交換、交易などの根本形式に還元されるのである」〕。

*50 *Id., ibid.*, §6.〔邦訳四三四〜五頁。「かくして、この領域、つまり債務法のうちに、〈負い目〉とか〈良心〉とか〈義務〉とか〈義務の神聖〉とかいった道徳的な概念世界の発祥地がある。——この概念世界の始まりは、地上のあらゆる大事件の始まりと同じく、じつにひどく久しきにわたって血で汚されていた。ここで、こう付言してもよいのではなかろうか? ——ひっきょうあの世界からは、一種の血と拷問との臭いがまたとふたたび完全に払拭されることはなかった、と。(老カントにあってすらそうだ、彼の

定言命法には残忍の臭いがする……)」。

＊51 *Id., ibid.*, § 8.〔邦訳四四三頁〕。

＊52 *Id., ibid.*, p. 86.〔邦訳四四六頁〕。

＊53 *Id., ibid.*, p. 110, § 21.〔邦訳四七三頁。「すなわち、負い目や義務の概念を道徳化し、これらを良心の疚しさのなかへ押し戻すという試みとともに、本当のところ実は、今しがた述べた発展方向を逆転させようとする試み、すくなくともこの発展の動きを停止させようとする試みがおこなわれてきた」〕。

＊54 私は『郵便葉書』(*La carte postale, de Socrate à Freud et au-delà*, 1980. とりわけ p. 282) において、『道徳の系譜』のこの数節を、いささか異なった見地から分析しておいた。

訳注

(1) ヤン・パトチュカJan Patočka(一九〇七〜一九七七)はチェコの代表的な現象学者。東ボヘミアのトゥルノフに生まれる。一九二八〜二九年にパリのソルボンヌ大学に留学し、フッサールの現象学を発見する。一九三二年プラハのカレル大学で哲学博士の学位取得後、ベルリンとフライブルクに留学し、フッサールとハイデガーの教えを受ける。三六年カレル大学に提出した教授資格請求論文『哲学的問題としての自然的世界』を出版。三九年のナチスによるチェコスロヴァキア侵攻によってチェコ語を用いる大学が閉鎖され、職を奪われる。四五年にカレル大学に復帰するが、四八年の共産党のクーデターにより再び職を奪われ、五〇年から五四年までプラハのマサリク研究所の図書館員を勤める。六八年のいわゆる「プラハの春」によって再びカレル大学に復帰するが、ソ連の軍事介入後再び解職。七七年にはハヴェルらとともに、基本的人権の回復を訴えた「憲章七七」の発起人の一人となり、そのため逮捕されて長い尋問を受けたのち、脳出血で死亡する。

『歴史哲学についての異教的試論』は、パトチュカが初期から影響を受けていた、フッサールの『ヨーロッパ諸学の危機と超越論的現象学』を継承する、歴史哲学・政治哲学的な著作である。前歴史的な生命の世界としての自然的世界から、技術と戦争の世紀としての二〇世紀に至る、ヨーロッパの運命についての現象学的考察であるこの試論において、パトチュカは、エルンスト・ユンガーやテイヤール・ド・シャルダンの前線についての思索を引用しながらニヒリズムの超克を提唱し、モデルをプラトンの「魂への気遣い」に見いだしている。デリダが主に論じていくのは、この書に収められた試論のうち「技術文明は没落の文明なのか、そしてそれはなぜか」および「二〇世紀の戦争と戦争としての二〇世紀」である。

パトチュカが出版を禁じられていた時期以来、今日に至るまで政治論文をも含めた多くの著作がフランス語に翻訳されており、上記『異教的試論』にはポール・リクールの序文とロマン・ヤコブソンの後書きが付けられている。またドイツ語の選集も出ている。なおチェコ現代史におけるパトチュカの重要性については石川達夫『マサリクとチェコの精神――アイデンティティと自律性を求めて』(成文社)第一三章参照。『異教的試論』のフランス語訳からの抄訳として「歴史に意味はあるか」(菊池恵介・若森栄樹訳『現代思想』一九九三年五月号、一三三頁以下)、現象学についての重要な論文の邦訳として「フッサール現象学の主観主義と『非主観的』現象学の可能性」(小熊正久訳、新田義弘・村田純一編『現象学の展望』国文社)がある。

(2)「秘儀」と訳したのはmystèreである。キリスト教の奥義を指し示すときには「秘義」という用語が使われ、古代地中海世界を中心として行なわれていた特定の神々を崇める祭儀の総称としては「秘儀」という表記が使用される。後者の例としては、エレウシスの秘儀、ディオニュソスの秘儀、オルフェウス教などがある。ここではプラトン以前の時期の祭儀一般が意識されているので、「秘儀」と訳した。以下では、文脈から考えて明らかにキリスト教と関連して用いられているときには「秘義」としたが、あいまいな場合には「秘儀」を使用した。なおオード・カーゼル『秘儀と秘義――古代の儀礼とキリスト教の典礼』(小柳義夫訳、みすず書房)を参照。

この語は本来「閉ざされたこと」を意味し、デリダの重要な主題のひとつである「秘密」「クリプト」「隠されたこと」などと密接に関連していることに注意。

(3) ダイモーンとは、神と人間の中間に位置して、人間の運命を司るべく各人に割り当てられた神霊のこと。ソクラテスもしばしば引き合いに出している。

(4) 狂躁 orgie とは、熱狂的祭式によってディオニュソス(ローマではバッコス)を崇拝する、プラトン以前のギリシアに古くからある秘儀のこと。

(5) répondre. この語は、本来「応答する」ことを意味するが、répondre de という表現では「……を請け合う、保証する、責任を負う」こと(または文脈によっては「……について応答すること」)も意味する。デリダは後者の意味を responsabilité という名詞に含ませ、「責任」と「応答可能性」を重ね合わせている。

(6) フランスの作家シャトーブリアン François René Chateaubriand (1768-1848) の著作『キリスト教精髄』*Le Génie du christianisme* (1802) が念頭に置かれている。本論「死を与える」第四節の末尾で、この語を借用したニーチェのテクストが分析される。

(7) mysterium tremendum. tremendum は「おそれおののく」を意味するラテン語動詞の動形容詞型で、「戦慄すべき」「おののかせるような」を意味する。「おそるべき神秘」「戦慄すべき秘儀」という用語は、ドイツの宗教学者オットー Rudolf Otto (1869-1937) が『聖なるもの』*Das Heilige* (1917) で使用したことで知られる。オットーはこの書で、「聖なるもの」に含まれる非合理的な超過の存在を指摘し、それを表すために「ヌミノーゼ的」という用語を使用した。〈戦慄スベキ秘儀〉とは、このヌミノーゼ的な感情の対象となるものである。この語は「死を与える」第三節でより詳しく分析されるが、そこで論じられるキルケゴール『おそれとおののき』と関係づけるため、以下ではこの語を〈オノノカセル秘儀〉と訳す。

(8) anabasis.「上昇」。プラトン『国家』のいわゆる洞窟の比喩で使用される語。洞窟につながれて、奥の壁に映る影を実在するものとみなしていた囚人が、この可視的世界を離れて、叡智界に向かうために、闇から光へと魂を「向きかえ」、善のイデアへと「上昇」の道を登ること。たとえば『国家』五一九Dなどを参照。

(9) Eugen Fink (1905-1975). ドイツの哲学者。フッサールの下に学び、そのもっとも忠実な弟子として、現象学の革新性を明らかにした。のちハイデガーの影響を受け、両者の統合を図り、メルロ＝ポンティ、デリダらのフランス現象学には大きな影響を与えた。パトチュカは一九三二～三三年のドイツ留学以来フィンクと親交を結んでいた。

(10) エコノミー。語源的には oikos (家) の nomos (法)。デリダはこの語を初期から愛用しているが、たとえば『時間を与える』においてデリダは、oikosとは「家、所有地、家族、住まい、内部の火（炉）」などを意味し、nomosは「配分法則」「分かち与えpartageの法則」「分かち与えとしての法」であることを強調し、それが交換や循環や回帰を含意していること、贈与は非エコノミー的であることなどを指摘している。以上の多義性を踏まえ、以下では多くの場合「エコノミー」と訳しておく。*Donner le temps 1, La fausse monnaie*, Paris, Galilée, pp. 17-18〔同内容の講演からの邦訳、「時間を――与える」、高橋允昭訳、『他者の言語』所収、法政大学出版会、六五～六七頁〕。

(11)　体内化incorporationとは、K・アブラハムやメラニー・クラインによって展開された精神分析の用語で、外部の対象を、ファンタスムとして自己の中に侵入させ、自己の中に保持しようとすることをいうが、デリダが序文をつけている『狼男の言語標本』の著者ニコラ・アブラハムとマリア・トロックによって、再検討された(Nicolas Abraham et Maria Trok, *Cryptonymie, Le verbier de l'homme aux loup*, précédé de *Fors* par J. Derrida, Flammarion, 1976)〔「Fors――ニコラ・アブラハムとマリア・トロックの稜角のある言葉」若森栄樹・豊崎光一訳、『現代思想』第十巻第三号、一九八二年、一一四頁以下〕。「クリプト」についての訳注（13）も参照。

(12)　partage. 動詞partagerの名詞形で、おおむね英語のshareと重なる意味を持つ。すなわち「分け与える」「配分する」という意味と同時に「共有する」「分かち合う」という意味も持ち、さらには「分裂させる」という一見矛盾した意味も持つ。この言葉をキーワードに共同体論を展開したのがデリダの友人のジャン゠リュック・ナンシーJean-Luc Nancy である。何かを「分かち合う」のだが、その何かは「一者」ではなく、したがって分裂をもはらんでいるような共同性のあり方が模索されている。以下ではこの語をそれぞれの文脈で訳し分け、適宜ルビなどを記す。

(13) クリプト crypte. クリュプタともいう。納骨や礼拝のために教会の地下祭室のことを指すが、「隠された」「秘密の」「暗号化された」などを意味するギリシア語起源の接頭辞でもある。アブラハムとトロックによれば、クリプトとは体内化の空間として、自我の内部にいわば区切られた飛び地である。デリダは「Fors」において、(一) クリプトは、「内部の内部に排除された外部」としての「内面」、という非‐場所をかたちづくること。(二) とりわけ身近な対象を失ったときに行なわれるとされる「喪の作業」(次注参照) を挫折させるものであり、「不可能な喪」の場であること。(三) それは謎めいた言葉として現れるが、その背後に意味を隠し持っているのではなく、むしろ「けっして現前しなかった出来事について作られる痕跡」として、物でも言葉でもあるような「物‐言葉」であること、などを指摘している。本書における「秘密」「秘儀」「死」「喪」の主題がこの語と密接に関連していることは言うまでもない。

(14) フロイトが「悲哀とメランコリー」(『フロイト著作集六』所収、井村恒郎訳、人文書院) で提出した考え方。親しい人の死などを喪失したとき、消失した対象からリビドーを引き離し、対象の喪失を認めるための作業を「喪の作業」という。

(15) ハイデガー『存在と時間』のとりわけ第五三節を参照（原佑・渡邊二郎訳（『存在と時間II』〈中公クラシックスW29〉、中央公論新社、三一七頁）。デリダは『アポリア』（港道隆訳、人文書院）において、この問題を批判的に論じている。

(16) syn.「ともに」「同時に」を示すギリシア語。現代フランス語の synthèse（綜合）、système（システム）、syntaxe（シンタックス）などの接頭辞でもある。『時間を与える』においてデリダは、このsynが、たとえば贈与と交換という権利上まったく相容れない二つのプロセスを一つに接合すること、しかしこのシステムのsynは、時間や遅れと本質的な関係を持つことを指摘している。「時間を——与える」、前掲邦訳八九頁を参照。

(17)「それなのに、魂という、この目に見えないもの、自分と同じように高貴で、純粋で、目に見えない場所へ行くもの、真実の意味で目に見えない場所であるハデスへ行くもの、善く賢い神のもとへ行くもの〔……〕、このわれわれの魂が、本性的にこういう性質をもっているのに、肉体から分離されると、多くの人々の言うように、たちまち吹き飛ばされ滅びてしまうのか」（プラトン『パイドン』八〇D、岩田靖夫訳、岩波文庫、七九頁）。

(18) The Triumph of Life. イギリスロマン派の詩人シェリー Percy Bysshe Shelley（1792-1822）が晩年に専心した未完の長詩の表題。ダンテの『神曲』「煉獄編」をモデルに、幻想の中でルソーと共に人間の群を眺めるという設定になっている。

(19) シュミットの「敵」の概念については「死を与える」第四節で詳しく論じられる。

(20) 「メランコリーのきわめていちじるしく、またもっとも解明の必要な固有な点は、それが正反対の症状をもつ躁病の状態に転換する傾向のあることである。〔……〕躁病では、自我が対象の喪失を（あるいは喪失にたいする悲哀を、またはおそらく対象そのものを）克服し、メランコリーの苦悩が自我からひきだして拘束していた反対充当の全量が自由につかえるようになっている。躁病の患者は、飢えた者のように新しい対象充当におもむきながら、彼がそれまで悩んでいた対象から解放されたことを誇示するのである」（フロイト「悲哀とメランコリー」、前掲邦訳一四五〜一四六頁）。

(21) *Cf. Essais hérétiques*, pp. 116-117.「ニーチェはキリスト教を民衆のプラトニズムと呼んだ。キリスト教が存在‐神学的な概念の超越を当然のものとみなしたかぎりにおいて、この言葉は正しい。だがキリスト教的な魂の概念には根本的な違いがある。それはたんに、聖パウロがそうであったように、キリスト教的な人間がギリシア的な sophia tou kosmou（形而上学）を拒否したからばかりではない。また、魂の発見に必然的に伴う、存在への歩みとしての内的な対話というギリシア的な方法——理念的な観想——を拒否したからだけでもない。根本的な差異は次の点にある。すなわち、わたしたちは今になってようやく、魂に固有な内容を発見したのだということ、つまり、魂がそれを求めて闘う真理は、観想の真理ではなく、固有な運命であり、いつの世にも決定的に永遠の責任に結びついた真理であるということである。魂はおのれの生の起源をイデアの直観に求めるのではなく、またつねに永遠に存続するような存在者への結びつきに求めるのでもなく、神性と人性のあいだに深淵が穿たれていることにこそ求めるのである。」

(22) mythomorphique et mythopoétique. プラトンは『国家』で、ヘシオドスやホメロスらに由来する詩人たちを想定しながら、「物語や神話の作り手たち」(mythopoiois)を監督すべきだという。たとえばプラトン『国家』三七七B~Cを参照。「そうすると、どうやらわれわれは、まず第一に、物語の作り手たちを監督しなければならないようだ」(藤沢令夫訳『国家(上)』岩波文庫、一五五頁)。

(23) デュルケム『宗教生活の原初形態(上)』古野清人訳、岩波文庫、三八五頁(ただし翻訳は拙訳による)。

(24) ハイデガー『存在と時間II』一二二頁を参照。「頽落は一つの存在論的な運動概念なのである。はたして人間が、『罪のうちで溺れて』おり、頽廃ノ状態のうちにあるのか、はたして人間が、無垢ノ状態のうちで生活しているのか、それとも恩寵ノ状態という中間状態のうちにいるのかということは、存在的には決せられない。」

(25) ハイデガー『存在と時間』第二七節などを参照。

(26) Bonnes consciences. 良心に恥じるところなく、道徳的に正しく行動しているという意識。しばしば自己満足的な潔癖さについても使われる。

(27) フッサールによれば、根源的な直観とは、対象がありありと生身のかたちで「有体的に（leibhaftig, en personne）」現前することであり、そこにおいて対象がみずから自身を与えることである。それを「自体能与」（Selbstgebung）という。フッサールが直観におけるこの自体能与の特権を放棄しなかったことを『声と現象』のデリダは「現前の形而上学」と呼んでいた。フッサール『イデーンI－1』第二四節（渡邊二郎訳、みすず書房）などを参照。

(28) ユリアヌス（三三二〜三六三）。ローマ皇帝（在位三六一〜三六三）。キリスト教を棄教して、異教の復興を試みたため、背教者ユリアヌスと呼ばれる。新プラトン主義を研究し、在位中には異教や密儀宗教を奨励してキリスト教の殲滅をはかった。

(29) retrait.「秘密の文学」でも暗示されているように、ハイデガーのEntzugという言葉が意識されている。Entzugとは、存在が存在者へと現れながらみずからを退却させる運動のこと。デリダは一九七八年の講演「隠喩の退却」において、ハイデガーの隠喩論を論じながら、この訳語を導入している。《Le retrait de la métaphore》, *Psyché (Invention de l'autre)*, 1987, p. 79 以下を参照。

(30) ハイデガー『技術論』（小島威彦・アルムブルスター訳、ハイデッガー選集一八、理想社）の、たとえば三一頁以下を参照。

(31) エドガー・アラン・ポーの短編「盗まれた手紙」（丸谷才一訳『ポオ小説全集』第四巻、創元推理文庫所収）のこと。D＊＊大臣は、ある貴婦人から盗んだ秘密の手紙を、「どんな訪問客の眼にもさらされるような、ひどく人目に付きすぎる所に」置かれた

「安物の名刺差し」にぞんざいに入れておくことによって、警察の捜査の手を逃れる。
(32)「しかし、解放された好奇心が見ようと配慮的に気遣うといっても、それは、見られたものを了解するためではなく、言いかえれば、見られたものへとかかわる存在のうちへと入りこむためではなく、見るだけのためでしかない。」(ハイデガー『存在と時間II』一〇四〜一〇五頁)
(33) ジャック・ラカンの一九五五年の「『盗まれた手紙』についてのゼミナール」のこと。その記録は一九六六年刊行の『エクリ』の巻頭に収められている(佐々木孝次訳『エクリI』弘文堂、五頁以下。たとえば二一頁を参照)。デリダは『郵便葉書』所収の「真実の配達人」(清水正・豊崎光一訳『現代思想』一九八二年臨時増刊、一八頁以下)において、ラカンの読解を批判的に論じている。また『ポジシオン』においては、ラカンによるハイデガー的概念への安易な依拠が批判されている(高橋允昭訳、青土社、一六三頁以下)。
(34) ハイデガー『存在と時間II』二六三〜二六四頁。
(35) 前掲訳注(15)『アポリア』のこと。
(36) ジャン゠リュック・マリオン Jean-Luc Marion(一九四六年生まれ)のこと。著書に『還元と贈与』(芦田他訳、行路社)などがある。デカルトを中心とする哲学史研究から出発し、ハイデガーの影響を受け、否定神学的な色彩の強い「贈与の現象学」を展開する。一九九七年の「宗教とポストモダニズム」という題の学会にデリダはマリオンとともに出席し、とりわけ贈与と現象学の関係について論争している。J. D. Caputo & M. J. Scanlon (ed.), *God, the gift, and postmodernism*, Indiana UP, Bloomington and Indianapolis, 1999.

(37) たとえば一九九四年に行なわれた宗教をめぐる学会で発表された論考「信仰と知——たんなる理性の限界における『宗教』の二源泉」『批評空間II』一一〜一四号などを参照。

(38) 「フィリピの信徒への手紙」二章12、前掲『聖書 新共同訳』(この書簡は獄中からフィリピの人々に書き送るかたちになっており、獄中書簡とも呼ばれている)。

(39) 「かくして、アブラハムは語らなかった、彼はサラに語らず、エリエゼルにも、イサクにも語らなかった。彼はこれら三つの倫理的審級を踏み越えたのである。というのは、アブラハムにとって、倫理的なものの最高の表現は、家庭の生活にほかならなかったからである」(『おそれとおののき』邦訳一八五頁)。

(40) アガメムノン。エウリピデスの悲劇『アウリスのイピゲネイア』の英雄。トロイア戦争の際、妻ヘレネの奪還を企てていたアガメムノンの船が、アルテミス女神のたたりで引きとどめられ、長女イピゲネイアを女神に犠牲に捧げることを余儀なくされる。妻クリュタイムネストラは悲嘆に暮れるが、イピゲネイアみずから死を決意する。まさに刃がかけられようとするとき、イピゲネイアの姿は消え、祭壇には代わりに血まみれの牝鹿が現れる。

本節の後半でデリダが紹介しているように、キルケゴールは『おそれとおののき』においてアガメムノンという「悲劇的英雄」とアブラハムを比較し、前者は妻や娘とともに嘆くという慰めをもっているために、「孤独のおそるべき責任を知らない」のに対して、アブラハムはどんな言葉を発したとしても理解されないために沈黙を守る、という苦悩にさいなまれることを強調している。

(41) カントは『人倫の形而上学の基礎付け』や『実践理性批判』第一篇第三章などの義務の概念の分析において、「義務に適った」(pflichtmässig) 行為と「純粋な義務に基づいた(純粋な義務から発した)」(aus reiner Pflicht) 行為を区別し、後者のみが道徳的法則への「尊敬」に基づき、真に道徳的な価値を持つとする。しかし、道徳的な意志の「隠れた駆動力の背後に(hinter die geheimen Triebfedern)」遡ったとしても、そこにひそかな自己愛が隠されていないかどうかは、経験によってはけっしてあきらかにできないともカントは言う(『人倫の形而上学の基礎付け』(平田俊博訳『カント全集七』岩波書店、三三頁)。デリダは、そういう秘密が潜んでいる疑いを完全に排除することができず、その秘密が解読に委ねられることがないとすれば、「義務に適った行為」と「義務に基づいた行為」が混淆し、汚染し合うことになるという。そして「純粋な義務」そのものの可能性において、シミュラークルや反復可能性が入り込んでいると指摘し、「義務の純粋さには、すなわちその反復性には、原理的に非純粋性が内属している」という(湯浅博雄訳『パッション』未來社、九一〜九三頁)。また『歓待について』(廣瀬訳、産業図書、一〇二頁）をも参照。

（42） Tout autre est tout autre. この定型表現の多義性については次節の冒頭で詳しく説明されているが、フランス語を解さない読者のために、簡単に解説しておこう。この表現では、英語の is にあたる est をはさんで、tout autre という同じ言葉が繰り返されている。基本的には tout は英語の all、autre は other にあたると言えるが、フランス語ではもう少しあいまいさがつきまとう。

まず tout であるが、これは第一には「すべての」という形容詞であるが、単数形の無冠詞名詞にかかっているので、「およそどんな……も」というニュアンスで理解される。第二にこの tout という語は、強めの副詞としても使われ、形容詞の前に置かれて、「まったく……な（もの）」「完全に……な（もの）」という意味を付け加える。

次に autre であるが、tout の第一の意味を受けるならば、それは「他者」「他の物」を意味する名詞として解される。よって tout autre は「およそ他者というものは」という意味となるのである。他方、tout を副詞と理解するならば、autre は形容詞を名詞化したものと解され、「他であるようなもの」「異なったもの」という意味になり、tout autre は「まったく他であるようなもの」「根本的に異なったもの」といった意味になり、神的な存在を予感させるだろう。

こうして est の前後の表現がそれぞれ二通りの意味を持つとすれば、この文章全体は四通りの意味を持つことになる。「およそ他者というものは／まったく他なるものは」

「すべての他者だ／まったく異なったものだ」となるわけである。次節の冒頭でデリダは、たとえこれを同語反復的に解したとしても「まったく違う人間は所詮まったく違ったものだ」というような意味を持ちうることを指摘している。

(43)「ソロモンはエルサレムのモリヤ山で、主の神殿の建築を始めた。そこは、主が父ダビデに御自身を現され、ダビデがあらかじめ準備しておいた所で、かつてエブス人オルナンの麦打ち場があった」(「歴代誌下」三章1)。

(44) Me voici. 神や神の使いへの応答として使われる言葉を示すフランス語。すでにレヴィナスはこの言葉を手がかりに、自己性を「人質」として規定し、責任との関係も論じていた、「自同性に付きもののアルケーなき受動性としての自己性、それは人質ないし捕囚である。〈私〉という言葉は、万事に、万人に責任を負うわれここに（me voici）を意味する。〔……〕〈自己〉――休息の手前。万事から身をひいて『自己のことだけを気遣うこと』の不可能性。ただし、みずから自己をむしばみつつも自己から逃れられないこと。強迫する意識とは、私が求めなかったもの、言い換えるなら、他人たちに対する私の責任なのだ」（『存在の彼方へ』合田正人訳、講談社学術文庫一三八三、二六五～二六六頁）。またデリダは、『アデュー』においてこの一節を註解している（*Adieu, à Emmanuel Lévinas*, Paris, Galilée, 1993, pp. 102-103）。

(45) ハーマン・メルヴィル（Herman Melville）の短編の表題（坂下昇訳「バートルビー」『幽霊船』所収、岩波文庫）。法律事務所を営む語り手は、法律の写本を作る「学士」（scrivener 聖書で言う「書記」でもある）としてバートルビーを雇うが、仕事を言いつけるたびごとに、彼は「ぼく、そうしないほうがいいのですが」とのみ返答する。さらには仕事もしなくなり、事務所の一角に生き霊のようにとどまり続ける。たえかねた語り手はみずから事務所を移転してしまうが、それでも立ち退かない。ついに彼は投獄され、面会に行った語り手は中庭で眠るように死んでいるバートルビーを発見する。そのとき語り手は差し入れ屋と次のような会話を交わす。「ヨブ記」が引用されるのはそのときのことである。「『へえ！ ——眠っとるんでしょうな、旦那？』／『地の王や参議らと共に』と、私が呟きました」（邦訳二三九頁）。ジル・ドゥルーズはすでに一九八九年にこの短編の序文を執筆している（「バートルビー、または決まり文句」谷昌親訳『批評と臨床』河出書房新社所収）。

(46)「なぜ、わたしは母の胎にいるうちに死んでしまわなかったのか。せめて、生まれてすぐに息絶えなかったのか。なぜ、膝があってわたしを抱き乳房があって乳を飲ませたのか。それさえなければ、今は黙して伏し憩いを得て眠りについていたであろうに。今は廃墟となった町々を築いた地の王や参議らと共に」（「ヨブ記」三章11〜14）。

(47) ハガルはサラに仕えていた女でエジプト人。「創世記」一六章によれば、子が授からなかったサラ（サライ）はハガルをアブラハムに「妻として」与え、ハガルはイシュマエルを生む。イサクの誕生後追放され、アラビア半島の遊牧系部族となったとされる。

(48) ここで意識されているのはフロイトの小論「無気味なもの」（Das Unheimliche,

1919）である。「無気味なもの」の精神分析的解釈を目指したこの論文でフロイトは、まずその反対物であるかのようにみえるheimlich（馴れ親しんだ）という語の語源的解釈から出発し、この語が「馴れ親しんだ」「親しんだ」という意味や「家庭の」という意味のみならず、「隠れた」（versteckt）「隠された」（verborgen）という意味をも持つことによって「秘密」（Geheimnis）や内密にされたものと関係を持ち、さらに発展して「気味の悪い」という意味をも持つようになり、結局unheimlichと同じような意味になることに注意をうながし、「無気味なものとは、一度抑圧を経て、ふたたび戻ってきた『馴れ親しんだもの』である」という（高橋義孝訳『フロイト著作集』第三巻所収）。uncannyはこの語の英訳として通常使われる語。

(49) Appräsentation. 付帯現前（共現前とも訳される）とは、他者経験の分析においてフッサールが使用している用語。他者や他者の身体が、私にとって「ともにそこに」というあり方をしながらも、けっして根源的には現前せず、私の身体との「類比」によってしか統覚されないことをいう。たとえば『デカルト的省察』（浜渦辰二訳、岩波文庫）第五十節などを参照。

(50) デカルト『方法序説』冒頭の「良識はこの世でもっとも公平に分け与えられているものである」（谷川多佳子訳、岩波文庫）のもじり。

(51)「人間における最高の情熱は信仰である。そしてこの点では、いかなる世代も先だつ世代とは違った出発点からはじめるということはない、各世代がはじめから始めるのであり、先だつ世代が自己の課題に忠実でありこれを見捨てなかったかぎり、後につづく世代が先だつ世代よりもさらに先へ進むということはない」(邦訳一九九頁)。

(52) Tout autre est tout autre という定型表現の意味については前掲訳注(42)を参照。

(53) Schibboleth. 旧約聖書に由来する言葉。エフライム人が戦に敗れたとき、敵は彼らが川を越えて逃げないよう、この語を発音することを求めた。彼らはこの語の Schi という音を正しく発音できないので、正体を見破られてしまう。ここからこの語は「合言葉」という意味も持つ。デリダは『シボレート——パウル・ツェランについて』(飯吉光夫・小林康夫・守中高明訳、岩波書店)において、この語を出発点に、強制収容所で家族を失ったユダヤ系詩人ツェランの詩を読み解き、秘密、日付、ユダヤ性、割礼など、本書にも関係する主題を論じている。

(54) 「無傷で損なわれていないもの」については「聖なるもの」や「神聖」について述べたハイデガーの『ヒューマニズムについて』(渡邊二郎訳、ちくま学芸文庫)の一節を参照。「聖なるものの次元は、存在の開けた局面が開かれて明るくされ、その開けた明るみにおいて人間にとって近くにあるのでなければ、すでに次元としてさえも、閉鎖されたままになってしまう。もしかしたら、この現代という世界時代を際立たせているものは、無傷の健全なもの(das Heile)の次元が閉鎖されていることのうちにあるのかもしれない。もしかしたら、このことが、唯一の災いであるのかもしれない」(一一〇頁)。デリダは『信仰と知』において、indemnisation という用語が補償のプロセスと復元の両方を意味することを強調する。それは損なわれたものを代償したり補償したりすると同時に「無傷な純粋さ、無事で無垢な完全性、清潔さ、損害を受けていない所有物」などを、ときには犠牲的なかたちで「再構成」することである。したがってハイデガーの heilig という語の翻訳にも使われている indemne という形容詞は、「純粋なもの、混淆＝感染していないもの、触れられていないもの、あらゆる冒瀆や傷や攻撃や損害を受ける以前の、聖なるものや神聖なもの」などを示すという。*Foi et Savoir*, suivi de *Le Siècle et le Pardon*, Paris, Seuil, 2000, p. 38.

(55) 前掲訳注（48）を参照。

(56) Ça me regarde. このフランス語の表現は、直訳すれば「それが私に視線を向ける」ということだが、「私の問題だ」という意味の慣用表現でもある。

(57) フロイトについては前掲訳注（48）を参照。ハイデガーについてはたとえば『形而上学入門』（川原栄峰訳、平凡社ライブラリー）二四八頁以下などを参照。

(58) pathologisch. カントが『実践理性批判』などで使用している用語。「感受的」「受動的」「生理的心理的」などとも訳されるが、ここでは道徳的法則に対する尊敬が、自愛などの心的な性向を閉め出すことによって引き起こす否定的・消極的な働きのこと（坂部恵・伊古田理訳『カント全集七』岩波書店、二三二頁などを参照）。

(59) 「そのような欲求（道徳法則から逸脱させようとする欲求）を克服するためには、主体にとってつねに犠牲が必要であり、それゆえ自己束縛、すなわちひたすら進んですることはかぎらないことにたいする内的な強制が必要とされるからである」(前掲邦訳、二四四頁)。

(60) théanthropie. 人間の救いは神人性への霊的変容にあるという考え方。人間の自己疎外を神人合一の方向において解決しようとする一種の神秘主義(『キリスト教大事典』改訂新版、教文館参照)。

(61) たとえば『ポジシオン』(高橋允昭訳、青土社、新装版)、一二八頁などを参照。

(62) 属格とは、この場合「犠牲の」という表現を指すが、これは「犠牲が(=犠牲のおかげで)行なうエコノミー」という主格的な属格と、「犠牲をエコノミーする」という目的や対象を示す目的格的属格のどちらであるのか決定できない。また économiser という動詞も、「貯蓄する」「節約する」「経済化する」「効率化する」というさまざまな意味を持ちうるし、また、faire l'économie de quelque chose「なにかをなしですます」という表現も意識されていると思われる。属格の解釈については、ハイデガーも同様の発言をしばしば行なう。たとえば『ヒューマニズムについて』(前掲邦訳一九頁、二三頁など)を参照。

(63) カール・シュミット『政治的なものの概念』田中浩/原田武雄訳、未來社、一八〜二〇頁を参照。

(64) カール・シュミット『政治神学』田中浩/原田武雄訳、未來社、四九頁以下を参照。

(65) G・W・F・ヘーゲル『キリスト教の精神とその運命』(伴博訳、平凡社ライブラリー二一〇）のこと。

(66) ボードレール『悪の華』「読者に」阿部良雄訳『ボードレール全詩集Ⅰ』ちくま文庫、筑摩書房、三一頁。

(67)「異教派」阿部良雄訳『ボードレール批評三』所収、ちくま学芸文庫、筑摩書房、四七〜五三頁。

(68)「友人の顔を穴のあくほど見つめた私は、その眼が異論の余地もない無邪気さに輝いているのを見て愕然とした。私はその時、彼は慈善をほどこし同時にうまい取引きをしようと考えたのであることを、はっきりと見てとった。四十スーの得をし、〈神〉の御心をも得よう、経済的に天国をわがものにしよう、さらに、慈悲深い男の免許を無料《ただ》でせしめようと考えたのであることを」（「贋金」阿部良雄訳『ボードレール全詩集Ⅱ』ちくま文庫、筑摩書房、八七頁）。

(69)『道徳の系譜』信太正三訳『ニーチェ全集一一』ちくま学芸文庫、四二五頁。

(70) 同邦訳四三一頁。（「これら在来の道徳系譜学者らは、たとえば〈負い目〉(Schuld) というあの道徳上の主要概念が、はなはだもって物質的な概念である〈負債〉(Schulden) から由来したものだということを、おぼろげなりと夢想したことがあるだろうか？ あるいは、刑罰が、一つの報復として、意志の自由とか不自由とかに関するいかなる前提とも全く無関係に発展したものだということを、おぼろげなりと夢想したことがあるだろうか？」）

(71) 同邦訳四七四頁。

秘密の文学——不可能な父子関係

「神よ」、このような言い方をお許しください……

言おうとしないことを許してください。

私たちがこの文言《エノンセ》をその運命に委ねるのだと、考えてみてください。少なくとも、しばらくのあいだ私がそれを、そんなふうにたった一つ、それほどにも無一物で、際限もなく、あてどもなく、さらには居所も定めぬままに放っておくことを受け入れてください。「言おうとしないことを許してください……」いったいそれは、その文言は、一つの文なのだろうか。祈りの文句なのだろうか。中断符合をつけるにしても省くにしても、それがただたんに中断されてしまうものなのかどうかを知るには、まだ早すぎるかあるいはすでに遅すぎるような、一つの要求なのだろうか。「言おうとしないことを許してください〔……〕」

あるいはまた、ある日、私が偶然にそれを、そのありそうもない文を見つけたのかもしれないし、それ自身が、ただその文だけが、目に見えるところに放り出されていたり、あらゆる通行人の目にさらされていたり、掲示板の上に記入されていたり、壁の上や、じかに石の上や、一枚の紙の表面に読み取られたり、コンピューターのフロッピーディスクに保存されているということも考えられる。

だからここに、文の秘密がある。「言おうとしないことを許してください……」と、その文は言う。

「言おうとしないことを許してください……」今度はそれは、引用である。

　そこで解釈者が、それをあれこれと検討する。

考古学者の中には、その文が完成されたものなのかどうかと疑問に思う者もあるかもしれない。「言おうとしないことを許してください……」しかし、結局のところ何を、そして誰に。いったい誰が誰に。

　そこに秘密がある。そして、文学がその言葉を奪取しつつあるけれども、それを横取りして意のままにしているわけではないと、私たちは感じている。

　その要求が実際のコンテクストにおいて何かを意味したのかどうか、解釈学者《エルメヌート》にはわからない。その要求はある日、誰かによって誰かに、ある実在の署名者によって、ある特定の名宛て人に向けられたのだろうか。

レンブラント、1637年、ハールレム
〈イサクをなでるアブラハム〉（伝統的な題名だが、これに代えて〈ベニヤミンをなでるアブラハム〉〔〈ベニヤミンをなでるヤコブ〉の誤記か〕という題名にする提案がなされている）

一　秘密の試練――〈一者〉にも〈他者〉にも

絶対的な秘密、恐ろしい秘密、無限の秘密を守り通したすべての者たち、歴史上に無数に存在する者たちの中でも、私は、あらゆるアブラハム的宗教の起源であるアブラハムのことを考える。しかしアブラハムはまた、おそらくその富なしには、私たちが文学と呼ぶものがそのようなものとして、その名のもとに生じることなどけっしてありえなかったような、そうした遺産の起源でもあるのだ。なんらかの親和力《アフィニテ・エレクティヴ》を持った秘密が、神とアブラハムのあいだの選別の〈契約〉《アリアンス・エレクティヴ》の秘密と、私たちが文学と呼ぶものの秘密、つまり文学の秘密および文学における秘密とを、そんなふうに結びつけているのだろうか。

アブラハムは、「言おうとしないことを許してください……」と言ったのかもしれない。しかし、神が言ったということもありうるのだ。秘密を守って、神によって差し向かいで与えられた命令について、サラにも、イサクにさえ話さなかったアブラハムのことを、私は考える。この命令の意味は、彼には、彼自身には、秘密のままなのだ。知られていることといえば、ただそれが試練だということだけである。どんな試練だろうか。その一つの読解《レクチュール》を、私は提案するつもりである。私はその読解を、この場合、解釈というものから区別することになるだろう。能動的なものであると同時に受動的なものでもあるこうした読解は、あらゆる解釈によって、つまり数千年前から無数に蓄積している注釈、解説、注解、解読によって、あらかじめ前提とされているだろう。したがってそれはもはや、他の解釈と同じような単なる一解釈ではないだろう。私がこれからその読解に与えるつもりの虚構的であると同時に非虚構的な形をとって、それは一種まったく奇妙な明証性や確実性を持った活動の場《エレメント》に属することになるだろう。それは、ある秘密についての秘密の経験という明晰さと判明さ(1)を持つだろう。どんな秘密だろうか。それは、こういうことだ。一方的に神によって与えられた、モリヤ山上で課された試練は、まさにアブラハムが秘密を守ることができるかどうか、要するに「言おうとしない」ことができるかどうかを試すことにあるだろう。誇張と言ってもいいような言い方だが、そこでは、言おうとしないことがあまりにも根底的なので、「言おうとすることができない」こととほとんど一体となっているのである。

それは、何を言おうとしている〔＝意味している〕(2)のだろうか。

つまり、疑う余地なく、一つの試練が問題なのであり、〔試練という〕その語については、すべての翻訳者が一致している。

「これらのことの後で、神《エロヒム》はアブラハムを試された。神が、『アブラハムよ』と呼びかけ、彼が、『はい、わたしはここに』と答える。」

〔秘密の要求は、この瞬間に始まるだろう。わたしはあなたの名を発する。あなたは、自分がわたしによって呼ばれたと感じる。あなたは「はい、わたしはここに」と言う。そしてあなたは、その返答によって、わたしたちについて、とりかわされたこの約束《パロール》について、与えられたこの約束について、他の誰にも語らないこと、わたしだけに、ただわたしにだけ答えること、わたしだけの前で、ただわたしだけに、差し向かいで、第三者抜きで答えることを約束するのだ。あなたはすでに誓った。あなたはすでに、わたしたちのあいだで、わたしたちの契約の、この呼びかけの、この共同《コ》-責任《レスポンサビリテ》〔応答可能性〕(3)の秘密を守る義務を負っているのだ。最初の誓約違反は、この秘密を漏らすことにあるだろう。

　しかし、どのようにしてこの秘密の試練が、もっとも愛しい者を、この世で最愛の者を、愛すべき唯一のものでさえも、唯一のものに対して唯一のものを、唯一のもののために唯一のものを犠牲にすることを経るのかを見ておくために、さらに待つことにしよう。というのも、これから私たちが語ることになる秘密の秘密は、何かを隠すこと、その真実を明かさないことにあるのではなくて、絶対的な独異性《サンギュラリテ》〔単独性＝特異性〕を尊重すること、私を唯一のものに、一方にも他方にも、〈一者〉にも〈他者〉にも結びつけ、その面前に立たせるものの無限の分裂を尊重することにあるからだ。）

「『あなたの息子、あなたの愛する独り子イサクを連れて、モリヤの地に行きなさい。わたしが命じる山の一つに登り、彼を焼き尽くす献げ物《ホロコースト》としてささげなさい。』次の朝早く、アブラハムはろばに鞍を置き、献げ物に用いる薪を割り、二人の若者と息子イサクを連れ、神の命じられた所に向かって行った。[*1]」

　別の翻訳。「こうした約束の後のことだ。『神《エロヒム》はアブラハムを試される。／神が「アブラハムよ」と言い、彼が「はい、わたしはここに」と答える。／神は、「あなたの息子、あなたの愛する独り子イサクを連れて、モリヤの地に行きなさい。／わたしが命じる山の一つの上で、／彼を燔祭《モンテ》としてささげなさい」と言う。』アブラハムは朝早く起きて、ろばにくつわをつける。／彼は、二人の若者と息子イサクを連れて行く。／彼は燔祭の薪を割る。／彼は立ち上がって、神の命じられる場所に向かって行く。」＊2

キルケゴールは、アブラハムの沈黙について語って尽きることがなかった。『おそれとおののき』の執拗さは、この場合、ただそれだけでも長く綿密な研究に値するような、ある戦略に応じている。とりわけ「詩的なもの」と「哲学的なもの」、「美的なもの」「倫理的なもの」「目的論的なもの」「宗教的なもの」といった強力な概念的、語彙的創出に関して。とくに私が音楽的な意味をこめて楽章と呼ぶことにしたいと思っているものが、この沈黙をめぐって語り合っている。実際、虚構的な語り口《ナラシオン》の四つの叙情的楽章が、そのどれもがレギーネ(4)に宛てられたものだが、その本の最初に置かれているのだ。これらの寓話《ファブル》は、おそらく人々から文学と呼ばれる権利のあるものに属している。それは聖書の物語《レシ》を、自分なりの流儀で語ったり、演奏＝解釈したりするのである。この沈黙のこだまを反響させているいくつかの語を、強調して際立たせてみよう。「彼らは三日のあいだ黙々として騎行した、四日めの朝になっても、アブラハムはまだひとことも口にしなかった。［……］アブラハムはひとりごとを言った、『この旅がイサクをどこへ導くかを、わたしは彼に隠しだてしたくないものだ』。」しかし彼は、イサクに何も言わない。その結果、この第一楽章の最後で、自分自身に対してかあるいは神に対してしか、心の中で神に対してしかうまく語れないアブラハムという人物が理解されるのである。「しかしアブラハムは静かにひとりでつぶやいた。『天にいます主よ！　わたくしはあなたに感謝いたします。イサクがあなたへの信仰を失うようなことになるよりは、わたくしを人でなしだと思ってくれるほうがましでございます』。」*3 第二楽章。「彼らは黙々として騎行した。［……］黙々として、彼は薪をならべ、イサクをしばり、黙々として、彼は刀を抜いた。」第四楽章では、たしかに沈黙の秘密はイサクによって分け合われているが、二人ともそこで起こったことの秘密を見抜いてはいなかった。そのうえ彼らは、そのことについて絶対に語らないと固く心に決めていた。「このことについて、この世では、ひとことも語られなかった。イサクは彼が見たことを何人《なんぴと》にも語らなかったし、アブラハムはそれを見た者があるとは夢にも思わなかった。」*4 だから同じ秘密、同じ沈黙が、アブラハムとイサクを引き離しているのである。というのも、アブラハムが見なかったものが、その寓話を明確にしてしまうからである。なにしろイサクは、アブラハムが絶望に顔をひきつらせて、刀を抜くのを見てしまったのである。だからアブラハムは、自分が見られたことを知らない。彼は、自分が見られていると気づかずに見るのである。この点に関しては、彼は非‐知の中にいるのだ。彼は、自分の息子が自分の証人になってしまうことを知らない。しかしその証人は、それ以後同じ秘密、彼を神に結びつける秘密を守る義務を負った証人なのである。

それでは、こうした楽章の一つにおいて、秘密に関するこの四つの沈黙の管弦楽法の一つにおいて、キルケゴールが許しの偉大な悲劇を思いつくのは、偶然だろうか。どのようにしてこの沈黙と秘密と許しの主題《テーマ》を調和させたらよいのだろうか。第三楽章の、もの思いにふけるアブラハムの夢想の中にハガルとイシュマエルの影がひそかに通り過ぎるのが見られる謎めいた一節のあとで、アブラハムは、神に嘆願する。地に身を投げ出して、彼は神に許しを求める。神に背いたことに対してではなくて、反対に神に従ったことに対して。そして、神が彼に不可能な命令を与えたまさしくそのときに、神に従ったことに対して。それは、二重の意味で不可能な命令である。なぜなら神が彼に最悪のことを求めたからであり、同時にまた、いずれ私たち自身が再考しなければならなくなるような運動に従って、自分の命令を翻し、それを中断し、いわば取り消すことになるからである――まるですでに神が、後悔、悔恨、あるいは悔悛によって捉えられていたかのように。というのも、アブラハム、イサク、そしてヤコブの神は、哲学者たちの神や存在《オント》-神学《テオロジック》の神とは違って、自分の前言を取り消す神だからである。しかし悔悛、後悔、悔恨以前のこうした取消しによる撤《ル》-回《トレ》に対して、性急に遅ればせの名前を与えてはならない。

『おそれとおののき』の冒頭近くに置かれた、この第三楽章をたどっていくと、こんなふうにしてアブラハムは、神に対する自分の義務を果たすために、すすんで最悪の犠牲をささげたことに対して、許しを求める。彼は、神自身によって命じられたことをするのを受け入れたことに対して、神に許しを求める。神よ、あなたの言うことを聞き入れたことを許してください、要するにアブラハムは、神にそう言っているのである。そこに、私たちがたえず熟考しつづけなければならないような逆説《パラドックス》がある。その逆説は、とくに二重の秘密の法を、許しの使命に固有の二重の強制を明らかにする。その法は、それ自体としてはけっして姿を現すことはないが、つねに次のようにほのめかすのだ。わたしは、あなたを裏切り、傷つけたことに対して、あなたに苦痛を与えたことに対して、あなたに嘘をついたことに対して、誓いを破ったことに対して、あなたに許しを求めはしない。わたしは、悪い行ないに対して、あなたに許しを求めるのではない。反対にわたしは、あまりにも忠実に、誓約へのあまりの忠誠によって、あなたの言うことを聞き入れたことに対して、あなたに許しを求めるのであり、あなたを愛し、あなたのほうを好み、あなたを選びあるいはあなたによって選ばれ、あなたに答え、「はい、わたしはここに」と言ったこと――したがって、あなたのためにもう一人の者を、わたしのもう一人の他者を、わたしが絶対的に偏愛するもう一人の者としてのわたしのもう一人の他者を、わたしのものを、わたしの家族を、わたしの持っている最善のものを、わたしの家族のうちの最善の者を、ここではイサクを犠牲にささげたこと――に許しを求めるのだ、と。イサクは、ただたんにアブラハムが彼の家族の中でもっとも愛する者を表しているのではなくて、それはまた約束《プロメス》そのものであり、約束の子なのである。*5 彼がもう少しで犠牲にささげるところだったのは、この約束そのものであり、だからこそ彼は、さらに神に許しを、最悪のことに対する許しを求めるのである。未来を終わらせることを受け入れたこと、したがって彼のうちに信仰、誓約、あらゆる契約への忠誠を息づかせるすべてのものを終わらせることを受け入れたことに、許しを求めるのである。まるでアブラハムが心の底でつぶやいて、神にこう言っているかのようだ。わたしをもう一人の他者に、まったく《トゥ》他なるもの＝あらゆる《トートル》(5)他者に結びつける秘密――というのも秘密の愛は、わたしを一方〔一者〕にも他方〔他者〕にも、わたしの子にも結びつけるのだから――よりもむしろ、わたしをあなたに結びつける秘密のほうを選んだことを許してください、と。

この法は、求められた許し、あるいは与えられた許しの核心に、許すことのできないものを、そして過ちそのものを再び書き入れる。まるで許しを求める側と与える側の両方から、つねに許しそのものを許してもらわなければならないとでも言うかのように。そして、一つの過ちとして、そのようなものとしてあるいはそのような誓約違反として許してもらわなければならないものよりも、また腹話術のように、すでに誓約への忠誠に声を貸し与え、それに動きを与えるものよりも、つねに誓約違反のほうが古く、より長持ちするとでも言うかのように。過ちを終わらせ、それを解消して無罪放免するどころか、許しはこの場合、過ちを引き延ばすことしかできず、断末魔の苦しみが際限なく続く死後の生《シュルヴィ》を過ちに与えることによって、過ちの中にこうした自己矛盾を、自分自身への、そして自己の自己性《イプセイテ》そのものへの、こうした耐えがたい異議申し立てを引き入れることしかできないのだ。

こうして、第三楽章の次の一節。「静かな夕べであった、アブラハムはひとりで馬に乗って出かけた、そしてモリヤの山にいたりついた。彼は面を伏せた。彼はイサクをささげようとしたこと、父として子にたいする義務を忘れていたことの罪を許したもうようにと、神に嘆願した［言葉を換えて言えば、アブラハムは、イサクにではなくて神に許しを求める。フランス司教団がユダヤ人共同体を、彼らの言い方によれば、神に対して求められる許しの証人としながら、ユダヤ人にではなくて神に許しを求めるのと、やや似ている。しかしここで、アブラハムはイサクを、彼がイサクを殺そうと思ったことに対して、彼が、つまりアブラハムが神に求める許しの証人にすることすらしていない］。彼はいくどとなくただひとり山への道を騎行した。しかし、彼は心の安らいを見いださなかった。彼の所有する最善のもの、それのためなら彼は自己の生命をいくどでも喜んで投げ出したいとさえ思うほどのものを神にささげようとおもったことが、どうして罪なのか、彼には理解できなかった。また、もしそれが罪であるとしたら、もし彼がそのようにはイサクを愛していなかったのであるとしたら、どうしてそれが許されることができるのかも、彼にはわからなかった。だって、これよりも恐ろしい罪がありうるだろうか？」

文学的な類型《タイプ》のこの虚構《フイク》＝物語《シオン》の中で、アブラハム自身が、自分の罪は許すことができないものだと考えている。だからこそ彼は、許しを求めるのである。ひとは、許すことのできないものに対してしか、けっして許しを求めることができない。許すことのできるものを許す必要はまったくないのであって、そこに、私たちが考察をめぐらす不-可能な許しのアポリアがある。自分自身が自分の罪は許すことのできないものだと考えること、それは許しを求めるための条件だが、そう考えながら、アブラハムには、神が彼を許したのかどうか、あるいはいずれ彼を許すことになるのかどうかがわからない。いずれにせよ、許されるにせよ許されないにせよ、彼の罪は以前のままに、許すことのできないものでありつづけるだろう。そういうわけで、神の答えは、実のところ、ひとがそう思うほどには重要でない。それはその本質において、アブラハムの際限のない罪の意識や底知れない悔悛の情に影響を及ぼさない。たとえ神が、今は彼に神の許しを与えるとしても、たとえ条件法過去時制(6)において、神が彼に許しを与えただろうと推測したとしても、あるいはまた前未来時制(7)において、神が彼の手を途中で止めて、彼に天使を遣わして、そうやって雄羊で代用することを認めることによって、彼に許しを与えることになるだろうと推測したとしても、そのことは、罪の許すことのできない本質を何ひとつ変えることはないのだ。アブラハム自身、心の奥底の、いずれにせよ近づきがたい秘密の中で、そのことを強く感じている。許しに関して事情がどのようなものであれ、アブラハムは秘密のうちに閉じ込められており、神もまた同様である。神は、この楽章《ムヴマン》の中に、姿を見せず、何も言わないのだ。*6

こうしたキルケゴール的アプローチを、私は考慮に入れるつもりだが、私の読解は、本質的なところでそれに依存することはないだろう。ただここでもう一度触れておかなければならないと思われるもの、それは、一種の絶対的原則《アクシオム》である。どの原則だろうか。アブラハムの沈黙に関する、沈黙のヨハンネス〔キルケゴールのペンネーム〕の断固たる主張は、『おそれとおののき――弁証法的抒情詩』の非常に独創的な論理、ねらい、書き方《エクリチュール》に応じている。もちろん私はすでに、やがて明らかになるいくつかの理由から、レギーネとの婚約と父との関係という途方もない場面のことを暗にほのめかしているのだ。同じ年に別のペンネームで出版された、コンスタンティン・コンスタンティウス著『反復』の場合と同様に、偽の名《ペンネーム》で出版する息子によって署名《シニエ》＝発表された一種の先駆的な――カフカの同名の作品よりも以前の――『父への手紙』が、そのたびに問題となるのである。秘密に関する私自身の主張は、ある別の読み方の決定《デシジオン》に対応しており、私はその正当性を証明するつもりである。しかしながら、そうしたすべての決定以前に、一つの事実報告が議論の余地のないものとして残っていて、それが絶対的原則の根拠となっているのである。あえてそれに異を唱える者は誰もいないだろう。「イサクの犠牲」あるいは「縛られたイサク」（シュラキ訳）と呼ばれる非常に短い物語《レシ》は、次のような事実に関しては、何の疑問も残さないのである。要するに、アブラハムは沈黙を、少なくとも彼がまさにしようとしていることの真実については、沈黙を守るのである。それについて彼が知っていることに関して、しかしまた同様に、それについて彼が知らないこと、そして結局は彼がけっして知ることがないだろうことに関しても。神による独異な呼びかけと命令について、アブラハムは誰にも何も言わないのである。サラにも、家族の者にも、一般の人々にも。彼は、家庭の場であれ公の場であれ、倫理的な場であれ政治的な場であれ、どんな場でも彼の秘密を打ち明けず、それを漏らさない。彼は、キルケゴールが普遍性《ジェネラリテ》と呼ぶどのようなものにも、彼の秘密をさらさないのである。秘密に縛られ、秘密の中に閉じ込められて、また、許すことのできないものでありつづける許すことのできないものに対して求められる許しという、こうしたすべての経験を通して彼が守る秘密によって守られて、アブラハムは、一つの決断《デシジオン》の責任を負うのである。しかし、服従することにほかならない受動的な決断の責任を負うのであり、彼が許してもらわなければならないこと——そして何よりも、キルケゴールの言うところに従えば、彼が服従することになるその人自身によって許してもらわなければならないことそのものである、服従の責任を負うのである。

二重の秘密、二重に与えられた秘密の責任を負う決断。第一の秘密。神が彼に呼びかけ、絶対的契約の差し向かいの対話の中で、もっとも高価な犠牲を彼に求めたことを、アブラハムは明かしてはならない。この秘密については、彼はそれを知っており、それを共有している。第二の秘密、しかし原 - 秘密は、犠牲の要求の理由あるいは意味である。この点に関しては、アブラハムは、ただたんにこの秘密が彼にとって秘密のままにとどまっているという理由で、それを守らなければならない。この場合彼は、神の秘密を共有しているからではなくて、それを共有していないから、それを守らなければならないのである。実のところ、私たちと同様に彼も知らないその秘密をほとんど受動的に守らなければならないのにもかかわらず、彼はまた、神に何も質問をしないことについての、ヨブ(8)と同じく、神の求めに応じて彼を脅かしているように見える最悪のことに不満を言わないことについての、みずからの決断による、受動的かつ能動的な責任を負うのである。ところでこの要求は、少なくともこの試練は、したがって、またこのことは私の側からの解釈による単なる仮説ではありえないものだが、まさしく最悪の犠牲のときに、求められた秘密についての試練の最高潮において、つまりみずからの手で、彼がこの世でもっとも愛する者に、約束そのものに、未来の彼の愛する者に、そして彼の愛する者の未来に死が与えられるときに、どの程度までアブラハムが秘密を守ることができるのかを確かめる《ヴォワール》〔＝見る〕ことにある試練なのだ。

二　〈父〉と〈子〉と〈文学〉

さしあたりアブラハムのことはそのままにしておいて、あの謎めいた祈り、「言おうとしないことを許してください……」に戻ることにしよう。ある日、まるで偶然のように、一人の読者がその祈りを目にすることがあるかもしれない。

その読者は、自分を模索している。彼は、断片的なものであろうがなかろうが（どちらの仮定も同じようにありそうなものだ）、それが自分にも向けられたものだという可能性も十分にありうるような文を解読しようと努めながら、自分を模索している。というのも、このほとんど文同然のものは、当惑のうちに宙づりにされている彼の今のありようでは、彼自身が自分自身に向けたものだったのかもしれないからだ。いずれにせよそれは、彼にも向けられている。ある程度まで、彼がそれを読んだり聞き取ったりすることができる以上、それは、彼にも向けられているのだ。彼にとって、このほとんど文同然のものが、彼が反復し、いまや無限に引用することのできるこの文の幽霊《スペクトル》が、つまり「言おうとしないことを許してください……」が、一つの作り話、虚構《フィクション》＝物語、さらには文学だということも、ありえないことではない。この文は、明らかに指示している。それは、一つの指示作用《レフェランス》である。フランス語を話す読者ならば、その語とその構文上の語順を理解する。指示作用の運動は、ここでは異論の余地のないものであるか消し去ることのできないものだが、しかし十全で確実な規定のために、この祈りの起源と目的を確定させるものは何もないのだ。署名者と名宛て人と指示対象《レフェラン》の身元《イダンテイテ》については、私たちには何も言われていない。十分に規定的なコンテクストの不在が、この文を秘密めいたものにしているが、同時に、それと一緒に、私たちにとってはここで重要なものである結びつきに従って、その文の文学＝生成〔文学に＝なること〕の素地にもなっているのである。つまり公の場に託された、比較的読みやすかったり理解しやすいあらゆるテクストは、ある種の文学的なものになりうるのだが、その内容、意味、指示対象、署名者、名宛て人は、十分に規定可能な現実〔＝実在〕、同時に非‐虚構的なあるいは虚構のかけらもない現実、そのようなものとして、ある種の直観によって、なんらかの

レンブラント、1645年、ハールレム
〈アブラハムとイサク〉、『創世記』22章1-9より。

規定的判断に委ねられる現実ではないのである。

そのとき読者は、文学が、そうした秘密、守られていると同時にさらされている秘密、用心深く封印されていると同時に盗まれた手紙(9)のように開かれた秘密から、秘密の道を通ってやって来るのを感じる。彼は、文学を予感するのだ。この言葉を前にして、彼自身が催眠術にかけられたように身動きできなくなっている可能性もないわけではない。たぶん彼は、けっして問いに答えることができず、次のような一群の問いに責任を持つことすらもできないだろう。正確に言って、誰が誰に何を言うのだろうか。しようとしないことの許しを求めているように見えるのは、誰だろうか。言おうとしないことの許しを、しかし何を言おうとしないのか。それは、何を言おうとしている〔=意味している〕のか。そして、正確に言って、なぜこの「許し」なのか。

だから、調査する者はすでに、もはや解釈者、考古学者、解釈学者の状況ではないような状況、要するに聖典の注釈学者、探偵、記録保管人、ワープロの技術者等々といった、読者というものに認められうるあらゆる身分規定《スタチュ》を持った単なる読者の状況ではないような状況に置かれているのである。たぶん彼はすでに、それらすべてに加えて、一種の文芸評論家、さらには一種の文学理論家になるのであり、とにかくも文学の虜《とりこ》となった読者、あらゆる文学集団とあらゆる文学的同業者組合につきまとっている問いに対してひどく敏感になった読者になるだろう。「文学とは何か」、「文学の役割はどのようなものか」という問いだけではなくて、「文学と意味とのあいだには、そして文学と秘密の決定不可能性とのあいだには、どのような関係がありうるのか」という問いに対しても。

　すべては、「たぶん」という未来に委ねられている。というのも、この短い文は、一つの秘密以上の秘密を、たぶん、たぶん、単なる一つの秘密ではありえないような一つの秘密以上の秘密を、『おそれとおののき』が依然として語っていたあの隠された存在[10]とは似ても似つかないような一つの秘密以上の秘密を握っていることによって、文学的になるように思われるからである。それは、その文が一般的に意味しているもの、しかし人々がそれについて何も知らないものの秘密だが、また、その文が「言おうとしないことを許してください……」と言う以上、つまり秘密を、ある秘密の秘密を、謎めいた「言おうとしない」ことの秘密を、〈しかじか-の-秘密-を-言-おうと-し-ない〉ことの秘密を、〈私が-言い-たい-こと-を-言-おうと-し-ない〉ことの秘密を——あるいはまったく、少しも言おうとしないことの秘密を——守ることを許してくださいと言う以上、その秘密を開示することなしに打ち明けているように思われる秘密なのだ。私的であると同時に公的な、片隅《ルトレ》(=撤回)において顕《あら》わな、夜の闇に満ちているのと同様に現象として光の中に現れる二重の秘密。

文学の秘密、文学と秘密、そしてこの場合はそこに、いっそうわかりにくいけれども、おそらく偶然的ではないようなし方で、許しの場面がつけ加わっているように思われる。「言おうとしないことを許してください。」しかし、なぜ「許し」なのか。なぜ、「言おうとしない」ことに許しを求めなければならないのだろうか。

架空の読者、私がここでその代弁者を自任しているこの寓話《ファブル》の読者は、自分が読んでいるものを自分が十分に読み取っているのかと自問する。彼は、たぶん断片やアフォリズムですらないようなその断片に、意味を探し求める。たぶん文全体が、格言的な口調になろうとすらしないのだろう。「言おうとしないことを許してください」というこの文は、ただたんに空中に浮いている。たとえこの文が硬い石に刻まれ、黒板の上に白く書きとめられ、固定された白紙の表面に黒い字でつづられ、かすかにうなりを上げるコンピューターの明るい画面の上に読み取られる(しかしもっと軽やかで流動的な様子で)としても、この文は、「空中に」浮いている。そしてこの文がその秘密を、たぶん単なる一つの秘密ではないような秘密の秘密を、したがって文学を告知する秘密の秘密を守ることは、空中に浮いたままでいることなのである。文学だって？ ともかくも数世紀前から、私たちが文学と呼んでいるもの、ヨーロッパで、しかし『聖書』の遺産を受け継がざるをえず、そこからその許しの意味を汲み取りながら、同時に『聖書』に対してそれを裏切る許しを求めるような伝統の中で、文学と呼ばれているものだ。そういうわけで、私はここで、秘密の問題を、アブラハム的起源を持った、見たところありそうもないような星のもとに生まれた文学の秘密として書きとめる。まるで文学の本質が、厳密ナ意味デ、この西洋の語が西洋において持ちつづけている意味で、本質的にギリシア的な出自ではなくて、アブラハム的な出自のものだとでも言うかのように。まるで文学の本質が、この不可能な許しの記憶を糧にして生きているかのように。不可能な許しの不可能性は、アブラハム的文化とギリシア的文化のあいだに想定される境界線の両側では、同じものではないのだ。両方の側で、人々は許しを知らない。そう言ってよければ、人々はそれを不-可能なものとして知っている。しかしこの不可能性の経験は、少なくともこれが私の仮説なのだが、そこでは異なるものとなりそうである。おそらくは言葉では翻訳不可能なほど異なるものとなりそうなのだが、まさしくこの差異の翻訳を、たぶん私たちは、この本の中で、もっとあとで試みることになるだろう。

落下の前か後かは、こうして起こるかもしれない落下の時点によるが、空中に浮かんでいるこの文の、たぶん秘密なしの秘密は、一種の隕石《メテオリット》になるだろう。

この文は、隕石（この語は、男性名詞と女性名詞という二つの性《セックス》を持っている）と同じくらい現象的《フェノメナル》なもののように見える。現象的なものであるように、この文は見える。というのも、何よりもそれが現れるからである。それは姿を現す。そのことは明らかだ。それは、原則的仮説あるいは原則的確実性ですらある。それは出現する。それは現れる。しかし見たところ偶然的なし方で、どこからともなくやって来て、「空中に」現れるのだ。地面に触れる瞬間の偶然的隕石（というのも偶然性〔contingence〕はまた、語源によれば、触れること、触覚、あるいは接触を表しているから）、しかしそれが、妥当な読解を保証するわけではない（というのも妥当性〔pertinence〕はまた、語源によれば、触れること、触覚、あるいは接触を表しているから）。空中に浮かんで、それは空気に、空‐中‐存在に属している。それは、私たちが呼吸する大気の中に住まいを持っていて、それが触れるときですら、空中に宙づりにされたままでいる。それが触れるまさにその場所で。そういうわけで、私はそれを隕石＝大気現象だと言うのである。それはいまだ、たぶん頭の上に、たとえばまさにアブラハムがイサクの上に刀を振りかざした瞬間のイサクの頭の上に、宙づりになっている。そのときアブラハムは、何が起ころうとしているのか、なぜ神は、神が彼に要求したことを秘密裡に要求したのか、そしてなぜ神は、神が彼にするように求めたことを、そのほんのわずかな理由も彼に伝えることなく、たぶん彼にさせておこうとしたり、彼がそうするのを妨げようとするのかを、私たちと同様に知らないのだ。つまり絶対的秘密であり、共有していない秘密に関して共有して守るべき秘密。絶対的な非対称《ディシメトリ》。

別の、ずっと私たちに身近な例。しかしそれは、別の例なのだろうか。私は、カフカの『父への手紙』の最後の部分の、ある前代未聞の瞬間のことを考えている。この手紙は、文学の中にあるのでも、文学の外にあるのでもない。たぶんそれは文学に似ているかもしれないが、文学の中にはおさまりきらない。この手紙の最後の数頁で、カフカは自分自身に宛てて、虚構的に、かつてないほど虚構的に、彼の父が彼に対する返信として送りたかっただろうと、送るべきだったと、いずれにせよ送ることができただろうと彼が考えている手紙を送っている。「あなたは答えることができるだろうに」、「あなたは答えることができただろうに」(Du könntest... antworten) と息子は言うが、それはまた不平のようにも、あるいは逆－非難のようにも響く。あなたはわたしに話しかけない。実際、あなたはわたしに一度も答えなかったし、これからもけっしてそうすることはないだろう。あなたは答えることができるだろうに、あなたは答えることができただろうに、あなたは答えるべきだったのに。あなたは依然として秘密のまま、わたしにとって秘密のままだった。

息子の半《スミ》－虚構的《フィクティヴ》な手紙の中に含まれた、父のこの虚構的な手紙は、非難に非難を重ねている。父（虚構的な）は、ただたんに息子の寄生生活《パラジティスム》（＝居候）を非難しているだけではなくて、息子が彼を、つまり父を責めると同時にまた彼を許し、さらにそのことによって彼の無罪を表明していることでも、息子をとがめている（したがって息子は、そのことで自分を、自分自身をとがめていることになる）。父に手紙を書き、父の虚構のペンによって自分自身に手紙を書きながら、その幽霊《スペクトラル》のような父がフランツ・カフカに見えないのは、イサクにはアブラハムがやって来るのが見えず、アブラハムのことが理解できないのと同様であり、そのアブラハム自身にも神は見えず、神がやって来るのも、こうしたすべての言葉が語られるときに、結局のところ神は何が言いたいのかもわからないのだ。

この幽霊のような父は、フランツ・カフカに対して、『父への手紙』の最後で、そんなふうにして彼に腹話術のように語らせるその息子に対して、何を言っているのだろうか。彼に声を貸し与え、彼に言葉を与えながらも、また彼に自分の言葉を書き取らせ、一種の虚構《フィクシオン》の中の虚構の中で、自分の手紙への返信として、彼に息子への手紙を書かせるその息子に対して、何を言っているのだろうか（劇中劇、「劇こそはうってつけ the play's the thing」[11]。私たちはこんなふうにして、この秘密と許しと文学の場面の中に、不可能な父子関係《フィリアシオン》の系譜《フィリアシオン》を判読する。自分の父によってまさに殺されかけたイサクの系譜。ハムレットの系譜——彼は、王が、つまり彼の義理の父、彼の母の夫、彼の father in law、彼の法律上の父が申し出た息子の名を拒絶する［「王《キング》が彼を「わたしの息子よ my son」と呼んだとき、彼は傍白として、「親類《キン》以上だが、親身《キーンド》ではないA little more than kin, and less than kind」[12]と答える。第一幕第二場」。そして父の名とその父性愛[13]のためにひどく苦悩したキルケゴールの系譜。最後に、その文学が結局、一方の属格から他方の属格へと、父の訴訟あるいは父への訴訟の予審を行なっているにすぎないカフカの系譜。文学はそこで、つまり絶対的な〈父〉と〈息子〉のあいだの、呼びかけと「はい、わたしはここに！」の物語をいったい誰が書き、誰がそれに署名をするのかがもはやわからないところで始まるだろう)。

相変わらず括弧の名人である〈息子〉のペンによって、いったい〈父〉は、何を言っているのだろうか。父との鏡の作用による同一化《イダンテイフイカシオン・スペキユレール》のために、不可避であると同時に不可能な同一化的投影のために、カフカにとって、依然としてその主要なモチーフが結婚の不可能性[14]であるような告発文書における、彼の論拠を整理選別してみよう。アブラハムの家族におけるように、『ハムレット』におけるように、そしてレギーネとの不可能な結婚を目前にして『反復』を『おそれとおののき』に結びつけているものにおけるように、根本的な問題は結婚の問題であり、もっと正確に言えば「妻をめとる」ことの秘密である。結婚すること、それは、あなたのように行ない、あなたのようになること、強くて、尊敬される、正常なもの等々になることである。わたしはそうしなければならず、同時にそれは禁止されている。わたしはそうしなければならず、だからこそそうすることができない。そこに結婚の、そして倫理的正常性《ノルマリテ》の狂気があると、キルケゴールならば言っただろう。[*7]

……結婚は最大の行為であり、このうえない名誉にみちた自立性を与えてくれますが、しかし同時に、父上と最も密接に関係してくるのです。この行為によって脱出しようとすることは、したがってなにがしかの妄想〔＝狂気〕を含み、そしておよそいかなる試みも、妄想をともなえばまずまちがいなく罰せられます（Hier hinauskommen zu wollen, hat deshalb etwas von Wahnsinn, und jeder Versuch wird fast damit gestraft)。〔……〕いずれにせよ、もし仮にそのような、愚かで、鈍くて、薄情で、罪深い息子（堕落した息子 verfallener Sohn）が生まれたら、ぼく自身はとても我慢できず、ほかに解決の可能性がなければ、あなたがぼくの結婚のせいでまずやろうとされたように、息子を避けてどこかへ逃げ出してしまうだろうと言わざるをえません［私たちはすでに、つねに鏡の反射作用《アドレス・スペキュレール》の中にいる。やがてそれは父の視点から見た鏡像となって、こんどはフランツが父の発言に見せかけることになる］。ぼくが結婚不能であるのは（bei meiner Heiratsunfähigkeit）、こういうことの影響もあるのかもしれません。〔……〕ところで、ぼくの結婚にとって最大の障碍《しょうがい》となっているものは、ぼく自身のうちにある、もはや抜きがたいひとつの確信なのです。すなわち、家庭を持つためには、ましてそれを維持するには、ぼくが父上に認めてきたすべての性質が必要なのだ、それも良い面も悪い面も全部ひっくるめて、父上のなかで渾然と融合されていたようなかたちで、絶対に必要なのだという確信です［……］。さあ結婚してみるがいい、狂気にならずに済めばいいが！（Und jetzt heirate, ohne wahnsinnig zu werden!）〔……〕

あなたにたいするぼくの怖れについて、以上その根拠を縷々《るる》述べてきましたが、あなたがこれを一通り御覧になったら、あるいはこんなふうに答えられるかもしれない（Du könntest... antworten）と、ぼくは想像します。「［……］さしあたってはおまえもやはり、いかなる咎《とが》も責任も自分にはないと、にべもなく拒絶しており（Zuerst lehnst auch Du jede Schuld und Verantwortung von dir ab）、その点ではわたしたちのやり口は同じだ［つまりカフカは、彼らが二人そろって鏡に映したように振る舞い、同じように行動しているのだと、父に言わせている］。ところが、そこからが違う。わたしはあけすけに、事実思っているとおりに、咎はあげておまえにあると言ってのけるのに、おまえのほうは『きわめて如才なく』同時に『きわめて繊細な』《übergescheit》und《überzärtlich》お人柄を発揮して、このわたしにもいっさい罪はないのだとのたまう（mich von jeder Schuld freisprechen）。もちろんこの免罪の点では、おまえもうわべだけの説得しかできず（それ以上のことをやる気は最初から無いのだ)、やがて文面を読み進むにつれて、人柄、本性、対立、孤立無援とかいった、たいそうな『言い廻し』〔おまえの言い方、表現方法、レトリック、Redensarten〔決まり文句〕〕にもかかわらず、要するにほんとうはわたしが加害者だったので、おまえのやった事はすべて自己防衛にすぎないことが、行間からにじみ出るしくみだ。こうしておまえは、やり口の不誠実さ(Unaufrichtigkeit)だけによっても、たいした利をおさめたといえよう。なにしろ、三つものことをみごと証明してみせたのだ(Du hast dreierlei bewiesen)。第一に、おまえに咎はないこと。第二に、わたしに咎があること。そして第三には、おまえがひとえに度量の大きさからわたしを許す気でいること(bereit bist, nicht nur mir zu verzeihen)、いや許すばかりか、これは行き過ぎでもあり行き届かぬともいえるが、わたしが一方では無咎でもあると、もちろん真実に反して証明し、おまえ自身そう信じたいのであること。*8」

常軌を逸した思索《スペキュラシオン》だ。底なしの鏡の作用《スペキュラリテ》だ。息子は、自分に語りかける。彼は、父の名において、自分に語りかける。彼は、父に話させ、父の立場と声を奪い取って、同時に父に言葉を貸し与える。おまえはわたしを加害者だと思っているが、わたしは無罪〔＝無咎〕だ。わたしを許すことによって、つまりわたしに代わって自分に許しを求め、それからわたしに許しを与えることによって、おまえは至上権を我が物とする。そしてそうすることで、おまえは二重の企て、三重の企てに成功する。つまりわたしを非難し、わたしを許し、わたしの無罪を表明し、結局おまえがわたしを非難するためにあらゆる努力をしたその場でわたしが無罪であることを信じ、さらにはわたしの無罪を、したがっておまえの無罪を要求することになるのだ。おまえはわたしと同一化しているのだから。しかし父は、次のことを思い起こさせている。実を言えば、父の口を借りて語る息子の口を借りて語る父の法＝掟《ロワ》があるのである。もし罪を犯した者と同一化することなしに許すことができないのだとすれば、同時に許しかつ無罪を表明することもできない。許すこと、それは無罪放免する悪を、忘れられず許すことのできない悪として是認する《コンサクレ》〔＝定着させる〕ことなのである。だから、同じ鏡の作用による同一化《イダンテイフイカシオン・スペキュレール》のゆえに、許しながら無罪を表明することはできないのである。ひとは、無罪の者を許しはしない。もし許しながら、無罪を表明するとすれば、許すという罪をも犯すことになる。与えられた許しは、求められた許しと同じくらい間違っているのであり、それは過ち《フォト》〔＝咎〕を告白しているのである。したがって、許すときには必ず罪を犯すのであり、それゆえ許すことの許しを求めなければならない。「わたしがおまえ〔あなた〕を許すことを許してくれ〔ください〕。」この文を、どんな許しにおいても、沈黙に帰すことはできない。何よりもその文が、罪を免れることのできないし方で至上権を我が物としているからである。しかし、その逆の文を黙らせることもできないように思われる。「わたしがおまえ〔あなた〕に許しを求めることを、つまりまず最初に、同一化を求めることによっておまえ〔あなた〕にわたしの過ちを担わせ、それからわたしを許さなければならないという過ちの重荷を担わせることを許してくれ〔ください〕。」こうした許しのアポリアの原因の一つは、鏡の作用による同一化なしには、つまり他者に代わって他者の声によって語ることなしには、許すことも、許しを求めたり与えたりすることもできないということである。こうした鏡の作用による同一化において許すことは、許すことではない。というのも、それは、他者を他者として、罪を罪として許すことではないからである。

虚構的な『父への手紙』の虚構的な瞬間である、この息子への手紙の結末について、私たちは解説するつもりはない。しかしたぶんそれは、秘密から許しのアポリアとしての文学へと向かうそうした秘密の通行《パサージュ》の核心を、それ自身の奥底に持っているのだ。

虚構的な父がけっして撤回することのない非難、彼がけっして（息子の虚構的な声によって、またジョイスによる法的父子関係《パテルニテ》と同様に文学そのものであるそうした法的虚構《リーガル・フィクション》〔legal fiction〕[15]に従って）釣り合わせたり鏡に映し出したり《スペキュラリゼ》しない不満は、寄生生活《パラジティスム》の非難である。その非難は、手紙のあいだ中、物語《フィクシオン》のあいだ中、物語の中の物語のあいだ中、ずっと流れている。結局、父が寄生生活として非難するのは、文学的エクリチュールそのものなのである。寄生生活、そこには彼の息子が生涯をささげたすべて、許しがたいほどに生涯をささげたと告白するすべてがある。息子は、働くかわりに書くという過ちを犯した。息子は、正常に結婚するかわりに書くことで満足した。ここではすべてが、父の名において、父の名において語り合う父と息子の名において、父の名において自白する息子の名において、聖霊抜きで〈文学〉がここで〈三位一体〉を演じるのでないかぎり）、寄生生活を非難しているのであり、すべてが寄生生活の罪を認めているのである。息子は寄生者《パラジット》なのだ――文学と同様に。というのも、そういうわけで許しを求めることを求められている被告は、文学だからである。文学は、寄生生活ということで非難されているのであり、この寄生生活を告白し、この寄生生活の罪を悔悛することによって、許しを求めることを望まれているのである。そのことは、虚構的な手紙の中の虚構的な手紙についてもまったく当てはまる。〔父への〕虚構的な手紙は、息子によって貸与され、借用され、寄生され、書かれるがままの父の声によって、このように告訴されているのだ。「わたしのたいした思い違いでなければ、この手紙自体にしても、わたしの身中になおも寄生しようとするおまえのたくらみではないか（Wenn ich nicht sehr irre, schmarotzest Du an mir auch noch mit diesem Brief als solchem）」と、息子＝父は、息子の声を借りた父あるいは父の声を借りた息子は言うのである。

父（父の声を借りて自分に語りかける息子の声を借りて息子に語りかける父）の告発は、その前にすでに、こうした寄生生活あるいは生き血を吸い取る《ヴァンピリスム》ことについての議論を長々と展開していた。騎士の闘いと他人の血を吸い取る寄生虫の闘い（den Kampf des Ungeziefers）を区別して、父の声は、「生活無能者」（Lebensuntüchtig）であるばかりか、その無能力に無関心で、その他律的な依存関係に鈍感で、その責任（Verantwortung）は父に担わせているのだから自立のことなどほとんど気にかけない息子に対して、抗議している。だから自立しろ！　と、容赦のない父は息子に命令しているように見える。一例を挙げよう。手紙の中で問題にされているのは、不可能な結婚である。息子は結婚することを望んでいないが、「わたしの名前にくわえるであろう『恥辱』(Schande) をたて」に息子の結婚を禁じているのだといって父を非難しているのだと、息子のペンを借りて父は言うのである。だから、まさに父の名の名において、息子の文学=もどき《カジ・リテラチュール》によっておののかされ、寄生され、生き血を吸い取られる名の名において、この信じがたい場面がこのようにして、不可能な許しの不可能な場面として書かれるのである。不可能な結婚の不可能な場面として。しかし、この手紙の秘密は、私たちがツエランの「トートナウベルク」(16)のときに示唆しておいたように、不可能なもの、不可能な許し、不-可能な婚姻契約《アリアンス》あるいは結婚が、『父への手紙』と呼ばれるこの出来事の詩的狂気の中で、たぶんこの手紙そのものとして起こったということである。

文学は、隕石=大気現象的《メテオリック》なものとなるだろう。秘密のように。隕石=大気現象《メテオール》は現、象と呼ばれるが、現象自体、ある光の輝きあるいはパイネスタイ(17)の中に現れるのであり、大気の中で生じるものなのである。一種の虹(18)のように。(私はこれまで、虹が意味すると言われていることをあまり信じたことがなかったが、三日たらず前、まずパレスチナから、ついでエルサレムから帰ろうとしていたとき、その町が、まったくもって異例なし方で――それほどまでになったことはこれまでほとんどなかったのだから――、まるで大洪水のような豪雪の下に埋め尽くされ、他の世界から遮断されるほんの少し前に、テル・アヴィヴ空港の上に広がった虹に対して、何も感じないでいることはできなかった。）隕石《メテオリット》の秘密とは、次のようなものだ。それはどこか知らないところから――しかしいずれにせよそれが分離した別の物体から――やって来て、よく言われているように、大気圏に突入するときに輝くのである。それから、隕石＝大気現象となるものは、短く、すばやく、束の間のものでなければならない。つまり稲妻のように瞬時に通過して消え去るのであり、たぶん泥棒と同じくらい罪深く、人目を忍んでいる。いまだ宙づりにされている私たちの文（「言おうとしないことを許してください……」）と同じくらい短い。時間の問題。極端に言えば一瞬の問題。隕石の生涯は、つねにあまりにも短いものとなるだろう。稲妻の、落雷の、虹の時間。雷の稲妻や虹は、大気現象《メテオール》だと言われている。雨もそうだ。神が、アブラハムの神ですら、隕石＝大気現象的《メテオリックマン》に私たちに語りかけると考えることは容易である。神は、雨のように、隕石＝大気現象のように、垂直に私たちの上に降りてくる。降りてきた神が、降下を中断し、動きを止めるのでないかぎり。たとえば、私たちに「言おうとしないことを許してください……」と言うために。神自身がそのことを言ったり、あるいはそんなふうにして自分の前言を取り消すのではなくて、それはたぶん、私たちに対して「神の名」[19]が意味している(=言おうとしている)ことなのだ。

架空の読者が、ここで再び登場する。彼は仕事の最中だ。彼はこの文の意味を、そして何も運ばないこのメッセージの出所と宛先を解読しようとしている。このメッセージはさしあたり秘密だが、秘密が守られるだろうということをも伝えている。そこで際限のない読者は、彼の仕事を私が見ている無限の読者は、秘密に関するこの秘密が、何か文学そのもののようなものを告白してはいないかと自問する。

しかしそれなら、なぜここで告白《アヴ》と許しについて語るのか。なぜ文学が告白されなければならないのだろうか。文学が明らかにしないもののために、なぜ文学が告白されなければならないのだろうか。文学そのものが。なぜ許しなのだろうか。なぜ許しが、虚構的な許しですらもが、ここで求められるのだろうか。それは、隕石(「言おうとしないことを許してください……」)の中に、その「許し」という語があるからだ。すると許しは、文学の二重底の秘密と何の関係があるのだろうか。

許しにはすでに垂直性があると考えて、許しがつねに下から上へと求められると——あるいはつねに上から下へと与えられると——思うのは間違いだろう。いと高きところ

〔＝神〕からこの世へ。今日、公的な悔悛の場面と求められる許しとが増加しているとしても、またそれが国家の頂上から、国家の首脳あるいは元首から、ときには教会、国あるいは国民国家《エタ・ナシオン》の最高機関（フランス、ポーランド、ドイツ、まだヴァチカンからは全然ないが）から降りてきて、ときには事態を一新するように見えるとしても、そのことに前例がないわけではない。過去においてはそれがきわめて稀《まれ》であるにせよ。たとえば、テオドシウス大帝[20]の悔悛の行為があった（聖アンブロシウス[21]の命令によって）[*9]。神自身、一度ならず悔悛し、後悔あるいは悔恨を表明しているように見える。神は、思い直し、ひどい振る舞いをしたことを悔いて、自分の前言を取り消して、もう二度と繰り返すまいと誓っているように見える。そして少なくともその動作《ジェスト》は、許しの要求に、告白《コンフェシオン》に、赦免の試みに似ている。数ある例のうちで次の例だけを挙げるとして、ヤーウェ〔＝神の名〕は、ノアの洪水のあとで、過ちを考え直してはいないだろうか。神は言い改めてはいないだろうか。自分が発した呪いの悪を本当に後悔して、まるで許しを求めるかのように、神は悔悛してはいないだろうか。そのとき、ノアがささげる犠牲の焼き尽くす献げ物《ホロコースト》を前にして、動物の生け贄《にえ》の心地よい宥《なだ》めの香りが自分の方に昇ってくるのを感じながら、神はすでになされた悪を、以前の呪いを放棄しているのではないか。神は実際、こう叫ぶのである。

人に対して大地を呪うことは二度とすまい。人が心に思うことは、幼いときから悪いのだ。わたしは、この度《たび》したように生き物をことごとく打つことは、二度とすまい。
地の続くかぎり、種蒔《ま》きも刈り入れも
寒さも暑さも、夏も冬も
昼も夜も、やむことはない。[*10]

別の翻訳で、もう一度呪いの言葉を、呪うための言葉を強調しなければならない。そのあとには、やがて祝福の言葉が続くことになるだろう。神に従えというわけだ。神は何をするのか。神は何と言うのか。過去の呪いの言葉、二度と繰り返すまいと誓う呪いの言葉を懺悔《ざんげ》したあとで、まるで自分自身に語りかけるように、心の奥底で、結局ひそかに許しを求めたあとで、ヤーウェは祝福の言葉を発することになるのである。祝福は一種の約束に、したがって契約の誓約になるだろう。人間との契約であるだけではなくて、すべての動物、すべての生き物との契約であり、今日動物を殺したり虐待するたびに、人々が忘れている約束である。約束あるいはこの契約の誓約が一種の虹の形を、つまり一種の隕石の形を取るということ、そこには、相変わらず秘密の痕跡に関して、また秘密の経験と隕石＝大気現象の経験とを結びつけるものの痕跡に関しても、私たちがもう一度よく考えてみなければならないものがある。


人《グレブ》［アダム〔＝地のちりから作られたもの〕］のゆえに地《グレーブ》を呪うことはこれ以上すまい。

そうだ。人の心が形作るものは、幼いときから悪いのだ。

わたしは、この度したように、あらゆる生き物を打つことは、もうこれ以上すまい。

なお地があるかぎり、種蒔きも刈り入れも、
寒さも暑さも、夏も冬も、昼も夜も、休むことはないだろう。*11


だから神は、自分がしたことを二度とすまいと誓っているのである。神がしたことは、悪行という悪、二度とすべきではない悪、したがって、たとえ自分自身によってであれ、許してもらわなければならない悪だったのだから。しかし、自分自身に対して自分を許

すなどということがあるのだろうか。

途方もない問いだ。というのも、もし神が許しを求めるとしたら、神はそれを誰に求めることになるのだろうか。彼（＝神）に対して何かを、ある悪行を（「何」の問題）許すことができるのは誰か。また、罪を犯したことに対して、彼を、彼自身を（「誰」の問題）許すことができるのは誰か。彼自身以外に、誰が彼に対して許したり、彼を許したりできるのだろうか。ひとは、自分自身に対して許しを求めるなどということができるのだろうか。しかし、よく言われることだが、自分が何について語っているのかをよく知っていながら、また私が彼にした悪を、つまり私が許しを求めるときですらも、したがってさらにいっそう裏切り、この誓約違反——誓約《フォア・ジュレ》はすでに誓約違反《パルジュール》だったのだから——を、その不誠実そのものを引き延ばすときにも、私が彼にしつづけている悪を、今度は彼に代わって私が体験するために、その悪をよく知っていながら、彼に許しを求めるほど、私は他者と、つまり犠牲者と十分に同一化していなければならないと思われる以上、私は、誰か他の者に許しを求めるなどということができるのだろうか。

この要求の問題、この許しを求める祈願《プリエール》は、その見いだしがたい場を、文学の縁《ふち》に、つまり私たちが父から息子への手紙としての息子から父への手紙において、父から父への手紙としての息子から息子への手紙において認めた、この「の代わりに《ア・ラ・プラス・ドゥ》」という置き換え《ランプラスマン》の中に探し求めるのである。

ひとは、自分自身とは別の誰かに許しを求めることができるのだろうか。自分で自分に許しを求めることができるのだろうか。

同じくらい不可能な二つの問い、そしてそれは、神の問題（「誰」の問題）、神の名の、神の名が意味する（＝言おうとする）であろうものの問題（「何」の問題）、私たちがすでに述べておいた、「誰」と「何」のあいだで分裂している許しの問題である。しかしまた、「誰」と「何」のあいだの区別、この不可能な分割を前もって権威失墜させ、崩壊させている許しの問題である。

二つの問い、それに対してイエスでもなくノーでもなく、つねに同時にイエスとノーで答えなければならない二つの問い。

三 〈一〉以上に

「言おうとしないことを許してください……」

それは、自分を許すのだろうか。

フランス語で話すならば、また他の文脈は抜きにして、「自分を許す se pardonner」という代名動詞[22]が何を意味している〔＝言おうとしている〕のかと自問するならば、そしてそんなことが可能ならば、その場合には、この文法の複義性《エキヴォック》の中に、「自分を許す se pardonner」という成句の中に、二重あるいは三重の可能性が考慮に入れられる。まず第一に、だがそのようなことが起こる事態は付随的なものだとみなすことにしたいが、次のような言い回しをするときの非人称的な受動性があるだろう。つまり「この過ちは許されるcette faute *se pardonne*」という言い回しは、「人々がそれを許す」「それは許される」「人々はそれを許すことができる」(it is forgiven, it is forgivable) という意味を表すために用いられるのである。私たちはそれ以上に、他の二つの可能性に、両者のあいだの相互性および／あるいは自己から自己への反射性に、つまり「互いに許し合う」という相互性および／あるいは「自分で自分自身を許す」という反射性に関心を向けることにしよう。依然として二つとも、それぞれがそれぞれのし方で互いを識別しつつ鏡《スペキュレール》の働きをしている二つの統語法《シンタックス》によって示される可能性および／あるいは不可能性。表現をほんの少しずらすことによって、許しの鏡《スペキュラティヴ》＝思弁的文法(23)とでも呼びうるものが、そこで問題になっているのである。

あらゆる属格《ジェニティフ》を通して、この許しの系譜《ジェネアロジー》（＝家系図）のあらゆる署名を通して、カフカによる父への手紙の中に書き込まれた父の手紙とは、カフカの父から息子に、つまりカフカの父への手紙の署名者に宛てられた手紙の中に書き込まれた父の手紙とは、その運命《デスティナル》＝宛先的行程(24)において、何だったのか。異論の余地なく、この父から息子への手紙は、息子から父への、そして息子から息子への手紙でもあり、自己への手紙でもあったが、その自己への手紙の問題点はまた、自己への許しであるような他者への許しの問題点でもあった。虚構的で、文学的で、秘密のものではあるが、必ずしも私的なものとはかぎらないこの手紙は、息子と息子自身のあいだに、残るともなく残ったのである。しかし、自分の父である者（この信じがたい許しの場面以来、本当に彼の父になり、その名を持っている者）とこの深遠な許しを交わすともなく交わすために自分に手紙を書く息子の心の奥底に、秘密《スクレ》のうちに、とにかくも彼の書きもの机《スクレテール》の中に封印された、この秘密の手紙は、それが公のものに、公表可能なものに、相続すべき記録文書《アルシーヴ》に、またしても相続現象に——あるいはまたカフカがその後も破棄することのない遺言に——なる危険に身をさらしてはじめて、彼の手紙の字義《リテラリテ》どおりの解釈において、文学《リテラチュール》になるのだ。というのも、イサクの犠牲においては、まったく目撃者なしだったか、あるいは生き残りの証人としては息子しか、つまり自分の上に刀を振りかざした瞬間の父のひきつった顔を見てしまった、神によって選ばれた相続人しか持たなかったのと同様に、そうしたことすべては、相続によって残された痕跡の中、判読可能なものであるのと同じくらい判読不可能なものである痕跡の中でしか、私たちに到来しないからである。この残された痕跡、この遺贈はまた、打算あるいは無意識的な軽率さのおかげで、文学的資料体《コーパス》における遺言になる、そしてこの放棄そのものによって文学になる可能性《シャンス》あるいは危険性《リスク》でもあった。この放棄はそれ自身、決定不可能性によって、したがって秘密によって、つまり起源と目的の、宛先と名宛て人の、意味と指示対象《レフェラン》の――その宙づりにされた未決定状態《スュスパンス》においても依然として指示作用《レフェランス》でありつづけている指示作用の意味と指示対象の――運命＝彷徨《デスティネランス》〔＝宛先不明〕[25]によって、漂流＝脱線《デリーヴ》するにまかされているのである。そうしたことすべては、息子および／あるいは父の署名と同じくらい決定不可能な、何ものも交わすことなくそこで交わされる声や行為と同じくらい決定不可能な文学的資料体に属している（カフカの「本当の」父は、アブラハムと同様に、たぶん何もわかっておらず、息子から何も受け取らず、何も聞かなかったかもしれない。彼は、たぶんこれまでに登場したすべての獣《ベット》たち、つまりろばや雄羊よりもさらに「愚か《ベット》」だったかもしれない。たぶんろばと雄羊は、何が起こるのか、何が彼らに到来するのかを考え、見ることのできる唯一のものたちであり、人間＝男《オム》たちが自分たちを許すとき、自分たちで自分たち自身を許し、互いに許し合うとき、誰が代償を払うのかを、身をもって知ることのできる唯一のものたちだったのかもしれない。人間＝男《オム》たちと言ったが、もちろん私は、男たちのことを言っているのであって、女たちのことは言っていない。女＝妻《ファム》については、私たちはあとで、なぜ、またどのようにして彼女が依然として「めとられる」べきであるのかを検討するつもりだが、父と息子のあいだのこの許しの場面に、女＝妻は明らかに不在であり、見事に排除されている)。したがって、名指され、求められ、名指されるやいなや与えられる許し、あまりにも根源的で、アプリオリで、自動的で、要するにあまりにもナルシシズム的なので、それが文学以外の場で実際に起こったことがあるのかと人々が自問するような許し、そうした許しの交換なき交換と同じくらい決定不可能な資料体《コーパス》に属しているのである。というのも、いわゆる実在の父は、それについて何も知らなかったのだから。文学的なあるいは虚構的な許しというものは、許しなのだろうか。あるいはまた、私たちが前に「トートナウベルク」について、ハイデガーとツェランのあいだの許しの場面について示唆しておいたように、求められ、与えられる許しのもっとも実際的な経験、その具体的な忍耐力は、それが秘密の懇願《ポスチュラシオン》(26)と一蓮托生のものである以上、詩という秘密《クリプティック》に隠された賜物の中で、文学的なクリプトの内奥において、その運命を保証されているということかもしれない。その場合には、許し《パルドン》は詩、つまり詩の賜物《ドン》(贈与)だということになるだろう。それは、求められる必要はないのである。一般によく耳にされることとは違って、許しは、本質において、なんらかの要求に応じるものであってはならないのだ。

私たちはすでに、「自分を許す」ことの中に、『父への手紙』の鏡＝思弁的《スペキュラティヴ》文法の中に、求められるものであると同時に与えられるものでもある——自分自身に対して——許しの場面を認めていた。許しの試練そのものにおいて、許しの本質あるいは許しが許しになることにおいて、それは要請されたものであると同時に禁じられたものであり、不可避のものであると同時に不可能なものであり、必要なものであると同時に取るに足らないものであるように見える。もし許しの秘密の秘密といったものがあるとすれば、それは、許しが秘密にとどまると同時に（秘密として）顕《あら》わにされる宿命にあるように見えるということであり、さらにまた、それだからこそ、鏡の作用による同一化によって、自己への許し、自己による自己への許しとなる宿命、つまり「自分を許す」ことの複義性《エキヴォツク》において、自己と自己のあいだで求められ、与えられ、そのうえこうしたナルシシズム的反射性そのものによって無効にされ、意味を剝奪された、自己による自己への許しとなる宿命にあるように見えるということなのだ。その結果、許しの引き上げられ《ルルヴェ》〔＝味の利いた〕、引き上げる《ルルヴァント》〔＝味を利かす〕性格による危険性、そうした〈止揚《アウフヘーブング》〉——『ヴェニスの商人』の中から、まさしく思弁的観念論のコードが味《グ》と料理のコードによって引き立たされている《アセゾネ》〔＝味をつけられた〕別の文献＝文学《リテラチュール》（「許しが正義を引き立たせるとき when mercy seasons justice」）(27) を引用することによって、それは私たちの好み《グ》の言葉になるだろう——による危険性が生じることになる。許しを求めなければならないのは、ただ他者に対して、まったく他なるものに対して、無限にそして還元不可能なほどに他なる他者に対してだけなのであり、ただ無限に他なる他者——それが「神」の名で呼ばれると同時にその名を排すもの、自己への許しの、自分を‐許すことの別名なのである——だけを許さなければならないだろう。

すでに私たちが指摘しておいたことだが、ノアの洪水のあとで、神の前言取消し（神の悔悛とは言わないでおこう）、神が自分がしたことを見直すそうした撤退《ルプリ》〔＝折返し〕の運動があった。そのとき神は、初めから、そして神の大罪が、つまり大洪水がすでに一つの処罰を、一つの返報を、被造物の肉の中の、肉としての被造物の中の悪に対応する懲罰の返答を意味していたかのように、人間に対してなされた悪だけを、つまり正確に言って、その心に悪意を宿している被造物に対してなされた悪だけを振り返っているのではない。そもそもこの人間の心の中の悪はすでに、人間が償いをし、許しを求めるように駆り立てるはずのものだった。贈与《ドン》には贈与と言うように、許し《パルドン》には許しなのだ。ところが、神の前言取消し、二度と繰り返すまい、もう悪をなすまいという神の約束は、悪意を糾弾された唯一のものである人間の範囲をはるかに超えている。神は、あらゆる生き物に対して自分の前言を取り消しているのだ。神は、自分自身を前にして自分の前言を取り消し、自分自身に話しかけているのだが、神が話題にしているのは、あらゆる生き物について、また動物界一般についてなのである。そして、やがて神が約束することになる契約によって、神は、あらゆる生き物に対して責任を負うのである。

神の前言取消しによって、また神が自分自身を振り返り、自分の創造を振り返る行為によって、そして神が自分がうまくやらなかったことを、まるでそれが完了したものであると同時に無限に完了しないものであるかのように（エックハルト、ベーメ、ヘーゲル等においてもたどることができるような伝統だ）見直すようにしむける、そうしたあらゆる内省と記憶の運動によって提起される途方もない問題（意味論的で注釈学的な）に、私たちはここで深入りすることはできないだろう。そうした自己への帰還を、性急に「後悔」、「悔恨」あるいは「悔悛」という言葉で表現してはならない（その誘惑は強く、またたぶん正当なものではあるが）。ただ重複《ルドゥブルマン》の運動、前言取消しの前言取消し、神がノアと彼の子孫と動物たちと結んだ契約をいわば包みこんでいるこの種の悔悛の悔悛だけを考察することにしよう。神が自分を振り返る二度の自己回顧のあいだに、二度の前言取消し、つまり大洪水を引き起こす前言取消しと大洪水を止める前言取消しのあいだに、神のそうした二度の悔悛同然の行為の合間に、ノアは、いわば二度にわたって許される。二度繰り返して、彼は恵み《グラス》を与えられる。まるで父と子のあいだの〈契約〉は、反復、二重の見‐直し《ルヴニール》を通して、つまりこの撤回あるいはこの前言取消し――私としては強調しておきたいことだが、ある種の心理学や神学や来るべき教義学によって、いずれ後悔や悔恨や悔悛の中に投影されることになるさまざまなものを、まだそれに担わせてはならない――による自己の見‐直し（＝回‐帰《ルヴニール》）を通してしか確固としたものになることができないかのようだ。あるいはまた、後悔、悔恨、悔悛といった概念が、その底なしの奥底において、神のそうした自己回顧に依存し、神がそのようにして自分自身を見直すことを自分に約束する、そうした自己との契約《コントラ》に依存しているのかもしれない。〈契約《アリアンス》〉という非対称的契約は、その場合、そうした撤《ル》‐回《トレ》（ドイツ語では Entzug）の二重の特徴《トレ》を、そして神が重ねて行なう前言‐取消し《レトラクタシオン》（＝再《レ》‐裏取引《トラクタシオン》）を前提としているように見える。

だから、私たちがこれから読もうとしているテクストが何かを言おうとしている（＝意味している）ように見えるとすれば（しかしそれは言おうとしているのだろうか、それとも言おうとしないことの許しを私たちに求めているのだろうか)、それはたぶん、まさしくあらゆる信仰の業《アクト・ド・フォワ》よりも前に、また天啓の言葉、神話、空想の産物、前兆、哲学的知の寓意《アレゴリー》、詩的あるいは文学的虚構《フィクション》＝物語等々のどんな身分規定《スタチュ》であれ、それをそのテクストに与えるあらゆる認証よりも前に理解されていなければならないような何かだろう。たぶんその場合、そうした最小限の公準化《ポスチュラシオン》、そうした名称的な定義は、私たちが前に「絶対的原則」と呼んだものと関連づけられなければならないだろう。つまり自分の前言を取り消す、あるいは「悔悛する」とも言われるが、そうする権限は、ここで神、ヤーウェ、主《アドナイ》、YHWH〔神の名を表す四文字《テトラグラム》〕等々と名づけられているものにある。思い出す権限、自分がしたことは必ずしもよいできでも、完全でも、過ちのないものでも、また欠陥のないものでもなかったことを思い出す権限は、この「神」に帰属しているのである。「神」の物語《イストワール》。一方、相変わらずそのまま受け継いだ語や概念の意味論を、つまり遺産そのものを分析するだけですますならば、告白の動作の中に、許しの要求を少なくとも潜在的な状態で含んでいるような前言取消しというものを考察することは困難である。

　しかし神によって、誰に対して求められるのか。そこには二つの仮説の可能性しかありえず、しかもその仮説はどんな許しにも当てはまるのである。つまり許しは、他者か自分自身に対して求められるのである。二つの可能性は、たしかに依然として他に還元不可能なものだが、結局は同じことに帰着するのである。もし私が許しを他者に対して、つまり私の過ちの、したがって必然的に裏切りやなんらかの誓約違反の犠牲者に対して求めるとしても、私が苦しんでいる、私が自分で自分《オト》を-苦しめ、他《エテロ》を-苦しめている前言取消しの運動によって、私はその他者と少なくとも潜在的に同一化しているのである。だからつねに許しは、前言取消しを通して、自分自身に対してもまた他者に対しても、つまり他なる自分自身に対して求められるのだ。神はここで、心の中が悪い人間＝男たち《オム》を——やがてわかるように、何よりも欲望を持った男たち《オム》、性的差異に束縛された男たち、女好きの男たち、妻をめとるという欲望によって衝き動かされた男たちを——創造することによって自分が犯した過ちのために、神が創造した万物に対して、その被造物に対してもまた自分自身に対しても、潜在的に許しを求めているのである。いずれにせよ、この受け継がれたテクストは、どんな身分規定《スタチュ》であれ、どんな価値であれ、それをそこに認める前に、またそれを信じるべきであろうがなかろうがその前に、次のように読まれるのである。許しは神の物語である、と。それは、神の名において書かれたり、送り届けられる。許しは、人間を通して、神と神のあいだの契約のようにして行なわれる。それは、人間の身体を通して、人間の悪癖を通して、つまり人間の悪あるいは欠陥を通して行なわれる——人間の悪あるいは欠陥とは、人間の欲望にすぎず、それはまたその二重の属格による系譜、遺産継承、父子関係に従って、神の許し（神が許すこと、神を許すこと）の場なのである。許しは神の物語、神と神のあいだの事柄であって、私たちは、私たち人間は神を介して自分の進むべき道を見いだすのだと言うこと、それは、許しを厄介払いする口実でもなければ方法でもない。少なくとも、「許し」という言葉を（またたとえば「言おうとしないことを許してください……」などと）言ったり聞いたりするやいなや、なんと、神が参加しているのだということを知らなければならない。もっと正確に言えば、神の名がすでにつぶやかれているのだ。また逆に、「神よ」と言われるやいなや、私たちのあいだで、誰かが「許し」という言葉をつぶやいているのである。［こうした逸話を報告することは、私がいまここで主張していることに関して必要なことではないかもしれないが、私は、ある日レヴィナスが、ある博士論文の公開口頭審査の舞台袖で、一種の悲しげな気分と皮肉たっぷりな抗議をこめて、私にこう言ったことを覚えている。「今日、人々が『神よ』と言うときには、ほとんど許しを求めるか詫びなければならないだろう。『神よ』、このような言い方をお許しください……』」

神による前言取消しの最初の瞬間は、地上に人間が増えはじめ、神が彼らの欲望を見るときに、突如として現れる。神がそれをねたんでいるというのではなくて、神は人間たちが欲望するのを見るのである。神の前言取消しは、神が人間たちの欲望を見るときに——そしてこの欲望の創造を神が思い出すときに——始まる。神は、人間たちが「人の娘たちが美しい」ことに気づいていることに気づく。「そこで彼らは、おのおの選んだ者を妻にした。」[*12] 彼らはその「きれいな」娘たちを取り合うと、シュラキは訳している。

いつものように、過ちを生むのは欲望である。欲望は過ちなのだ。だから欲望が、悔悛と許しの論理を要請するのである。人間＝男たち《オム》が女＝妻たち《ファム》を我が物にするのを見て、彼らが妻をめとるのを見て（『父への手紙』におけるのと同じ様に、許しの場面は、裏切りや誓約違反の場面と同様に、「妻をめとる」ことをめぐって進行する）、神はこう言う（しかし誰に？ 結局自分に言うのである）。「わたしの霊は人の中に永久にとどまるべきではない。人は肉にすぎないのだから。人の一生は百二十年とする」（ドルム訳）、「わたしの息が人の中で永遠に続くことはないだろう。その乱脈において、人は肉なのだ。人の一生は百二十年とする」（シュラキ訳）。

神はそのとき「悔悛する」と、ある翻訳（ドルムの翻訳。彼は、二章、四章、六章の物語は「神人同形論《アントロポモルフイスム》であふれている」と、冗談ぬきで注記している）は言う。別の翻訳（シュラキの翻訳）では、ある語の訳として、神は「後悔する」と言われているが、その語というのは、エルサレムで聞いた話だが、「神が自分を慰める」というような何か、自分を慰めつつ、いわば過去に立ち戻って喪を行なう（＝あきらめる）というような何かを意味しているらしい。たいていの場合と同様に、その動詞が、ノアという固有名詞(28)と語源的に類似の関係がないはずはないだろう。しかし、「悔悛する」と「後悔する」というわずかな違いはあるにしても、私がこれから引用する二つの翻訳は一致して、同じ表現で、ノアは神《ヤーウェ》の「恵み《グラス》」を得ると言うのである。たしかに神は、それほどにも悪い心の人間を創造することによって悪をなしてしまったことを後悔あるいは悔悛して、人類を皆殺しにし、地上のあらゆる生命の痕跡をぬぐい去ろうと決心する。こうして神は、ノアと彼の家族とそれぞれの動物の一つがいとを恵み深くのぞいて、あらゆる種類の生き物、あらゆる被造物に対する大虐殺的撲滅を繰り広げるのだ。

主《ヤーウェ》は、地上に人の悪が増し、常に悪いことばかりを心に思い計っているのを御覧になって、地上に人を造ったことを悔悛し、心を痛められた。主は言われた「しかし、いったい神は誰に語っているのだろうか。秘密裡にかそれとも大声でか。それこそが、文学の起源ではないだろうか」。「わたしは人を創造したが、これを地上からぬぐい去ろう。人だけでなく、家畜も這うものも空の鳥も。わたしはこれらを造ったことを悔悛する。」しかし、ノアは主の恵みを得た。これはノアの物語である。*13

私たちにとってここで重要なこととして、私は、シュラキの翻訳の全部を読むのではなくて、その翻訳では、「悔悛した」と「わたしは悔悛する」の代わりに「後悔する」と「わたしは後悔した」と言われているが、ノアに与えられた運命に対しては同じ「恵み」という語が使われているということだけを言っておくことにする。

この場面の論理をなんとかして解釈しようとすると、読むという行為においても、また読み取られるものにおいても、正義と堕落のあいだで永久に逡巡することになる。ヤーウェを前にしてノアが見いだす恵み、その結末を私たちは知っているのだが、それを

「許し」と翻訳することは許されるだろうか。その妨げになるものは何もないと、私には思われる。神はノアを、ノアと彼の家族とそれぞれの種の一つがいの動物だけを許す。しかし神は、同じような恐ろしいやり方で神の恵みを制限して、地上の他のあらゆる生命を罰し、これを滅ぼすのである。ところで神は、悪を罰するために、また結局のところ自分自身が犯した悪に対する、つまり心に悪を持つ人間たちを創造したという悪に対する後悔の気持ちでいっぱいになって、このほとんど絶対的な全滅的大虐殺《パンジェノシド》にとりかかる。神が自分で人間の中に欲望を入れるという過ちを犯したのに、まるで神は、自分自身の過ち、人間たちが心に抱いている悪、つまり欲望のために、人間たちと生き物とを許さないとでもいうかのようだ。結局のところ、同時にまた、まるで神が自分自身の悪事を、神の創造という悪行を、つまり人間の欲望[29]を許さないとでもいうかのようだ。

さらに悪事を、自分では慰めがたい悪《マル》-行《フェ》を後悔している神が、どのようにしてまたなぜ、他のあらゆる生き物を罰するのと同様に、あえてノアと彼の家族に恵みを与えるのかと自問するとすれば、その場合には、この判決の二つの判決理由を考慮に入れることにしよう。一方では、その直後に、ノアは「正しい人《ジュスト》」だったと言われている。ノアがこのように正しい人として恵みを与えられ、また神が彼のうちにこの正義《ジュスト》を認めることになるのだとすれば、それは結局のところ、ノアが神自身よりも正しいからであり、その神は、ノアを正しいと認める（そのためには自分が正しくなければならない）神ではなくて、自分が免れることができない悪、あるいは自分がしたことを許すのに苦労している悪を、なおみずから後悔しなければならない神なのである。まるで（私はしばしば、まるで自分が言っていることを言おうとしていないかのように、わざと「まるで」と言う。そしてそれこそが、啓示が文学になる門出《アントレ》となるだろう）神がノアに対してあるいはノアの前で許しを求め、その直後に彼に協約《パクト》あるいは契約《アリアンス》を与えるかのようだ。他方で、箱舟の上の動物たちのつがいにも恵みを与え、生命と再生の約束を消滅させないことによって、神は、ただノアと彼の家族とそれぞれの種の一つがいだけに恵みを与えているわけではないのである。ノアの裁き《ジュスティス》において、神は、模範として、来るべき生命に、神がその未来あるいは復《ル》－活《ネサンス》を救いたいと思っている生命に恵みを与えるのだ。〈契約〉はこの信じがたい恵みを経るのであり、その恵みについて、それを誰が誰に与えるのか、実のところ、誰のまた何の名において与えるのかを知ることは、本当にむずかしいのだ。

　そうだ、誰のまた何の名において、この罰、この恵み、この契約はなされるのか。見たところ、その運動は、神からノアとその家族の方に向かっている。しかし、神が罰を与え、恵みを与えるのは、自分が許されることによって自分を許すためであり、悪を後悔し、自分自身に恵みを与えるためなのだ。それからノアの換喩《メトニミー》(30)によって、つまりノアの名における神の名において自己に与えられた恵みが、今度は模範として、さらには換喩的《メトニミックマン》にあらゆる生命に、来るべき、再-来すべきあらゆる生命に広がっていくのである。〈大洪水〉の直前に〔六章18〕、そして創造における悪を後悔したあとで、たしかに神は、ノアにこう言う。「わたしはあなたと契約を立てる……」〔ドルム訳〕、「わたしはあなたと協約を結ぶ」〔シュラキ訳〕。正しい人ノアは、そのとき六百歳である。まさに神がノアに箱舟の中に入るようにと命じようとするときに、神はノアに、「あなただけはわたしの前で正しい人だと、わたしは認めている」〔ドルム訳〕、「そうだ、わたしは見た、あなたを、わたしの前で正しい人を」〔シュラキ訳〕と言うだろう。だから、〈契約〉の瞬間は、この四十日間の大いなる深淵(31)の中に位置づけられる。大洪水の初めに告げられ、約束されたこの瞬間は、ノアが祭壇の上に「焼き尽くす献げ物《ホロコースト》」〔「燔祭《モンテ》」〔シュラキ訳〕〕をささげるとき、神が、たしかに後悔はしていないが、しかしもはや二度としないことを約束して、人の心は悪いのだから、人のせいで大地を呪うことは二度とすまいと、また生き物をことごとく打つことは二度とすまいと告げるときに、もう一度繰り返され、確証される。ノアと彼の息子たちを祝福することによって、神は、〈契約〉あるいは〈協約〉を確証するが、しかしまたすべての生き物と地のすべての動物たちの上にふるう人間の権限をも確証するのである。まるで契約と深遠な許しが、他の生き物に対するこの人間の至上権と対になっているかのようだ。人間によって感じられると同時に人間によって強いられる恐怖によって、他の生き物に押しつけられる恐ろしい至上権。そうしたことすべては、「神にかたどって」（ドルム訳）、神の「生き写し《レプリック》」（シュラキ訳）として人間を造った神の鏡《スペキュラリテ》の作用の中で行なわれるのである。

神《エロヒム》はノアと彼の息子たちを祝福して言われた。「産めよ、増えよ、地に満ちよ。地のすべての獣と空のすべての鳥は、地を這うすべてのものと海のすべての魚と共に、あなたたちの前に恐れおののき［シュラキ訳では、「あなたたちの身震い、あなたたちの脅えが、地のあらゆる生き物におよぶだろう」。たしかにドルムは、「あなたたちが引き起こす恐れとおののきは、文字通りには『あなたたちの恐れとあなたたちのおののき』である」と注に明記しなければならなかった。まるで恐怖は、何よりも感じられ、分け合われるためだけに引き起こされるとでもいうかのようだ」、あなたたちの手にゆだねられる。動いている命あるものは、すべてあなたたちの食糧とするがよい。わたしはこれらすべてのものを、青草と同じようにあなたたちに与える。ただし、肉は命である血を含んだまま食べてはならない。また、あなたたちの命である血が流された場合、わたしは賠償を要求する。いかなる獣からも要求する。人間どうしの血については、人間から人間の命を賠償として要求する。人の血を流す者は人によって自分の血を流される。人は神にかたどって造られたからだ。あなたたちは産めよ、増えよ、地に群がり、地に増えよ。[*14]」

そのとき神は、神と人間およびすべての生き物との〈契約〉を約束して、もう二度と苦しめる「＝悪をなす」ことはしないと誓うのである。神は、「洪水が起こって地を滅ぼすことも決してない」ようにするだろう。しかし悪事あるいは大罪を避けるために、神は、暗記の手引きを、世界内のしるし《シーニュ》を、一種の記憶術を必要とすることになるのだが、それはもはや単なる生き生きとした、自己‐触発的な記憶の自発性ではないだろう。そのしるしは、隕石＝大気現象としての虹になるだろう。「雲の中に虹が現れると、わたしはそれを見て、神と地上のすべての生き物、すべて肉なるものとの間に立てた永遠の契約に心を留める」（「わたしは、わたしの協約を記憶にとどめるだろう」とシュラキは訳している）。

そのすぐあとで、[*15]ハムが自分の父〔＝ノア〕の裸を見て、二人の兄弟に告げたことが想起されている。それは、偶然に継起した展開だろうか。私たちがたえず語りつづけている寓話、物語《イストワール》＝歴史全体の時間の省略手法《エリプス》、それはまた父の裸[32]でもある。あまたの世代を経たのち、この契約がアブラハムに対して更新されるとき、そのことは再び二つの時――至上の試練の前と後――のあいだで起こる。まず第一の時において、神は、アブラハムに正しく完全であるように命じて、神の契約を告げる（一七章2）。ついで前述のイサクの犠牲のあとで、第二の時において、神はアブラハムを祝福すると、そして彼の子孫を増やすと誓うことによって、その契約を確証するのである（二二章16）。アブラハムがソドムの町の正しい者のために求める恵み（一八章22〜33）のような、多くの許しや恵みは、一気に跳び越すことにしよう。多くの誓い、たとえばイサクの犠牲の試練の直前に神の名においてなされる契約、ベエル・シェバでのアビメレクとの契約における誓約（二一章22〜33）などは、一気に跳び越すことにしよう。あまりにも急ぎすぎるかもしれないが、私が手始めに絶対的原則と呼んでおいたものに立ち戻ることにしよう。

その原則のおかげで、私たちは秘密の要請を、神によって、また契約を申し出たり約束する者によって求められる秘密を、提起するかあるいは前提とすることを余儀なくされる。キルケゴールが示唆しているように、そのような秘密は、隠すべきものという意味を持っていない。不可能な命令（そのために神とアブラハムは、いわば両者ともに許されなければならないのだ）を通して、依然として恵みに、守られた秘密に対する報酬《むくい》に似ている犠牲の中止を通して、神がアブラハムに課すことになる試練においては、暗黙のうちに求められた秘密の厳守《フィデリテ》〔＝忠誠〕は、本質的に、隠すべき何ものかの内容（犠牲の命令等々）にかかわるのではなくて、神との対面のまったくの独異性《サンギュラリテ》〔単独性＝特異性〕に、その絶対的関係の秘密にかかわるのだ。それはどんな内容も、隠すべきどんな意味も、秘密の要求そのもの以外のどんな秘密も持たない秘密であり、つまり呼びかける者と「はい、わたしはここに」と答える者のあいだの関係の絶対的独占性であって、その独占性こそが、もし仮にそのようなものがあるとすれば、呼びかけと応答の条件であり、おそらくその純粋な条件なのである。そのときから、アブラハムにとって、もはやこの世に神聖不可侵《サクレ》のものは何もない。彼には、すべてを犠牲にする覚悟ができているのだから。こうしてこの試練は、世界の一種の絶対的脱神聖化《デサクラリザシオン》となるだろう。秘密そのものにも何の内容もないのだから、守るべき秘密は神聖不可侵だ——それが残された唯一の神聖化だが——と言うことさえできない。やむをえずその秘密を「聖なるもの《サン》」(「聖別された《セパレ》」という意味で)と言うことはできても、神聖不可侵のものだと言うことはできない。(文学、つまり正当なものとしてその名を持つ近代的事物が、諸聖典《エクリチュール》を、『聖書』や『聖典』を「脱神聖化」あるいは「世俗化する」のだとすれば、文学はこの場合、イサクの犠牲を反復して、それを裸にして生み出し、世界に送り返すのである。)まるで神がアブラハムに、こう言っているかのようだ。あなたはそのことを誰にも話してはならないが、それは、誰も知ることがないようにするためではなくて(そして実際のところ、それは知の問題ではないのである)、わたしたちのあいだに第三者を介在させないため、のちにキルケゴールが倫理的なもの、政治的なもの、あるいは法律的なものの普遍性《ジェネラリテ》と呼ぶことになるものを何も介在させないためなのだ。契約が、神の選別という行為において絶対的なものとなり、絶対的に独異なものとなるためには、わたしたちのあいだにどんな第三者も、どんな普遍性も、どんな予測〔計算〕可能な知も、どんな条件つき決議も、どんな仮説も、どんな仮言命法[33]も介在させてはならない。あなたは、そのことを誰にも打ち明けないと誓いなさい。(今日ならば、こう言うだろう。あなたは誰にも自分の胸のうちを明かしてはいけない。あなたの家族の誰も信用してはいけない。あなたの家族にも、近親者にも、友だちにも、たとえその人が親しい者の中でももっとも親密な者であったとしても、そのことを打ち明けてはいけない。絶対に心を許せる相手にも、あなたの聴罪司祭にも、とりわけあなたの精神分析医には、何も気づかせてはいけない、と。)もしそんなことをすれば、あなたは裏切り、誓約違反をし、わたしたちのあいだの絶対的な契約に反することになるだろう。だから、あなたは忠実でなければならない。どんな代価を払っても、最悪の試練の最悪の瞬間においても、たとえそのためにあなたがあなたにとってこの世でもっとも愛しい者を、あなたの息子を、つまり実のところ未来そのものを、約束の約束を殺さなければならないとしても、あなたは忠実であれ、と。こうした要求が試練という意味を持つためには、イサクの殺害が、神による厳命の真の目的《オブジェ》であってはならない。そもそも神は、たとえ犠牲にささげられるのだとしても、その子の死にどんな関心があるのだろうか。

神は、それをけっして言うことはないだろうし、言おうとすることもないだろう。この場合、イサクの殺害は、さらにいっそうおぞましい事態と言うべきだが、ほとんど副次的なものになるのである。いずれにせよそれは、もはや隠すべきもの、守るべき秘密の内容ではない。イサクの殺害には、何の意味もないのだ。そしてすべてが、こうした意味の一時停止状態《スュスパンシオン》において宙づりにされることになるだろう。神の厳命、命令、要求は、神の威圧的な願い《プリエール》は、絶対的に独異な呼びかけの試練にかけるために、アブラハムの忍耐だけに向けられている。ただアブラハムの決意だけにかかわる問題であり、〈言-おうと-する-ことが-でき-ない〉という、つまり最悪の条件においても秘密を守るという、したがって無条件的に秘密を守るという受動的かつ能動的な彼の誓い《アンガジュマン》だけにかかわる問題なのだ。無条件的に独異な契約の中に、神とともに入るという誓いだけに。ただ責任ある《レスポンサブル》し方で、呼びかけによって負わされた共同責任《コレスポンサビリテ》に責任を持つ（＝答える）ためだけに。それは、愛における、つまり二つの絶対的独異性（＝単独性）のあいだの誓約における無条件的服従の試練なのだ。

　そのためには、何も言われてはならないし、そうしたことすべてが、その奥底において、その奥底の底なしの深さにおいて、何も言おうとして（＝意味して）はならないのである。「何も言おうとしないことを許してください……」結局のところ、守るべき秘密は、その奥底において根拠《オブジェ》のないものでなければならず、無条件的に独異な契約以外の、つまり神とアブラハムと彼の血を引くものとのあいだの狂気の愛以外の目的《オブジェ》を持ってはならないだろう。彼の血を引くもの——彼の息子と彼の名。しかしながら独異性は、彼の血を引くもののおかげで確固たるものにされるが、また契約を確証し、読解し、翻訳する相続によって、必然的に裏切られるのである。遺言書それ自身によって。

文学は、この「言おうとしないことを許してください……」の遺言的な秘密を、この約束の相続とこの裏切りを、この誓いにつきまとう誓約違反を、どうすべきだろうか。文学は、守られる秘密に対する許し、たとえばそれは「言おうとしないことを許してください……」というようなものになるかもしれないが、それをどう理解すべきだろうか。言葉を換えて言えば、文学は、どんな点でアブラハムの血を引いているのか。アブラハムから相続すると同時に彼を裏切るために。そして誓約違反の許しを求めるために。「言おうとしないことを許してください……」文学は、脱神聖化に対して、宗教的に聖なる啓示の世俗化と言われることもあるものに対して、こうして求められる許し（＝許しを求めること」なのだろうか。許しそのものの聖なる起源への裏切りに対して求められる許しなのだろうか。

文学（厳密な意味で、つまり西洋近代の制度として）は、原則的に、すべてを言い、すべてを隠す権利を含んでいる——その点で文学は、来るべき民主制《デモクラシー》から切り離すことができない——のだから、

あらゆる作品の虚構的《フィクティフ》だと推定される構造は、責任＝応答可能性《レスポンサビリテ》に関しては、政治的な法あるいは市民の法に照らして、署名者に対して意味と指示対象《レフェラン》とを免除する（つまり彼のテクストの内部が意味し、ねらいをつけ、誇示したりクリプト化したりするものを免除する。だから彼のテクストは、つねにどんな意味をも、どんな指示対象をも提起することなど意に介さず、何も言おうとしない「＝意味しない」ものになるかもしれない）——そのぶんおのおのの作品が形成する独異な出来事《エヴェヌマン》に対する彼の責任（アブラハムの責任のように、無価値で無限の責任）を、無限にまで重くしながら——のだから、

レンブラント、1655 年、ハールレム
〈アブラハムの供犠〉、「創世記」22 章 1-12 より。

そのような文学的出来事の中にクリプト化された秘密あるいは秘密の効果は、世界内のなんらかの意味や現実に応答したり《レポンドル》、対応する《コレスポンドル》必要はないのであって、その点に関しては、ある種の一時停止=宙づり状態《スュスパンシオン》に委ねる（指示作用《レフェランス》の一時停止状態ではなくて、確定された意味あるいは実在的な《レアール》指示対象《レフェラン》の定立の、[34] つまり意味あるいは指示対象の裁定《アレ》の一時停止=宙づり状態に、その定立や裁定を丸括弧や引用符の中に入れることに委ねるのであって、そこから文学的現象のまさしく現象学的な、したがって隕石=大気現象的な効力が生じる）のだから、

文学は、すべてのそうした秘密なき秘密の場であり、すべてのそうした深さなきクリプト、呼びかけや訴えの深淵以外のどんな奥底も持たず、出来事の独異性以外の、つまり作品=活動以外のどんな法=掟も持たないすべてのクリプトの場であるのだから、

虚構《フィクシオン》に対するこの文学の権利は、言語の行為としていずれも呼びかけであり応答であるような出来事を産み出す行為遂行的な決定に対して、認可（責任を免れているとともに超責任を負った作者という身分規定《スタチュ》）を制定する一つの物語《イストワール》を前提としている

のだから、

この権利の到来は、極限的な自律性《オトノミー》（万人のまた個々人の民主主義的自由等々）と極限的な他律性《エテロノミー》（この権利は与えられるものだが、また取り戻されることもありうる。それは、外的な基準に基づいて文学的なものの境界を画定する協定《コントラ》のかりそめの境界線によって限られる。どんな文章《フラーズ》もそれ自体では文学的ではないし、内的な分析の最中にその「文学性」を開示することもない。文章は、コンテクストと慣例に従ってしか、つまり非文学的な諸権能《プヴォワール》からしか文学的なものにならないし、その文学的な機能を手に入れることはない）のあいだの破棄することのできない契約を含意しているのだから、

だから、たしかに文学は、アブラハム的瞬間が依然としてその本質的な秘密となっているような聖なる物語を受け継いでいるが（依然として文学がわずかばかり残された宗教であり、神なき社会における神聖にして侵すべからざるもの《サクロ・サントゥテ》の絆や仲介であることを、誰が否定する《ニエ》だろうか）、しかしそれはまた、その物語を、その帰属を、その相続を否認する《ルニエ》のである。文学は、そうした父子関係〔＝系譜〕を否認するのだ。文学は、そ

の父子関係を二重の意味で裏切る。文学は、それに対して不誠実であり、またその「真実」を顕《あら》わにし、その秘密を開示するまさしくそのときに、それと訣別するのである。つまり文学それ自身の父子関係、可能であり不可能である父子関係と。その「真実」は、すでにイサクの繋縛《けいばく》がその可能性を含んでいた否認《ルニマン》という条件つきなのである。

　この二重の裏切りについて、文学は、許しを求めることしかできない。その最初の一語から、許しを求めないような文学は、一つとしてないのである。初めに、許しがあった。意味もなく。何も言おうとしないために。

　私たちはここで、神が誓うまさしくそのときに、話を中断することにしよう。神は、自分自身で犠牲を途中で止めて〔＝宙づりにして〕、急いで再び天使を遣わして、叫び、アブラハムに呼びかけ、そして誓う。しかし神は、自分自身の前で誓うだけなのだ。神は、そう言っている。そう告白あるいは主張している。神は、ほかにどうすることができるだろうか。何も言おうとしない〔＝意味しない〕こうした同語反復《トートロジー》とは別のことを、神は言おうとすることができるのだろうか。

　その瞬間に、しかしその唯一の瞬間から、自律性と他律性は、もはや〈一つ〉にしかならない。そうだ、〈一〉(35)以上に。

「主《ヤーウェ》の御使いは、再び天からアブラハムに呼びかけた。御使いは言った。『わたしは自らにかけて誓う、と主は言われる。あなたがこの事を行い、自分の独り子である息子すら惜しまなかったので、あなたを豊かに祝福し、あなたの子孫を天の星のように、海辺の砂のように増やそう。あなたの子孫は敵の城門を勝ち取るだろう。*16』」

「神《ヤーウェ》の御使いはアブラハムに向かって／再び天から叫ぶ。／御使いは言う。『わたしはそれを自分にかけて誓う、と神は説かれる。／そうだ、あなたがこの約束を行い、／自分の独り子である息子すら惜しまなかったので、／そうだ、わたしはあなたを祝福についで祝福し、／あなたの子孫を増やそう、／天の星のように、海辺の砂のように。／あなたの子孫は敵の城門を受け継ぐだろう。*17』」

原注

＊1 「創世記」二二章1〜3、E・ドルム訳、ガリマール社『プレイヤード叢書』、一九七二年（強調はデリダ）〔この版の翻訳にあたっては、原則として日本聖書協会『聖書新共同訳』に拠った。ただし、デリダの引用のコンテクストに応じて変更せざるをえなかった箇所もある〕。

＊2 同所、A・シュラキ訳（強調はデリダ）。

＊3 ゼーレン・キルケゴール、仏訳『全集』第五巻〔桝田啓三郎訳、白水社版『キルケゴール著作集』第五巻、一八〜一九頁。以下〔 〕内は邦訳の頁数〕。

＊4 同前〔二一〜二四頁〕。別の箇所で、キルケゴールはまた、「沈黙の誓い」〔三八頁〕についても語っている。そして彼が倫理的なものの目的論的停止〔いっそう高い目的《テロス》を前に、倫理的なものを停止して、それを踏み越えること〕と呼ぶもののすべてが、アブラハムの沈黙によって、つまりアブラハムが媒介、普遍性《ジェネラリテ》、公共の法（juris publici）〔邦訳では「公ケノモノ」と訳されている〕、政治的なものあるいは国家的なもの、そして神的なものを拒んだことによって明確にされるだろう。倫理的なものの普遍性が信仰の生気のない幽霊《スペクトル》にすぎないように、神的なものは、神の「幻影」〔一一五頁〕にすぎない。一方アブラハムは、「架空の人物〔仏訳では幻影《ファントム》〕でも、うさばらしのための飾

り物」〔八八頁〕でもないし、そうであるべきではないし、そうであることができないのである。キルケゴールはしばしば、「アブラハムは語ることができない」と繰り返し述べて、この不可能なものあるいは非‐能力を、あらゆる「彼はしたいと望む」に先立つ「彼はすることができない」を強調している〔一八六、一八八、一八九、一九四頁ほか各所〕。アブラハムは、語らないという彼の決断において、もはや美的な沈黙ではないような沈黙において、ほとんど受け身だからである。というのも、ここで重要な差異のすべては、アブラハムの逆説的秘密と、美的な次元では隠されていなければならないが倫理的な次元では逆に顕《あら》わにされなければならない秘密とのあいだの差異だからである。美学は隠されたままの秘密を要求して、これに報い、倫理学の方は、反対に顕現を求める。つまり、美学は秘密を培《つちか》い、倫理学はそれを罰するのである〔一四三頁〕。ところが信仰の逆説は、美的なもの（隠そうとする欲望）でも、倫理的なもの（隠すことの禁止）でもない〔一八五頁以下参照〕。こうした信仰の逆説が、アブラハムを、許しのまったく同じように逆説的な場面へと追い立てることになる。キルケゴールは私たちに、同時にその虚構と真実を、たぶんあらゆる許しの場面がそのようなものでありつづける真実の虚構《フィクシオン・ヴレ》を与えるのである。

＊5　同前〔三六頁、邦訳では「契約の子」と訳されている〕。

＊6　同前〔一二二頁〕。

＊7　それについてのキルケゴールの足跡を、長々とたどることもできるだろう。私はこ

こで、そのうちの次の特徴だけを記憶にとどめる。つまり、アブラハムの「理解を絶する」行為（キルケゴールは、彼にとっての、アブラハムの行動の、この必然的理解不可能性を強調する）の解釈は、家族の者たちに対してであれ、とくにサラに対してであれ、とりわけアブラハムの沈黙を、守られた秘密を経るのだということ。それは、神の命令に、そして神との絶対的に独異な契約に服従する瞬間の、他律的審級における一種の結婚の破棄を思わせる。ひとは、この神に忠実でいるならば、結婚することはできない。神の前で結婚することはできないのだ。ところで、父への手紙の全場面は、そしてとりわけその中でも、父の虚構的な手紙（文学の中の文学）は、結婚の不可能性についての熟考の中に書き込まれている。まるでそこに文学そのものの秘密、文学の使命の秘密があるとでも言うかのように。書くかそれとも結婚するか、そこに二者択一があるが、しかしまた、結婚することによって発狂しないために書くということもあるのだ。書くことによって発狂しないために結婚するのでないかぎり。書くことに狂って。

＊8　フランツ・カフカ、「父への手紙」、『手帳』所収、『全集』第七巻、M・ロベール校訂・仏訳（引用は、飛鷹節訳、新潮社版『カフカ全集』第三巻、一六五〜一六九頁より。ただし（　）内のドイツ語はデリダによる原文の引用、［　］内はデリダの読解）。

＊9　聖アウグスティヌスは『神の国』の中で、この「驚クベキ」行為を評価している。*Cf.* Robert Dodaro,《*Eloquent Lies, Just Wars and the Politics of Persuasion : Reading Augustine's City of God in a "Postmodern World"*》, Augustinian Studies 25

(1994) p. 92-93.

＊10 「創世記」八章21、22、E・ドルム訳（前掲『聖書 新共同訳』）。

＊11 同所、シュラキ訳。

＊12 「創世記」六章1、2、ドルム訳（前掲『聖書 新共同訳』）。シュラキ訳は次のとおり。「さて、人《グレブ》が地《グレーブ》の面《おもて》に増えはじめると、彼らに娘たちが生まれる。／神《エロヒム》の子らは、人の娘たちを見る。そうだ、彼女たちはきれいだ。／彼らは、自分たちが選んだすべての娘たちの中から妻を取り合う。」

＊13 「創世記」六章5〜9、ドルム訳（前掲『聖書 新共同訳』、ただし「後悔」を「悔悛」に、「好意」を「恵み」に変えた）。

＊14 「創世記」九章1〜7（前掲『聖書 新共同訳』、仏訳にはかなりの異同があるが、煩雑になるので、あえて示さなかった）。

＊15 「創世記」九章22。

＊16 「創世記」二二章15〜17、ドルム訳（強調デリダ）（前掲『聖書 新共同訳』）。

＊17 同所、シュラキ訳（強調デリダ）。

訳注

(1) **明晰さと判明さ**　デカルト哲学において、「明晰判明」は真理の基準だとされる。「前者（明晰）が概念内容の直観的自明性を指すのに対し、後者（判明）は他との識別に意識が向いている。〔……〕さて『われ惟《おも》う、ゆえにわれあり』は、明晰判明に知られる真理の最たるものである。ここから『明晰判明に知られるものはすべて真である』が真理の一般的規則とされ、真理の明証説の根拠になっている」（廣松渉ほか編『哲学・思想事典』岩波書店、一五七七頁）。なおデリダの真理批判については、「尖鋭筆鋒の問題」（森本和夫訳、ちくま学芸文庫『ニーチェは、今日？』所収）を参照。

(2) **言おうとしている（＝意味している）**　フランス語の vouloir dire という動詞は、一般的に、人が主語のときには「言おうとする」、物が主語のときには「意味する」という意味を表す。『声と現象』（一九六七年）を始めとする初期の著作以来、デリダは一貫して、この「言おうとすること＝意味すること vouloir-dire」を問題にしてきた。『ポジシオン』（一九七二年）所収のアンリ・ロンスとの対談の最後で、デリダは次のように言っている。「私は、言う《ディール》こと、そして言おうとすること《ヴロワール・ディール》（＝意味すること）という問題《ケスチオン》が提起される場《エスパス》を（場の中で）書こうとしています。私は、言おうとすること（＝意味すること）とは（何か）という問《ケスチオン》いを書こうとしているのです。だから、そのような場の中では、そしてそのような問いに導かれている以上、エクリチュール（書くこと）は、文字どおり、何も-言-おうと-しない（=何も-意味-しない）ことが必要なのです。エクリチュールが不合理なものだから、つまり形而上学的な言おうとすること（=意味すること）とつねに体系をなしてきたそうした不合理性に属しているからではありません。ただたんにエクリチュールは、言おうとすること（=意味すること）が息切れする地点で、みずからを試練にかけ、みずからを緊迫させているだけ、あくまでもその地点に踏みとどまろうとしているだけなのです。危険を冒してまでも何も-言-おうと-しないこと（=何も-意味-しないこと）は、戯《ジュ》れの中に、何よりも差延《ディフェランス》の戯れの中に入ることなのです……」

（3）**共同《コ》-責任《レスポンサビリテ》**（応答可能性）「責任 responsabilité」というフランス語の語源のラテン語の動詞 respondere には、「責任を持つ」「応答する」という二つの意味がある（「死を与える」の訳注（5）を参照）が、デリダは、「責任」を後者の意味（「応答可能性」）でも考えようとしている。だから神とアブラハムの契約の「共同-責任」は、両者の「応答可能性」でもあるのだ。

（4）**レギーネ**　キルケゴールは、一八四〇年九月にレギーネ・オルセンと婚約し、翌年の八月にその婚約を破棄している。『おそれとおののき』と『反復』は、ともに一八四三年一〇月一六日に刊行された。

（5）**まったく他なるもの=あらゆる他者**《トゥ・トートル》「死を与える」の第四節およびその訳注（42）

を参照。

(6) **条件法過去時制** 過去における非現実の事柄を表す。英語の仮定法過去完了にあたる。

(7) **前未来時制** 行為が未来のある時点で完了している(であろう)ことを表す。英語の未来完了にあたる。

(8) **ヨブ** 『旧約聖書』の「ヨブ記」の主人公で、「正しい人」と呼ばれる。神は、サタンの言葉をいれて、ヨブを試すことを許可する。その試練によって、ヨブは全財産と子供たちを奪われ、全身を皮膚病におかされるが、「このような時にも、ヨブは神を非難することなく」(日本聖書協会『聖書 新共同訳』「ヨブ記」一章22)、「唇をもって罪を犯すことをしなかった」(同前二章10)。

(9) **盗まれた手紙** 「死を与える」の訳注(31)および(33)を参照。ジャック゠マリ゠エミール・ラカンは、一九五五年に「『盗まれた手紙』についてのゼミナール」を行なっており、その記録は、一九六六年刊行の『エクリ』の巻頭を飾っている。なお、「言おうとすること」「要求」「父の名」「他者」等は、ラカンの精神分析のキーワードでもあって、デリダのこの試論を一種のラカン批判(そのエディプス・コンプレックス解釈批判)として読むことも可能である。

(10) **隠された存在** 「死を与える」の一三〇〜一三一頁に引用されている、『おそれとおののき』の一節を参照。また次の一節をも参照。「ほんとうの悲劇的英雄は、自己自身とそのいっさいの所有物を、普遍的なもののためにささげる。彼の行為、彼の心のあらゆる動きは、普遍的なものに属している、彼は顕わである、そしてこの顕わであることにおいて、悲劇的英雄は倫理学の寵児なのである。これはアブラハムにはあてはまらない、彼は普遍的なもののために何ごともなしはしない、そして彼は隠れているのである」（前掲邦訳『おそれとおののき』一八五頁）。

（11）**「劇こそはうってつけ the play's the thing」** ウィリアム・シェイクスピア作『ハムレット』第二幕第二場のハムレットの最後のせりふ。ハムレットは、義理の父の犯罪（実の父殺し）の「確かな証拠」をつかむために「劇」を利用することを思いつく。

（12）**「親類《キン》以上だが、親身《キーンド》ではない A little more than kin, and less than kind」** もちろん「王《キング》 king」「親類《キン》 kin」「親身《キーンド》 kind」の語呂合わせである。

（13）**属格** 「死を与える」の訳注（62）を参照。「父が訴訟する」という主格的属格と「父を訴訟する」という目的格的属格。

（14）**結婚の不可能性** カフカは、一九一七年七月にフェリーツェ・バウアーと二度目の婚約をし、同年クリスマスに婚約を破棄（この直後に、カフカは、キルケゴールの『おそれとおののき』を没頭して読んだらしい）、一九一九年夏にユーリエ・ヴォホリゼクと婚約し、翌年の夏に婚約を破棄している。『父への手紙』が書かれたのは、一九一九年一一月である。

（15）**法的虚構《リーガル・フィクション》**〔legal fiction〕 ジェイムズ・ジョイスの『ユリシーズ』第九挿話（「ス

キュレとカリュブディス」）の中で、スティーヴン・ディーダラスは、みずからの『ハムレット』論を開陳して次のように言う。「父親ってものは、とスティーヴンは空しさと闘いながら言った。必要悪です。彼〔ウィリアム・シェイクスピア〕は父親が死んで数か月のうちにこの劇を書いた。〔……〕ジョン・シェイクスピアの死体は夜さまよい歩きはしません。刻一刻と腐って行くだけです。ジョンは父親であることをやめ、この神秘的な身分を息子にゆずり、休息についた。〔……〕男は意識して子供を作るという意味での父親であったことがない。父とは唯一の生みの親からただ一人の子へゆずられる神秘的な身分であり、使徒継承です。〔……〕《母ノ愛》という主格的属格、対格的属格が、人生でただ一つの真実なものかもしれない。父であることなんて法的擬制〔legal fiction〕みたいなものかもしれない。いったい、息子の父親とは何者です、息子が父を愛し、父が息子を愛するいわれがどこにあるのです？」（丸谷才一・永川玲二・高松雄一訳、『ユリシーズⅠ』集英社、五〇一〜五〇二頁）。第一挿話（「テレマコス」）では、スティーヴンは自分を『オデュッセイア』のテレマコス（オデュッセウスの息子）やハムレットに見立てているが、第九挿話では、スティーヴンはオデュッセウス（テレマコスの父）に対応しており、自分をシェイクスピアに、そしてハムレットの父の亡霊に投影している。また、『ユリシーズ』のもう一人の主人公であるレオポルド・ブルームは、ジョイスの作った「計画表」では基本的にオデュッセウスに対応しているが、生後まもなく死んだ自分の息子ルーディの面影をスティーヴンに重ね合わせている。

第一五挿話（「キルケ」）でブルームは、泥酔したスティーヴンのあとを追って、とある娼家に入る。娼婦たちとの戯れの最中に、「スティーヴンとブルームが鏡を見つめる」と、「ひげのないシェイクスピアの顔が鏡に現れる」。ブルーム（父）とスティーヴン（子）がシェイクスピアを介して同一化する「鏡の作用《スペキュラリテ》」を認めるべきだろうか。

(16)　**「トートナウベルク」**　一九六七年七月二五日、パウル・ツェランは、トートナウベルクのハイデガーの山荘を訪れた。たぶん彼にとって失望に終わったその出会いのすぐあとで、ツェランは「トートナウベルク」という詩を書き、それが一九七〇年（ツェラン自殺の年）刊行の詩集『光の衝迫』に収められた。デリダは、『シボレート――パウル・ツェランのために――』（一九八六年、邦訳は飯吉光夫・小林康夫・守中高明訳、岩波書店）の中で、その二人の出会いに触れている。フィリップ・ラクー＝ラバルトは、『経験としての詩』（一九八六年、邦訳は谷口博史訳、未來社）所収の「パウル・ツェランの二つの詩」の中で、ツェランがハイデガーに期待したのは「許してください《パルドン》」という言葉ではなかったかと述べている。

(17)　**パイネスタイ**　「輝くこと」「現れること」の意のギリシア語。デリダは、一九九九年のラジオ対談「現象学について」の中で、次のように語っている。「現象というのは、たんに物事の現実を指すのではなくて、現れるかぎりにおいての物事の現実を、輝きの中、可視性の中における物事そのものの現れであるパイネスタイ phainesthai を指すのです。私が現象を記述する際に、私は、いわば現れの彼方にある物自体を記述するのではなくて、それが私に現れるがままの、その私に対する現れを記述するのです。〔……〕パイネスタイphainesthaiというのは、物事が現れるがままに光の中に現れる現象の輝きです」（森本和夫訳、ちくま学芸文庫『言葉にのって——哲学的スナップショット』所収、一一一～一一二頁）。

(18) **虹**「わたしは雲の中にわたしの虹を置く。これはわたしと大地の間に立てた契約のしるしとなる。わたしが地の上に雲を湧き起こらせ、雲の中に虹が現れると、わたしは、わたしとあなたたちならびにすべての生き物、すべて肉なるものとの間に立てた契約に心を留める。水が洪水となって、肉なるものをすべて滅ぼすことは決してない。雲の中に虹が現れると、わたしはそれを見て、神と地上のすべての生き物、すべて肉なるものとの間に立てた永遠の契約に心を留める」（前掲『聖書 新共同訳』「創世記」九章13～16）。

(19) **「神の名」** 神は、セム民族において、一般的に「いと高きエル」あるいはエロヒムとして知られていたが、『旧約聖書』の「出エジプト記」三章14では、ヤーウェ（「わたしはある」の意のヘブライ語）としてモーセの前に顕現する。ヤーウェという神の名の意味するところは、神は自分を啓示する神であり、人間の理解を超越した聖なる神であるが、つねに人間のことを気にかけている神だということである。

(20) **テオドシウス大帝**（三四六～三九五年） ローマ皇帝。テッサロニカ市の反乱に対して市民を虐殺したが、聖アンブロシウスによって諫《いさ》められて、悔悛した。

（21） **聖アンブロシウス**（三三三頃〜三九七年） ミラノの司教。四教会博士の一人。聖アウグスティヌスは、彼の説教によってキリスト教に導かれたと言われている。

（22） **代名動詞** 主語と同一のものを表す目的語代名詞をともなう動詞。意味の上から、一、再帰的用法「自分自身を（に）……する」、二、相互的用法「互いに……しあう」、三、受動的用法「……される」、四、本来的用法等に分類される。

（23） **鏡=思弁的《スペキュラテイヴ》文法** デリダは、「思索=思弁《スペキュラシオン》 spéculation」と「鏡の作用《スペキュラリテ》 spécularité」の類似から、「思弁的な《スペキュラテイフ》 spéculatif」という語に「鏡の《スペキュレール》 spéculaire」という意味を含めようとしている。

（24） **運命=宛先的《デスティナル》行程** 「運命=宛先的な《デスティナル》 destinal」は、「運命《デスタン》 destin」と「宛先《デスティナシオン》 destination」を合成して作られた形容詞。

（25） **運命=彷徨《デスティネランス》（=宛先不明）** 「運命《デスタン》 destin」と「彷徨《エランス》 errance」を合成したデリダの造語。手紙が宛先に、行為が目的地に到達しない可能性のこと。

（26） **クリプト** 「死を与える」の訳注（13）を参照。

（27） **「許しが正義を引き立たせるとき when mercy seasons justice」** シェイクスピアの『ヴェニスの商人』第四幕第一場のポーシャのせりふ。season は、「調味料や香辛料で味をつける、ユーモアなどで興趣をそえる」の意。

（28） **ノアという固有名詞** 直前の「創世記」五章29に、「彼〔レメク〕は、『主の呪いを受けた大地で働く我々の手の苦労を、この子は慰めてくれるであろう』と言って、その子をノア（慰め）と名付けた」（前掲『聖書　新共同訳』）という記述がある。
(29)　**人間の欲望**　二重の属格によって、人間が欲望することであると同時に、神が人間（の創造）を欲望したことでもある。
(30)　**換喩**《メトニミー》　ある系列内の隣接関係によって置き換えられること。ラカンは、フロイトの「置き換え」を「換喩《セリー》」として理解した。
(31)　**大いなる深淵**　「大いなる深淵の源がことごとく裂け」て、「雨が四十日四十夜地上に降り続いた」（前掲『聖書　新共同訳』「創世記」七章11〜12）。
(32)　**裸**　ハムが父ノアの裸を見て、二人の兄弟に告げたために、その忌まわしい行為を知ったノアによって、カナン（ハムの息子）は呪われることになった。
(33)　**仮言命法**　カントの用語。何らかの目的のために、「もし……ならば、……せよ」と命じる条件つき命令。これに対して定言命法は、他の目的の手段としてではなく、端的に「……せよ」と命じる無条件の命令である。
(34)　**定立**　「われわれは、対象を見るとき、それが〈何か〉として〈存在〉している、と信じている。このような対象（ないし世界）の〈存在〉に対応する、主観の側からの構成的契機が〈定立〉である。『対象や世界が存在している』ということには、『われわれがそれを定立・措定している』ということが対応する。定立・措定とは、存在すると信じることである」（木田元ほか編『現象学事典』弘文堂、三四三頁）。
(35)　〈一〉　ギリシア哲学において〈一〉は、万物の根拠（「万物は一である」）であり、純粋無相の〈一者〉《ト・ヘン》であるが、キリスト教においては、唯一の「神」であり、父と子と聖霊の〈三位一体〉である。「父よ、あなたがわたしの内におられ、わたしがあなたの内にいるように、すべての人を一つにしてください。彼らもわたしたちの内にいるようにしてください。そうすれば、世は、あなたがわたしをお遣わしになったことを、信じるようになります。あなたがくださった栄光を、わたしは彼らに与えました。わたしたちが一つであるように、彼らも一つになるためです。わたしが彼らの内におり、あなたがわたしの内におられるのは、彼らが完全に一つになるためです」（前掲『聖書 新共同訳』「ヨハネによる福音書」一七章21〜23）。デリダはここで、「一即多、多即一」と言うことなしに、〈一〉以上の〈一〉を、つまり差異を解消することのない〈一〉を考えようとしているのである。

訳者解説

本書は、Jacques Derrida, *Donner la mort*, Paris, Galilée, 1999 の全訳である。原書に収められたテクストのうち、「死を与える」Donner la mort は一九九〇年一二月のロワイヨモン学会の記録『贈与の倫理——ジャック・デリダと贈与の思想』(*L'éthique du don, Jacques Derrida et la pensée du don*, Colloque de Royaumont, décembre 1990. Essais réunis par Jean-Michel Rabaté et Michael Wetzel, Métailié-Transision, 1992) の講演に基づいている。本書のテクストとは若干の異同があるが、煩瑣になるのでいちいち指示はしなかった。

本書『死を与える』は、デリダの宗教論である。それと同時に、本書には「責任」「秘密」「贈与」「犠牲」「赦し (=許し)」などの九〇年代デリダの主要なモチーフが散りばめられており、それらが相互に重なり合ったかと思うと、突如として論述が垂直に煮詰まっていく。その緊迫感は息苦しいほどであり、本書はこの時期のデリダの代表作と言ってもよいだろう。

訳者としては、まずは読者みずから、本書の独特なリズムに身をまかせることをお勧めしたいが、論じられている作品の多くが現在の日本の読者になじみの少ないものであることもあり、その簡単な紹介も含めて、本書のおおまかな輪郭を記しておく。

贈与とは何か

「死を与える」あるいは「死を与えること」(donner la mort)、この一見スキャンダラスな題名は何を意味するのだろうか。まず、「与えること」すなわち贈与という出来事についてデリダは、すでに『時間を与える——第一巻「贋金」』で詳しく論じていた。そこでデリダはマルセル・モースの『贈与論』やそのクロード・レヴィ＝ストロースによる構造主義的な解釈を検討しながら、贈与によってこそ交換や互酬性の円環(それをデリダは「エコノミー」と呼ぶ)が可能になるという。贈与は、物質的にであれ、象徴的にであれ、なんらかのお返しのサイクルを開始するからだ。だが贈与はエコノミーを可能にするだけではない。それはエコノミーを中断させるものでもある。贈与という出来事は、互酬的で対称的な交換が断ち切られる「瞬間」に生起するのだ。

それはどのような瞬間だろうか。デリダによれば、贈与という出来事があるためには、贈与は「それとして」すなわち贈与として現前したり、知覚されたりしてはならないという。受け手は、贈与されたことを知ってもならないし、さらには贈り手も、「いま自分は贈り物を贈っている」などという現在の意識を持ってはならない。贈与として意識に現前した瞬間に、それは一種の象徴的交換のエコノミーに変貌し、たとえば負債と返済といった円環にとらわれてしまうからだ。デリダ特有の誇張的表現で言うならば、「贈与としての贈与は――受け手にとっても与え手にとっても――贈与として現れてはならない」。その意味では、贈与は何も与えない。贈与とは不可能なものである。しかしこれは贈与などというものは不可能だということではなく、むしろ贈与とは「不可能性の経験」そのもののことだとデリダは言う。それは狂気の瞬間であり、時間には所属しないような瞬間なのだ。

『時間を与える』は一九九一年に出版されているが、実際は七七〜七八年のゼミナールに基づいたものであり、贈与は主にジャック・ラカンやレヴィ゠ストロースなどの構造主義的な思考（「象徴的負債」）との関係で論じられていた。他方、デリダ自身が日本における討論（『他者の言語』所収）で強調していたように、贈与の問題は初期の「痕跡」の問題とも密接に関係している。贈与は、痕跡と同じように、みずからけっして現前することはなく、みずからを消去する。だから贈り手や受け手は、まさに贈与の瞬間において贈与を忘却する。だが痕跡と同じように、贈与はまさにみずからを忘却する瞬間において、エコノミーの外部への通路を穿ち、何か新しいものが到来する場を切り開くのである。

したがって、贈与という主題は、デリダが初期の思想を取り上げ直しながら、それを新たな問題系へと開いていくための蝶番のような役割を演じていた。この新たな問題系を集約的に提示したのが本書の表題作「死を与える」であると言ってもよいだろう。本論においても「死」は、贈与という不可能な経験が行なわれる「狂気の瞬間」において介入するのである。

ここで「死を与える」donner la mort という表現について簡単に説明しておこう。donner la mort とは、まずは「殺す」ことであり、アブラハムが殺人者として息子イサクに刀を振り下ろすことを意味する。そして同時に、この息子の死を神に与え、「犠牲」にするという意味も含まれている。死の贈与は二重の贈与なのである。

また se donner la mort という表現も使われる。これは第一に「みずからに死を与えること」すなわち自殺することであり、他人や祖国のために自己を犠牲にすることであるが、同時に「死を思い描く」とも訳される。死をあらかじめ先取りし、心の中や眼前に思い描くことも「死をみずからに与える」ことなのである。たとえば死を前にしたソクラテスは、毒杯をあおいで「みずからに死を与える」と同時に、来るべき死を受け入れるためにあらかじめ準備し、死の訓練をすることを哲学者の責任としていた。本書ではこの視点からハイデガーの「死へとかかわる存在」が、レヴィナスの批判と突き合わせられながら論じられている。

パトチュカと責任の問題

死の贈与という主題が直接に論じられるのは、「死を与える」の後半のキルケゴール『おそれとおののき』のアブラハム論の読解においてであるが、それに先立つ前半部分においてデリダは、チェコの代表的な現象学者ヤン・パトチュカの『歴史哲学に関する異教的試論』を読解しながら、ヨーロッパの「責任=応答可能性」の問題を論じている。むしろん前半と後半は密接に関連しているが、読者の関心によっては、それぞれを独立の論考として読むこともできるだろう。

ヤン・パトチュカは、日本では現象学者やチェコ研究者を除いて、おそらくほとんど知られていないだろうが、現象学者としては、フッサールとハイデガーに直接教えを受けた世代の一人として有名である。その著作としては、フッサールの生活世界概念を批判的に発展させた「自然的世界」の現象学や、「非主観的現象学」の構想などがある。他方、彼は一九三八年のナチスによる侵略、そして戦後のチェコの歴史において、生涯のほとんどの期間にわたって教育と出版を禁じられ、その活動は私的なサークルや地下出版に限られていた。この文脈では、哲学者でもあったチェコ・スロヴァキア初代大統領マサリクについての論文や、チェコ問題についての政治哲学的な論文も多く執筆している。七七年には、後のチェコ・スロヴァキアおよびチェコ共和国の大統領ハヴェルらとともに、基本的人権の回復を訴えた「憲章七七」の発起人の一人となり、そのため長時間の尋問を受け、脳出血で死亡したので、彼がしばしば論じるソクラテスにたとえられることも多い。

フランスでは政治的な論文を含む著作がはやくから翻訳され、たとえば七三年から七五年頃に執筆されたとされる『歴史哲学に関する異教的試論』は、ポール・リクールの前書きとロマン・ヤーコブソンの後書きとともに、七七年に訳出されている。さらに、デリダが「死を与える」のもとになった講演を行なった九〇年頃には、パリでチェコの研究者たちをまじえた学会なども開かれ、いわば「パトチュカ・ルネサンス」とでもいうべき空気が漂っていた。訳者（廣瀬）は当時たまたまパリに留学中であったが、少なくともフランスの現象学者のあいだでは、デリダに追随するよりもむしろメルロ＝ポンティやパトチュカの読み直しを通して、新たな思考を切り開こうとする試みが活発かつ生産的であったことは指摘しておかなければなるまい。

デリダがパトチュカの『異教的試論』を取り上げたのには、まずはフランスにおけるこうしたパトチュカ再評価の空気に遅ればせながら応答しようとする意志があったに違いない。とくにこの書は、フッサールの『ヨーロッパ諸学の危機と超越論的現象学』(以下『危機』書)の影響を受けたパトチュカが、戦争と技術発達の二〇世紀を経た後に、ヨーロッパの遺産と責任を根本から考え直そうとした作品であり、『危機』書の関連草稿である「幾何学の起源」の翻訳とコメントによって著作を開始したデリダが、パトチュカのこの書をコメントすることを選択したのはけっして不思議ではない。フッサールは『危機』書の中で、ヨーロッパの諸学の危機に対して、いわゆる「理性の目的論」を対置し、「普遍的な自己省察と自己責任」について語っていた。これは一見、ヨーロッパ的なロゴスの非歴史的な普遍性を唱えているように受け取られやすいが、デリダは「幾何学の起源」のコメントの最終節で、こうしたフッサールの発言が、「歴史性」の問題と深く絡み合っていることを指摘する。デリダによれば、現象学の自己省察と自己責任とは、「聞き取られた言葉を担い、意味の交換を身に引き受け、その歩みを見張る」という意味で「歴史的」なものであり、そこで「意味の光」は喪失される(すなわち秘密のものとなる)危険を本質的にはらんでいるという。その後いわゆる「エクリチュール論」として展開するデリダの著作の出発点に、こうした歴史性への問いがあったことは忘れられてはなるまい。事実この問題は、「死を与える」の講演と同年の一九九〇年に発表されたヨーロッパ論『他の岬――記憶、応答、責任』においても取り上げ直され、そこではヴァレリーの『精神の危機』とともに、ふたたびフッサールの『危機』書についての言及がなされている。フッサールに対するのと同じように、「死を与える」の『異教的試論』の読解でも、デリダはパトチュカの論文を一種の「責任の系譜学」として読み解きながら、そこにはらまれた両義性を指摘し、責任の問題を「秘密」や「秘儀」の問題と結びつけている。『異教的試論』の「技術文明は凋落した文明なのか、そしてそれはなぜか」という試論においてパトチュカはまず、ハイデガーの本来的/非本来的という対立に、聖と俗の対立を重ね合わせる。そこで特権視されるのはプラトン主義とキリスト教である。プラトン主義は、それ以前の狂騒的・ダイモーン的な神秘主義を、「魂への配慮」による〈善〉への上昇運動によって「乗り越え」ようとするものであった。それに対してキリスト教は、人格主義的な無限の愛としての神を前にした「オソルベキ秘儀 (mysterium tremendum)」によってプラトン主義を乗り越えようとする。宗教とりわけキリスト教は、神秘主義から断絶し、真の責任へと到達しようとするものである。この意味では、ヨーロッパの歴史は、狂躁的・ダイモーン的なものを責任によって規律化していく歴史であるかのように見える。

しかしデリダはこうした「乗り越え」についてパトチュカが使用している「体内化」

「抑圧」といった精神分析用語に注目することによって、パトチュカの語る歴史が単線的な歴史とはなりえないことを明らかにする。そこには、歴史に抵抗する「底なしの深淵」があり、公共の場で告白しがたい「歴史性の秘密」の痕跡が隠されているのだ。一般に責任とは、他人の前で自分の行ないやその結果を引き受けることだと考えられ、公共的な場における公開性を前提とし、秘密は排除されているかのように思われているが、デリダによれば、責任とは、秘密を秘密のままに体内化することであり、その意味で絶対的な無責任として現れる危険を抱え込んでいる。

誤解してはならないが、デリダはたんにパトチュカを「キリスト教」の思想家に押し込めようとしているのではない。彼の作業ははるかに複雑なものである。そもそもキリスト教の内的批判と外的批判が循環的に一致することも多い。「死を与える」でデリダは、ハイデガーとの比較を行ない、キリスト教をめぐって両者がすれ違いながら交差する地点をえぐりだしている。この点については、ハイデガーとキリスト教の関係について論じた『精神について』の末尾が参照されるべきであろう。

夜の現象学と前線の消滅

またデリダが分析している「二〇世紀の戦争と戦争としての二〇世紀」という試論にお

いてパトチュカは、二〇世紀の戦争を振り返りながら、「夜」の現象学を提示している。戦争を平和のための必要悪や歴史のひとつの契機とみなしたり、蓄積された力の噴出の場として考えたりするような視点をパトチュカは「昼」の視点とみなし、それに対して「夜」の視点を対置する。歴史における「夜」の経験とは、たとえばテイヤール・ド・シャルダンやエルンスト・ユンガーが語る「前線」の経験において、敵と味方がまじりあい、「絶対的自由」の経験をすることにほかならない。これはパトチュカによれば、ヘラクレイトスのポレモス概念によって予告されるものである。この分析をカール・シュミットやハイデガー、そしてフロイトの喪の概念などと突き合わせることによってデリダは、第二次世界大戦以後の「前線の消滅」の政治哲学的な意味について考察している。これは九四年の『友愛のポリティックス』でも詳しく展開される主題である。

最後にデリダのパトチュカ読解の特徴について付け加えるならば、デリダはパトチュカの「自然的世界」の現象学的考察についてまったく言及していないという点が注目される。これは本書の関心によるのかもしれないが、そのためにパトチュカとキリスト教の関係が強調されすぎていることは否めない。むろんデリダはパトチュカの「異教的」側面やニーチェ的な側面も指摘しているが、こうした偏りはデリダのメルロ＝ポンティやドゥルーズ読解にも共通する態度であり、読みようによっては、ほとんど日本で知られていないパトチュカの紹介をさまたげかねないものでもあるので、念のため指摘しておく。またパトチュカが重視するプラトンの「魂への配慮」や「死の訓練」の問題は、晩年のフーコーが『主体の解釈学』(筑摩書房)という講義において系譜学的な視点から取り組んだものであることも付け加えておく必要があるだろう。

さて、パトチュカのテクストの読解が進むにつれて、次第に前面に浮かび上がってくるのが、死と贈与の主題である。すでに述べたように、パトチュカにとって贈与とは、「オソルベキ秘儀」ないしは「オノノカセル秘儀」における神の無限の愛の贈与である。贈与一般と同じように、それはなんらかの現前するものを与えることはなく、贈与として認知されてもならない贈与であるがゆえに、「秘密」「秘儀」「神秘」の贈与でもある。パトチュカは、キリスト教において人間の視線はけっして至高者にたどり着くことはできないが、至高者のほうは人間に視線を向け、人間を内的に掌握すると述べているが、互酬的な交換を中断させるこうした視線の「非対称性」こそが、贈与によって可能になっているのだ。この贈与が同時に「死」の贈与でもあること、このことがいよいよ最前面に打ち出されるのが、「死を与える」後半のキルケゴール『おそれとおののき』論である。

アブラハムと信仰の「秘密」

『おそれとおののき』は、キルケゴールが「沈黙のヨハンネス」という偽名で一八四三年に出版した作品である。題名は聖書の「フィリピの信徒への手紙」(二章12)「おそれおののきつつ自分の救いを達成するように努めなさい」に由来する。このような「信仰の騎士」としてキルケゴールが論じているのが、神に最愛の息子イサクを犠牲として捧げることを命じられたアブラハムである。アブラハムは、その信仰ゆえにこの苛酷な試みを引き受け、家族やイサク本人にもまったく告げず、モリヤ山に向かう。そこでまさに刀を振り上げたとき、神の使いはその腕を止め、お前が神をおそれるものであることがわかった、と告げる。後にはイサクの代わりに捧げるべき羊が残されていた(「創世記」二二章)。

キルケゴールやデリダにとって、なぜこの物語が重要なのであろうか。「創世記」の中でアブラハムという人物、それもイサク奉献の逸話を特権視するにあたってキルケゴールが意識しているのは、ヘーゲルである。たとえば『キリスト教の精神とその運命』のヘーゲルにとってアブラハムは、ユダヤ教の精神とその運命を予告するものである。アブラハムは共同生活と愛の絆を切り捨てて隔絶し、自然に対しても人間に対しても異邦人であったが、こうしたアブラハム的な精神はモーセに引き継がれ、他律的な命令に受動的に隷従する民族を生み出すことになるとヘーゲルは言う。それに対してキルケゴールは、アブラハムの信仰に、「最高の情熱」とそれにともなう苛酷な逆説を発見するのである。『おそれとおののき』においてキルケゴールは三つの問いを発する。まず「倫理的なものの目的論的停止というものは存在するか」、第二に「神に対する絶対的義務というものが存在するか」、そして「アブラハムが彼の企図を、家族やイサク本人に黙して語らなかったのは、倫理的に問われるべきであったのか」という問いである。まず倫理的なものは、倫理的なものである以上、普遍的なものであり、すべての人に妥当するものである。しかし信仰とは、個別者が普遍者よりも高いところにあるという逆説のことにほかならない。こうしてアブラハムは倫理的な領域を踏み越える。これをキルケゴールは倫理的なものの目的論的停止と呼び、アブラハムの物語にその範例を見いだしている。そして第二に、キルケゴールはヘーゲルを批判しながら、「信仰の逆説とは、外的なものでは測れないような内面性が存在することである」と述べ、神に対する絶対的義務において、個別者は個別者として、絶対者に絶対的に関係することを主張する。

第三は、アブラハムの「沈黙」の問題である。倫理的責任は「現れ」を要求する。しかしアブラハムは、神の命令を妻サラにも執事エリエゼルにもイサク本人にも語らなかった。エウリピデスの『アウリスのイピゲネイア』のアガメムノンは、娘を捧げることを命じられたとき、妻たちとともに嘆くことができたが、このような「悲劇的英雄」と異なり、アブラハムは誰にも語ることができない。語ることは、普遍的なものへの翻訳であるからだ。アブラハムはこの「秘密」をたずさえて、モリヤ山に赴く。だがアブラハムは完全に沈黙しているわけではない。イサクが「燔祭の羊はどこにあるのか」と問うたとき、彼は一言だけ口にする。それは「燔祭の子羊は神が備えてくださる」というものである。アブラハムは沈黙はしないが、秘密を明かすこともない。「私は知らない」と嘘をつくのでもなく、本当のことを言うのでもない。これをキルケゴールは「アイロニー」と呼び、アブラハムは異邦人の言葉で語っているとも述べている。このような議論に注目することによってデリダは、みずからの言語論と贈与や死の主題との関係を探っているのであろう。

いずれにせよ、デリダのキルケゴール読解は、こうした信仰の逆説を限界に突きつめることによって、それをキリスト教的信仰の彼方にまで押し進めようとするものである。そのためデリダはこの逆説をまさにその「瞬間」(狂気の瞬間)において耐え抜くことを主張する。そのことによって、キリスト教の贈与論のさらなるエコノミーが明らかになってくるのである。「死を与える」の中核をなす彼の解釈について、ここで安易な要約を提示することは避けたい。デリダの読解の特徴をいくつか指摘するにとどめよう。

まず「倫理的なものの目的論的停止」については、レヴィナスによる批判が意識されている。レヴィナスにとって倫理は一般性や普遍性を意味するのではなく、むしろ単独化と個別化をもたらすものである。そしてアブラハムのドラマについても、その重要な瞬間は、むしろ神が犠牲を禁じて倫理へと連れ戻すことにあるとして、キルケゴールの立場を逆転させている。デリダはこの両者の立場を突き合わせることによって、両者が前提する倫理と宗教の境界そのものが決定不可能であることを指摘する。

この決定不可能性を表現するために「死を与える」でデリダが使っている表現が、あえて固定した訳語を提示しなかった、「tout autre は tout autre である」という表現である。この表現がはらむ意味については、「死を与える」第四節冒頭および訳注を参照していただきたいが、「すべての他者」と「まったく他なるもの」という二つの意味を持つ tout autre という語を同語反復的につなげ合わせることによってデリダは、単独性と複数性、宗教と倫理の境界を揺るがす。「すべての他者」には、人間だけではなく、動物なども含まれている点も重要である。こうして、きわめて例外的なものと思われるアブラハムの逆説が、例外的なものにとどまりながら、きわめて日常的で平凡なものでもあることが示されるのである。デリダの「責任＝応答可能性」の概念が、ときにあまりに「倫理的」に理解され、感情的な抵抗を引き起こしてしまう例も見られるので、このあたりの議論を正確に理解することが重要であろう。

こうしたすべての問題は「秘密」の問題に集約されている。デリダにとって秘密とは、たんに内面にとどめおかれて、他者に対して隠されたものではない。神はアブラハムに命令の根拠について何も明かさない。それはまずアブラハム自身にとって「秘密」であった。アブラハムはこの秘密を誰にも明かさず、秘密を保持すると同時に、秘密として保持しつづける。他者である神だけがその秘密を見通すのだ。このように秘密とは、それを保持する人にとっても永遠に解読不可能でありながら、まさに秘密として保持されることによって、さまざまな解釈を引き起こし、自己を反復するようなものである。このような秘密を、ひとはけっして分かち合うことはできない。分かち合うべき秘密そのものが知られていないからだ。にもかかわらずこの秘密は、分かち合うことができないものとして分かち合われるのであり、それがたとえばアブラハムに起源を持つとされる三大一神教(ユダヤ教、キリスト教、イスラム教)の歴史において、歴史性の深淵を形作っているのだ。「死を与える」の終わりにかけてデリダは、こうした秘密の可能性がつくりだす「意識構造」を分析し、それこそが「私が神と呼ぶもの」を可能にしていることを指摘しているが、このあたりでデリダの「秘密の思想」はその限界的な地点に達していると思われる。

デリダのおののきの場

そのほかにも論じられている重要な主題は多い。「死を与える」末尾でボードレールとともに引用されるニーチェの「キリスト教のあの天才的な詭策」をめぐる分析は本論のひそかな企てを足早に明らかにしている。またエルサレムをめぐる、アブラハム的な宗教相互の前線なき争いは、「イサクの犠牲の読解と解釈と伝統」が「それ自体血にまみれた犠牲」となっていること、「イサクの犠牲は毎日のように続いている」ことを示しているとデリダは言う。またアブラハムとイサクの父子関係において、女性が排除されること、さらには「死を与える」のエコノミーそのものが女性を排除しているかもしれないという指摘も多くの論点をはらんでいる。

訳者の個人的関心を最後に付け加えるならば、「死を与える」第三節冒頭の「おののき」の繊細な記述には、デリダ本人のほとんど「身体」的なおののきを感じ取らずにはおられない。もちろん「身体」という言葉が何を意味するのか、何を語ろうとしているのかについては、慎重な分析が必要ではあるのだが、キルケゴールの書を一種の楽譜として読もうとするデリダの文章にこのおののきを「聞き取る」ことによって、「身体について思考するための新たな道を切り開」くことはできないだろうか。「決定不可能性における決定」「メシアニズムなきメシア的なもの」などというように、あまりにも形式的に提示されがちな最近の「アポリア」論が、たんなる論理的なダブル・バインドやパラドックスではなく、狂気をはらんだ一種の「感情論理」(チオンピ)と結びついていること、そこにこそデリダ思想の可能性を見ることはできないだろうか。初期の思想の政治的な意味合いを遡行的に論じ直す作業が、ともすれば晩年のデリダ自身の自己引用的な論述をたどるだけに終わってしまう危険をはらんでいると思われるだけに、訳者としてはデリダのこうした側面に立ち止まらずにはおられない。

このように多くの主題を独特の緊迫感の中に詰め込んだ「死を与える」に比べると、「秘密の文学」は、もう少しゆるやかな口調で、アブラハムの逆説を文学の可能性に結びつけている。冒頭で最近のデリダの重要主題である「許し（＝赦し）」の問題が取り上げられていることにも注目したい。アブラハムが許しを請うたのは、神を裏切ったことではなく、神に従ったことについてである、という逆説から、カフカの『父への手紙』へと移行するデリダの分析は、いつもながらスリリングである。比較的平易なこの小論については、これ以上の余計なコメントは差し控えたい。

いずれにせよ「責任」概念の乱用が新たな犠牲を生み出しつつある状況において、本書が多様な思考の活性化をもたらせば幸いである。

＊　　　＊　　　＊

訳文で使用した括弧類の意味は以下の通りである。まず〔 〕は訳者による補足的説明およびデリダのフランス語の引用を示す。〈 〉は語頭キャピタルのフランス語、および一定のまとまりを持つ表現（〈オノノカセル秘儀〉など）を示す。強調のためのイタリック体は傍点で示した。本文中の注番号は＊1などは原注、（1）などは訳注である。

訳語について、まずpardonという用語は、その宗教的な意味を重視するならば「赦し」という表記をつかうのがふさわしいと思われるが、とりわけ「秘密の文学」における一般的な射程を維持するため、「許し」という表記を採用した。この語の動詞形 pardonnerについても同様である。また両論に頻出するsingulierという用語には、「特異な」「単独の」「単数の」さらには「かけがえのない」「奇抜な」といった多様な訳語が可能であるが、キルケゴールの訳語としてしばしば「単独の」（単独者）という用語が使われていることも勘案し、主に「単独の」「特異な」といった訳語を併用した。「秘密の文学」では「独異な」という語を使用したところもある。この語の名詞形singularitéについても同様である。

翻訳の分担については、「死を与える」は廣瀬が、「秘密の文学」は林が担当し、相互に訳稿を交換して訳語や形式の統一などを行なったが、文体の相違などについては、ある程度原書の雰囲気の違いをも反映している面もある。はじめに指摘したように、本書にはデリダの「パトス」が如実に感じられ、それゆえ論述が非常に凝縮されており、そのスピードについていくことはかなり困難で、解釈に迷うことも多かった。文庫版であることも考慮して訳注を比較的多くつけ、デリダ特有の多義的な用語などの指示は最小限に抑え、なによりもわかりやすい訳文をこころがけたつもりではあるが、読み違いや不注意による誤りも混入しているかもしれない。読者のご指摘をお願いする次第である。一部デリダによる引用箇所の指示などで、あきらかな誤記と思われるものがあったが、これは訳者の責任で訂正した。

「死を与える」には、九二年刊行の講演報告版の翻訳として、増田一夫氏による数頁の部分訳（「ヨーロッパ的責任の秘密」『文藝』一九九三年春号、河出書房新社）およびD. Willisによる英訳（*The Gift of Death*, trans. By David Willis, Univ. of Chicago Press, Chicago & London, 1995）があり、いずれも参考にさせていただいた。

デリダがコメントしている諸作品については、多くの既訳のお世話になった。聖書については日本聖書協会の新共同訳、キルケゴールについては白水社の著作集の桝田啓三郎訳、カフカについては新潮社の全集の飛鷹節訳などを基本的に踏襲させていただいたが、用語上の統一の必要性や、デリダが使用しているフランス語訳やデリダ自身の解釈などとの関係で、部分的に改訳せざるをえなかった部分もあることをお断りしておきたい。

なお最後になったが、訳出の遅れにもかかわらず、あたたかく見守って下さった筑摩書房の伊藤正明氏に厚く御礼申し上げる。

訳者を代表して

廣瀬浩司

関連文献（とくに「訳者解説」に関連して）

Derrida（Jacques）

-*De l'esprit*, Paris, Galilée, 1987（『精神について』港道隆訳、人文書院、一九九〇年）

-*L'autre cap*, Paris, Gallimard, 1991（『他の岬』高橋・鵜飼訳、みすず書房、一九九三年）

-*Donner le temps 1, La fausse monnaie*, Paris, Galilée, 1991（その一部と重複する日本講演からの邦訳「時間を——与える」高橋允昭訳、『他者の言語』所収、法政大学出版会、一九八九年）

-*Politique de l'amitié*, Galilée, 1994（『友愛のポリティックス』鵜飼、大西、松葉訳、みすず書房、二〇〇三年）

-*Apories*, Paris, Galilée, 1996（『アポリア』港道隆訳、人文書院、二〇〇〇年）

-*Foi et Savoir*, suivi de *Le Siècle et le Pardon*, Paris, Seuil, 2000（「信仰と知」松葉祥一・榊原達哉訳『批評空間II』一九九六年一一号、一九九七年一二〜一四号）

J. D. Caputo & M. J. Scanlon (ed.), *God, the Gift and Postmodernism*, Bloomington & Indianapolis, Indiana UP, 1999.

付記　デリダの訃報（二〇〇四年一〇月）に接したのは、訳者たちが本書の校正を進めているときであった。追悼という安易な喪の作業に加担することも、デリダの不在をさらなる現前にすり替えるオイディプス的な儀式を遂行することも、訳者（廣瀬）にはできそうもない。今はこの訳書を彼の手に届けることができなかったことを惜しむばかりである。

本書は「ちくま学芸文庫」のために新たに訳出されたものである。

論語
土田健次郎訳注
至上の徳である仁を追求した孔子の言行録『論語』。原文に、新たな書き下し文と明快な現代語訳、解釈史を踏まえた注と補説を付した決定版訳注書。

声と現象
ジャック・デリダ
林好雄訳
フッサール『論理学研究』の綿密な読解を通して、「脱構築」「痕跡」「差延」「代補」「エクリチュール」など、デリダ思想の中心的〝操作子〟を生み出す。

歓待について
ジャック・デリダ
アンヌ・デュフールマンテル序論
廣瀬浩司訳
異邦人＝他者を迎え入れることはどこまで可能か？ギリシャ悲劇、クロソウスキーなどを経由し、この喫緊の問いにひそむ歓待の（不）可能性に挑む。

動物を追う、ゆえに私は（動物で）ある
ジャック・デリダ
マリ＝ルイーズ・マレ編
鵜飼哲訳
動物の諸問題を扱った伝説的な講演を編集したデリダ晩年の到達点。聖書や西洋哲学における動物観を分析し、人間の「固有性」を脱構築する。（福山知佐子）

省察
ルネ・デカルト
山田弘明訳
徹底した懐疑の積み重ねから、確実な知識を探り世界を証明づける。哲学入門者が最初に読むべき、近代哲学の源泉たる一冊。詳細な解説付新訳。

哲学原理
ルネ・デカルト
山田弘明／吉田健太郎／久保田進一／岩佐宣明訳・注解
『省察』刊行後、その知のすべてが記された本書は、デカルト形而上学の最終形態といえる。第一部の新訳と解題・詳細な解説を付す決定版。

方法序説
ルネ・デカルト
山田弘明訳
「私は考える、ゆえに私はある」。近代以降すべての哲学は、この言葉で始まった。世界中で最も読まれている哲学書の完訳。平明な徹底解説付。

社会分業論
エミール・デュルケーム
田原音和訳
人類はなぜ社会を必要としたか。社会はいかにして発展するか。近代社会学の嚆矢をなすデュルケーム畢生の大著を定評ある名訳で送る。（菊谷和宏）

公衆とその諸問題
ジョン・デューイ
阿部齊訳
大衆社会の到来とともに公共性の成立基盤は衰退した。民主主義は再建可能か？　プラグマティズムの代表的思想家がこの難問を考究する。（宇野重規）

旧体制と大革命
A・ド・トクヴィル
小山勉訳
中央集権の確立、パリ一極集中、そして平等を自由に優先させる精神構造――フランス革命の成果は、実は旧体制の時代にすでに用意されていた。

ニーチェ
ジル・ドゥルーズ
湯浅博雄訳
〈力〉とは差異にこそその本質を有している――ニーチェのテキストを再解釈し、尖鋭なポスト構造主義的イメージを提出した、入門的な小論考。

カントの批判哲学
ジル・ドゥルーズ
國分功一郎訳
近代哲学を再構築してきたドゥルーズが、三批判書を追いつつカントの読み直しを図る。ドゥルーズ哲学が形成される契機となった一冊。新訳。

基礎づけるとは何か
ジル・ドゥルーズ
國分功一郎／長門裕介／西川耕平編訳
より幅広い問題に取り組んでいた、初期の未邦訳論考集。思想家ドゥルーズの「企画の種子」群を紹介し、彼の思想の全体像をいま一度描きなおす。

スペクタクルの社会
ギー・ドゥボール
木下誠訳
状況主義――「五月革命」の起爆剤のひとつとなった芸術＝思想運動――の理論的支柱で、最も急進的かつトータルな現代消費社会批判の書。

ニーチェの手紙
茂木健一郎編・解説
塚越敏／眞田収一郎訳
哲学の全歴史を一新させた偉人が、思いを寄せる女性に綴った真情溢れる言葉から、手紙に残した名句まで――書簡から哲学者の真の人間像と思想に迫る。

生のなかの螺旋
ロバート・ノージック
井上章子訳
吟味された人生を生きることは自らの肖像画をつくること。幸福、死、性、知恵など、多様な問題をめぐって行われた一級の哲学的省察。（吉良貴之）

存在と時間（上）
M・ハイデッガー
細谷貞雄訳
哲学の根本課題、存在の問題を、現存在としての人間の時間性の視界から解明した大著。刊行時すでに哲学の古典と称された20世紀の記念碑的著作。

存在と時間（下）
M・ハイデッガー
細谷貞雄訳
第一編で「現存在の準備的な基礎分析」をおえたハイデッガーは、この第二編では「現存在と時間性」として死の問題を問い直す。（細谷貞雄）

「ヒューマニズム」について
M・ハイデッガー　渡邊二郎訳
『存在と時間』から二〇年、沈黙を破った哲学者の後期の思想の精髄。「人間」ではなく「存在の真理」の思索を促す、書簡体による存在論入門。

ドストエフスキーの詩学
ミハイル・バフチン　望月哲男／鈴木淳一訳
ドストエフスキーの画期性とは何か？《ポリフォニー論》と《カーニバル論》という、魅力にみちた二視点を提起した先駆的著作。（望月哲男）

表徴の帝国
ロラン・バルト　宗左近訳
「日本」の風物・慣習に感嘆しつつもそれらを〈零度〉に解体し、詩的素材としてエクリチュールとシーニュについての思想を展開させたエッセイ集。

エッフェル塔
ロラン・バルト　宗左近／諸田和治訳　伊藤俊治図版監修
塔によって触発される表徴を次々に展開させることで、その創造力を自在に操る、バルト独自の構造主義的思考の原形。解説・貴重図版多数併載。

エクリチュールの零度
ロラン・バルト　森本和夫／林好雄訳註
哲学・文学・言語学など、現代思想の幅広い分野に怖るべき影響を与え続けているバルトの理論的主著。詳註を付した新訳決定版。（林好雄）

映像の修辞学
ロラン・バルト　蓮實重彥／杉本紀子訳
イメージは意味の極限である。広告写真や報道写真、そして映画におけるメッセージの記号を読み解き、意味を探り、自在に語る魅惑の映像論集。

ロラン・バルト モード論集
ロラン・バルト　山田登世子編訳
エスプリの弾けるエッセイから、初期の金字塔『モードの体系』に至る記号学的モード研究まで。初期のバルトの才気が光るモード論考集。オリジナル編集・新訳。

呪われた部分
ジョルジュ・バタイユ　酒井健訳
「蕩尽」こそが人間の生の本来的目的である！　思想界を震撼させ続けたバタイユの主著、45年ぶりの待望の新訳。沸騰する生と意識の覚醒へ！

エロティシズム
ジョルジュ・バタイユ　酒井健訳
人間存在の根源的な謎を、鋭角で明晰な論理で解き明かす、バタイユ思想の核心。禁忌とは、侵犯とは何か？　待望久しかった新訳決定版。

宗教の理論
ジョルジュ・バタイユ
湯浅博雄訳
聖なるものの誕生から衰滅までをつきつめ、宗教の根源的核心に迫る。文学、芸術、哲学、そして人間にとって宗教の〈理論〉とは何なのか。

純然たる幸福
ジョルジュ・バタイユ
酒井健編訳
著者の思想の核心をなす重要論考20篇を収録。文庫化にあたり「クレー」「ヘーゲル弁証法の基底への批判」「シャプサルによるインタビュー」を増補。

エロティシズムの歴史
ジョルジュ・バタイユ
湯浅博雄/中地義和訳
三部作として構想された『呪われた部分』の第二部。荒々しい力〈性〉の禁忌に迫り、エロティシズムの本質を暴く、バタイユの真骨頂たる一冊。（吉本隆明）

エロスの涙
ジョルジュ・バタイユ
森本和夫訳
エロティシズムは禁忌と侵犯の中にこそあり、それは死と切り離すことができない。二百数十点の図版で構成されたバタイユの遺著。（林好雄）

呪われた部分 有用性の限界
ジョルジュ・バタイユ
中山元訳
『呪われた部分』草稿、アフォリズム、ノートなど15年にわたり書き残した断片。バタイユの思想体系の全体像と精髄を浮き彫りにする待望の新訳。

入門経済思想史 世俗の思想家たち
R・L・ハイルブローナー
八木甫ほか訳
何が経済を動かしているのか。スミスからマルクス、ケインズ、シュンペーターまで、経済思想の巨人たちのヴィジョンを追う名著の最新版訳。

分析哲学を知るための 哲学の小さな学校
ジョン・パスモア
大島保彦/高橋久一郎訳
数々の名テキストで哲学ファンを魅了してきた分析哲学界の重鎮が、現代哲学を総ざらい！ 思考や議論の技を磨きつつ、哲学史を学べる便利な一冊。

表現と介入
イアン・ハッキング
渡辺博訳
科学にとって「在る」とは何か？ 科学は真理を捉えられるのか？ 現代哲学の鬼才が20世紀を揺るがした問いの数々に鋭く切り込む！ （戸田山和久）

社会学への招待
ピーター・L・バーガー
水野節夫/村山研一訳
社会学とは、「当たり前」とされてきた物事をあえて疑い、その背後に隠された謎を探求しようとする営みである。長年親しまれてきた大定番の入門書。

フーコー・コレクション2　文学・侵犯
ミシェル・フーコー
小林康夫／石田英敬／
松浦寿輝編
狂気と表裏をなす「不在」の経験として、文学がフーコーによって読み解かれる。人間の境界＝極限を、その言語活動に探る文学論。（小林康夫）

フーコー・コレクション3　言説・表象
ミシェル・フーコー
小林康夫／石田英敬／
松浦寿輝編
ディスクール分析を通しフーコー思想の重要概念も精緻化されていく。『言葉と物』から『知の考古学』へ研ぎ澄まされる方法論。（松浦寿輝）

フーコー・コレクション4　権力・監禁
ミシェル・フーコー
小林康夫／石田英敬／
松浦寿輝編
政治への参加とともに、フーコーの主題として「権力」の問題が急浮上する。規律社会に張り巡らされた巧妙なるメカニズムを解明する。（松浦寿輝）

フーコー・コレクション5　性・真理
ミシェル・フーコー
小林康夫／石田英敬／
松浦寿輝編
どのようにして、人間の真理が〈性〉にあるとされてきたのか。欲望的主体の系譜を遡り、「自己の技法」の主題へと繋がる論考群。（石田英敬）

フーコー・コレクション6　生政治・統治
ミシェル・フーコー
小林康夫／石田英敬／
松浦寿輝編
西洋近代の政治機構を、領土・人口・治安など、権力論から再定義する。近年明らかにされてきたフーコー最晩年の問題群を読む。（石田英敬）

フーコー・コレクション
フーコー・ガイドブック
ミシェル・フーコー
小林康夫／石田英敬／
松浦寿輝編
20世紀の知の巨人フーコーは何を考えたのか。主要著作の内容紹介・本人による講義要旨・詳細な年譜で、その思考の全貌を一冊に完全集約！

マネの絵画
ミシェル・フーコー
阿部崇訳
19世紀美術史にマネがもたらした絵画表象のテクニックとモードの変革を、13枚の絵で読解。フーコーの伝説的講演録に没後のシンポジウムを併録。

間主観性の現象学　その方法
エトムント・フッサール
浜渦辰二／山口一郎監訳
主観や客観、観念論や唯物論を超えて「現象」そのものを解明したフッサール現象学の中心課題。現代哲学の大きな潮流「他者」論の成立を促す。本邦初訳。

間主観性の現象学Ⅱ　その展開
エトムント・フッサール
浜渦辰二／山口一郎監訳
フッサール現象学のメインテーマ第Ⅱ巻。自他の身体の構成から人格的生の精神共同体までを分析し、真の関係性を喪失した孤立する実存の限界を克服。

間主観性の現象学Ⅲ　その行方
エトムント・フッサール
浜渦辰二／山口一郎監訳

間主観性をめぐる方法、展開をへて、その究極の目的（行方）が、真の人間性の実現に向けた普遍的目的論として呈示される。壮大な構想の完結篇。

内的時間意識の現象学
エトムント・フッサール
谷　徹　訳

時間は意識のなかでどのように構成されるのか。哲学・思想・科学に大きな影響を及ぼしている名著の新訳。詳密な訳注を付し、初学者の理解を助ける。

リベラリズムとは何か
マイケル・フリーデン
山岡龍一監訳
寺尾範野／森達也訳

政治思想上の最重要概念でありながら、どこか曖昧でつかみどころのないリベラリズム。その核心をこのうえなく明快に説く最良の入門書。本邦初訳。

テクノコードの誕生
ヴィレム・フルッサー
村上淳一訳

テクノ画像が氾濫する現代、コミュニケーションのコードを人間へと取り戻すにはどうすれば良いか。メディア論の巨人による思考体系。（石田英敬）

風土の日本
オギュスタン・ベルク
篠田勝英訳

自然を神の高みに置く一方、無謀な自然破壊をする日本人の風土とは何か？　フランス日本学の第一人者による画期的な文化・自然論。（坂部恵）

ベンヤミン・コレクション1
ヴァルター・ベンヤミン
浅井健二郎編訳
久保哲司訳

ゲーテ『親和力』論、アレゴリー論からボードレール論を経て複製芸術論まで、ベンヤミンにおける近代の意味を問い直す、新訳のアンソロジー。

ベンヤミン・コレクション2
ヴァルター・ベンヤミン
浅井健二郎編訳
三宅晶子ほか訳

中断と飛躍を恐れぬ思考のリズム、巧みに布置された理念やイメージ。手仕事的細部に感応するエッセイの思想の新編・新訳アンソロジー、第二集。

ベンヤミン・コレクション3
ヴァルター・ベンヤミン
浅井健二郎編訳
久保哲司訳

過去／現在を思いだすこと――独自の歴史意識に貫かれた《想起》実践の各篇「一方通行路」「ドイツの人びと」「ベルリンの幼年時代」などを収録。

ベンヤミン・コレクション4
ヴァルター・ベンヤミン
浅井健二郎編訳
土合文夫ほか訳

〈批評の瞬間〉における直観の内容をきわめて構成的に叙述したベンヤミンの諸論考――初期の哲学的思索から同時代批評まで――を新訳で集成。

ベンヤミン・コレクション5
ヴァルター・ベンヤミン
浅井健二郎編訳
土合文夫ほか訳
文学、絵画、宗教、映画——主著と響き合い、新たな光を投げかけるベンヤミン〈思考〉の断片を立体的に集成。新編・新訳アンソロジー、待望の第五弾。

ベンヤミン・コレクション6
ヴァルター・ベンヤミン
浅井健二郎編訳
久保哲司ほか訳
ソネット、未完の幻想小説風短編など、ベンヤミンの知られざる創作世界を収録。『パサージュ論』成立の背後を明かすメモ群が注目の待望の第六弾。

ベンヤミン・コレクション7
ヴァルター・ベンヤミン
浅井健二郎編訳
文人たちとの対話を記録した日記、若き日の履歴書、死を覚悟して友人たちに送った手紙——20世紀を代表する評論家の個人史から激動の時代精神を読む。

ドイツ悲劇の根源（上）
ヴァルター・ベンヤミン
浅井健二郎訳
〈根源〉へのまなざしが、〈ドイツ・バロック悲劇〉という天窓を通して見る、存在と歴史の〈星座〉〈状況布置〉。ベンヤミンの主著の新訳決定版。

ドイツ悲劇の根源（下）
ヴァルター・ベンヤミン
浅井健二郎訳
上巻「認識批判的序章」「バロック悲劇とギリシア悲劇」に続けて、下巻は「アレゴリーとバロック悲劇」に、関連の参考論文を付して、新編でおくる。

ドイツ・ロマン主義における芸術批評の概念
ヴァルター・ベンヤミン
浅井健二郎訳
シュレーゲルとノヴァーリスの神秘的術語群からなる言語の森に、ドイツ・ロマン主義の〈芸術批評〉概念がはらむ形而上学的思考の地図を描き出す。

パリ論／ボードレール論集成
ヴァルター・ベンヤミン
浅井健二郎編訳
久保哲司／土合文夫訳
『パサージュ論』を構想する中で書きとめられた膨大な覚書を中心に、パリをめぐる考察を一冊に凝縮。ベンヤミンの思考の核を明かす貴重な論考集。

意識に直接与えられたものについての試論
アンリ・ベルクソン
合田正人／平井靖史訳
強度が孕む〈質的差異〉、自我の内なる〈多様性〉からこそ、自由な行為は発露する。後に『時間と自由』の名で知られるベルクソンの第一主著。新訳。

物質と記憶
アンリ・ベルクソン
合田正人／松本力訳
観念論と実在論の狭間でイマージュへと焦点があてられる。心脳問題への関心の中で、今日さらに重要性が高まる、フランス現象学の先駆的著書。

ちくま学芸文庫

死《し》を与《あた》える

二〇〇四年十二月十日　第一刷発行
二〇二四年　九　月十日　第三刷発行

著　者　ジャック・デリダ
訳　者　廣瀬浩司（ひろせ・こうじ）
　　　　林　好雄（はやし・よしお）

発行者　増田健史
発行所　株式会社　筑摩書房
東京都台東区蔵前二―五―三　〒一一一―八七五五
電話番号　〇三―五六八七―二六〇一（代表）
装幀者　安野光雅
印刷所　株式会社精興社
製本所　株式会社積信堂

ISBN978-4-480-08882-6 C0110